KB135215

감성의 인간학 총서 05

감정의
도덕심리학적
고찰

감성의 인간학 총서 05

감정의
도덕심리학적
고찰

고려대 철학연구소 지음

머리말

근대라고 불리는 지성사의 단계에서 인간을 특징짓는 키워드는 이성이었다. 이성은 계산과 분석 그리고 논증과 추론을 가능케 하는 인간의 지적 능력으로, 이를 사용한 과학·기술의 발전에 힘입어 인류는 수백만 년에 걸친 자신의 역사를 뒤바꿔놓을 정도로 비약적인 물질적 풍요를 누리게 되었다.

이성, 특히 '도구적 합리성'으로 지칭되는 지적 능력이 인류문명의 발전사에서 차지하는 엄청난 중요성에도 불구하고, 인간의 심리적 행복과 삶의 질, 성격과 동기, 그리고 욕망과 행위 촉발력 등의 문제와 관련하여 결정적으로 영향을 미치는 요인이 '감정'이라는 것은 이미 널리 알려진 사실이다. 바로 이러한 이유 때문에 아리스토텔레스·스피노자·데카르트·홉스·흄 등의 서양철학자들뿐 아니라, 맹자·장자·주희·퇴계 등의 동양철학자들 역시 감정 연구에 심혈을 기울였던 것이다.

유럽 대륙에서 태동한 합리주의 사조가 절정을 향해 치닫던 20세기 중반까지 감정에 관한 연구는 별반 철학자들의 관심사가 되지 못했다. 하지만 최근에 들어 감정은 새롭게 철학자들의 관심대상으로 부상하고 있으며, 인지과학, 뇌신경과학, 진화생물학, 동물심리학 등의 분과학문에서 축적해온 연구성과를 도외시하고서는 이제 감정에 관한 연구는 가능하지 않게 되었다.

이 책은 한국연구재단의 지원(KRF-2011-413-A00002)을 받아 고려대학교 철학연구소에서 수행했던 감정에 관한 연구결과 중 1년차와 2년차의 성과를 각기 한 권의 책으로 편집한 것이다. 총 3개년으로 계획된 감정에 관한 연구프로젝트에서, 1년차에는 <감정에 관한 인식론적 고찰>, 2년차에는 <감정에 관한 도덕심리학적 고찰>, 그리고 3년차에는 <감정에 대한 문화철학적 고찰>이라는 주제로 연구를 진행하였다.

제1년차 연구주제인 <감정에 관한 인식론적 고찰>에서는 감정이 가지고 있는 인식론적 위상에 대하여 탐구하였다. 이와 관련된 철학적 물음으로는 다음과 같은 것들이 있다. 예를 들어 "감정(emotion)은 정서나 느낌(feeling)과는 어떻게 구별되는가?" "감정은 감수적(affective)인가 욕동적(conative)인가?" "감정은 인지적 성격을 띠고 있는가, 그저 신체적 동요에 불과한 것일까?" "감정은 필수적으로 지향적 대상을 가지는가?" 그리고 "인간이 다른 동물들과 공유하는 기본 감정에는 어떤 것들이 있는가?" 등의 물음이 이에 해당한다.

제2년차 연구주제인 <감정에 관한 도덕심리학적 고찰>에서는 감정과 도덕심리의 관계에 대해서 제기될 수 있는 근본적인 물음들에 대해 살펴보았다. 예를 들어 "감정은 왜 그리고 어떻게 행위를 촉발하는가?" "감정이 인간의 욕망과 동기를 추동하는 기제는 무엇인가?" "도덕 감정은 진화적 기원을 갖는가?" "인간의 도덕발달은 감정과 어떤 관련이 있는가?" "자연감정과 도덕 감정의 관계는 무엇인가?" "감정의 중절(中節)은 행위자의 도덕판단에 어떻게 기여하는가?" 등의 물음이 그것이다.

앞에 예시된 물음들은 감정과 관련해서 제기될 수 있는 무척이나 근본적이면서도 난해한 질문들이다. 우리는 누구나 감정을 경험하며 살아가지만 정작 감정에 관한 철학적 분석과 심도 있는 성찰은 찾아보기 어려운 것이 국내학계의 현실이며, 동서 철학 간에 유의미한 의사소통이 이루어지기 어려운 것 또한 국내학계가 당면한 현실이다. 다행히 고려대 철학연구소에서는 동양철학과 서양철학 분야에서 수준급의 연구자들을 초빙하여 공동연구를 진행할 수 있어서 모처럼 동서를 횡단하고 과거와 현재를 아우르는 값진 결과물을 산출할 수 있었다. 그동안 함께 연구에 매진해준 연구자들에게 감사드리며, 앞으로 한층 성의 있는 연구로 그 결과물을 사회에 환원할 것을 약속드린다.

2014년 9월 1일
고려대학교 철학연구소 소장 이승환

| 목차 |

주자 '분노'관의 도덕심리학적 고찰

이승환

1. 분노는 제거되어야 할 감정인가?

동·서양의 지적 전통에서 분노는 종종 제거되어야 할 부정적인 마음의 상태로 간주되어왔다. 분노를 부정적인 것으로 간주하는 대표적인 예는 초기 불교와 스토아학파에서 찾아볼 수 있다. 붓다의 원음을 담은 초기불전 『맛지마 니까야Majjihima-Nikāya』에서는 "강도가 사지를 톱으로 조각조각 절단한다고 하더라도 분노를 일으켜서는 안 된다"[1]고 하여, 어떠한 극단적인 상황에서도 분노를 일으키지 말 것을 설하고 있다.[2] 그리고 세네카(Seneka)는 분노야말로 모든 감정 가운데서 가장 잔인하고(hideous) 광적인(frenzied) 감정이라고 평가하면서, 분노를 아예 뿌리부터 제거해야 한다고 말하기도 한다.[3]

중국의 지적 전통에서도 분노는 종종 일으켜서는 안 될 부정적

---

1) 『맛지마 니까야』, 전재성 역, 한국 빠알리성전 협회, 290쪽.

2) 분노에 대한 초기불교의 견해와는 달리, 선종에서는 분노를 직설적으로 표출하는 일이 오히려 평상심에 가깝다고 여기기도 한다.

3) Seneka, "On Anger," in John W. Basore, Trans., *Moral Essays*, Vol.I(Cambridge, MA: Harvard University Press, 1928), 107쪽과 351쪽.

인 감정으로 평가되곤 한다. 예를 들어, 노자는 "원수에 보답하기를 덕으로써 한다"[4]라고 하여 원수에게 분노나 적개심으로 대응하지 말 것을 권하고, "전쟁을 잘하는 자는 노하지 않는다"[5]라고 하여 분노에서 벗어난 대처방식을 강조하고 있다. 그리고 장자는 분노뿐만 아니라 슬픔·기쁨 등의 온갖 감정에서 벗어난 무심(無心)이야말로 '덕'의 지극한 상태라고 간주한다.

> 슬픔(悲)이나 즐거움(樂)은 '덕'에서 어긋난 것이고, 기쁨(喜)이나 분노(怒)는 '도'에서 어긋난 것이며, 좋아함(好)과 미워함(惡)은 '덕'을 잃은 것이다. 그러므로 마음에 근심(憂)이나 즐거움(樂)이 없는 것이야말로 '덕'의 지극함이다.[6]

도가뿐 아니라 유가 전통에서도 분노는 종종 경계해야 할 위험한 감정으로 언급되곤 한다. 예를 들어, 『주역』의 손괘(損卦)에는 "분노를 징계하고 욕심을 막는다(懲忿窒慾)"라는 구절이 나온다. 이 구절은 긴 세월에 걸쳐 수많은 유학자들에게 수신의 지침으로 받아들여졌다. 퇴계는 「성학십도」의 제5도인 「백록동규도白鹿洞規圖」에 '징분질욕'의 문구를 써넣고 있으며[7], 율곡도 『성학집요』의 제6도 「교기질矯氣質」 장에서 『주역』의 '징분질욕'에 관한 내용을 수록하고 있다. 그리고 주자 사상의 형성에 심대한 영향을 끼친 이정(二程) 또한 분노를 수신을 위해 경계하지 않으면 안 될 위험한 마음상태로 간주하였다. 정명도는 「정성서定性書」의 말미에

---

4) 『道德經』 63장. "報怨以德."
5) 『道德經』 68장. "善戰者, 不怒."
6) 『莊子』 「刻意」. "悲樂者, 德之邪; 喜怒者, 道之過; , 好惡者, 德之失. 故心不憂不樂, 德之至也."
7) 물론 이는 주자의 「백록동규」를 그대로 전재(轉載)한 것이다.

서 이렇게 적고 있다.

> 사람의 감정 가운데 가장 쉽게 발동하고 제어하기 어려운 것으로
> 는 분노가 제일 심하다. 다만 분노가 일어날 때 빨리 그 분노를
> 잊어버리고 도리에 맞는지, 그른지 살펴볼 수 있다면, 외물의 유
> 혹도 그렇게 미워할 만한 것이 못 됨을 알게 되어, 도(道)에 대해
> 절반 이상은 이해했다고 할 수 있다.[8]

분노를 부정적으로 간주하는 입장에는 다양한 이유가 있을 수
있다. 흥분과 격노로 인한 심신 건강상의 해로움, 또는 분노 표출의
결과로 발생하는 손해나 과실의 방지와 같은 실용적인 이유도 있
을 것이며, 분노가 그림자를 보고 화를 내는 것처럼 상황(또는 사
태)에 대한 부정확한 평가/해석에서 연유한 것이라는 인식론적 이
유도 있을 것이다. 초기 불교, 장자, 그리고 세네카의 분노에 대한
부정적 평가는 주로 인식론적 이유에 기반하고 있는 것으로 보인
다. 이들은 분노가 상황(또는 사태)에 대한 그릇된 평가/해석에서
발생한다고 파악함으로써, 인지적인 관점에서 분노를 부정적으로
평가하고 있다.[9] 이에 비해 노자의 경우에는 분노의 표출로 인해
발생할 수 있는 더 큰 손해나 과실을 미연에 방지하고자 하는 실용
적 또는 처세술적인 태도가 다분히 엿보인다.
　주자는 분노를 어떻게 보았을까? 유학의 핵심주제인 수기(修己)
의 측면에서 볼 때, 분노는 자칫하면 주체를 흥분과 격노의 도가니

---

8) 程明道, 「定性書」. "人之情, 易發而難制者, 惟怒爲甚. 第能於怒時, 遽忘其怒, 而觀理之是
　非, 亦可見外誘之不足惡, 而於道亦思過半矣".

9) Peter J. Vernezze, "Moderation or the Middle Way: Two Approaches to Anger," *Philosophy East and
　West*, Vol.58, No.1, 2008, 6쪽 참조.

로 몰아넣음으로써 덕스러운 인격을 주조하는 데 걸림돌로 작용할 수 있다. 흥분과 격노는 상황(또는 사태)에 대한 객관적 인식과 공정한 평가를 저해하기 때문이다. 적지 않은 철학자들이 감정은 이성에 의해 통제되어야 한다고 말해온 것도 이 때문일 것이다.

하지만 치인(治人)의 측면에서 볼 때, 명백한 불의나 부정의에 대해 아무런 분노를 느끼지 못한다면, 군자의 소인에 대한 질책과 규정(糾正)은 불가능해지고 말 것이다. 뿐만 아니라 부정의와 불공정 그리고 근거 없는 모욕과 차별에 대해 아무런 분노를 느끼지 못한다면, 비도덕적인 '체계'에 대한 교정이나 인정투쟁, 그리고 나아가 야만적인 권력의 횡포에 저항하는 일도 불가능해질 것이다.

유학에서는 '수기'와 '치인'을 연속선상에서 바라본다. 수양이 잘된 주체야말로 다른 사람들을 평안한 길로 안내해줄 수 있는 적격자라는 것이다. '수기'와 '치인'의 임무를 동시에 수행해야 하는 유학자(이 글에서는 특히 주자)의 입장에서 분노는 어떻게 평가되는가? 분노는 제거의 대상인가 아니면 절제의 대상인가? 분노는 불교나 스토아 학자들이 보는 것처럼 상황(또는 사태)에 대한 그릇된 해석/평가의 결과인가, 아니면 객관화될 수 있는 정당한 반응인가? 그리고 정당화될 수 있는 분노와 정당화될 수 없는 분노는 어떻게 구별될 수 있는 것일까? 다음에서는 이러한 물음에 대한 주자의 입장을 도덕심리학의 관점에서 살펴보고자 한다.

2. 사태에 대한 객관적 반응으로서 분노: 거울(空鑑)의 비유

주자에게 분노는 제거되어야 할 부정적이기만 한 감정인가? 문인 김거위(金去僞)의 물음에 대한 주자의 답변은 이 문제에 대해 실마리를 제공해준다. 김거위는 이렇게 묻는다. "성냄(忿懥)·두려움(恐懼)·근심(憂患)·좋아함(好樂)은 [수기를 위해서는] 있어서는 안 되는 감정들이겠지요?" 주자는 이렇게 답한다. "이 네 가지 감정이 어찌 모두 없을 수 있겠는가? 다만 그 바름(正)을 얻고자 할 따름이다. 『중용』에서 이른바 '희·노·애·락이 발하여 절도에 맞는 것을 화(和)라 한다.'[10]라는 말이 바로 그것이다.[11] 이 대화로 미루어 볼 때 주자는 일단 '분노 제거론자'는 아닌 것으로 보인다. 그의 "어찌 모두 없을 수 있겠는가?(豈得皆無)"라는 대답을 통해, 분노의 발생은 불가피하다고 여기고 있음을 알 수 있다. 주자는 현실에서 불가피하게 발생할 수밖에 없는 분노를 "어떻게 하면 바르게(正) 표출할 수 있는가?" 또는 "어떻게 하면 조화롭게(和) 표출할 수 있는가?"의 문제로 논점을 전환하고 있다.

'바르게(正)' 그리고 '조화롭게(和)'라는 표현으로 볼 때, 주자는 분노가 때로는 '바르지 않게' 또는 '조화롭지 않게' 표출될 수 있는 가능성을 염두에 두고 있는 듯하다. 바름/바르지 않음 그리고 조화로움/조화롭지 않음의 구분은 주체가 대상(또는 사태)을 접할 때 상

---

10) 『中庸』第1章.

11) 『朱子語類』卷16. "問: 忿懥·恐懼·憂患·好樂, 皆不可有否? 曰: 四者豈得皆無! 但要得其正耳, 如中庸所謂'喜怒哀樂發而中節'者也."

황에 '적합하게' 해석/평가하는가 아니면 '적합하지 못하게' 해석/평가하는가의 문제와 관련이 있다. 주자의 이러한 입장은, 분노가 상황(또는 사태)에 대한 해석/평가를 반영하고 있다고 여긴다는 점에서 일단 감정을 인지적 관점에서 파악하고 있는 것으로 보인다.12)

일반적으로 분노라는 심리적 경험은 생리적·인지적 경험과 더불어 발생하는 것으로 이해된다.13) 혈압상승과 심장박동의 증가 그리고 식은땀이나 근육경련과 같은 생리적인 느낌과 더불어, 당면하고 있는 상황에 대한 해석 또는 평가와 같은 인지적 과정이 분노경험과 더불어 발생한다는 것이다. 주자의 분노에 대한 해설은 생리적인 측면보다는 상황에 대한 해석/평가와 밀접하게 관련되어 있으며, 그의 바름/바르지 않음 또는 조화로움/조화롭지 않음 등의 구분은 순수하게 인식론적인 것이라기보다 '도덕적 인지주의(moral cognitivism)'의 관점을 반영하는 것이다.

주자는 사람의 마음을 텅 빈 거울(空鑒)에 비유한다. 티끌 없는 거울이 대상을 왜곡 없이 반영하듯, 사람의 경우에도 대상(또는 사태)을 왜곡 없이 반영하는 것이 마음의 '참 모습(眞體)'이라고 그는 말한다.

> 사람의 마음은 고요하고 허명(虛明)하여 텅 빈 거울이나 평형상태
> 의 저울과 같은 것으로, 이것이 몸의 주재이고 '진정한 본체(眞體)'
> 의 본모습이다. 하지만 희·노·우·구(喜怒憂懼)가 감촉되는 바

---

12) 주자의 감정론을 '강한 인지주의'로 해석하는 선행연구로는 홍성민, 「주자철학에서 감정주체와 감정 적합성의 의미: 正心에 대한 해석을 중심으로」, 『중국학연구』 제63집, 2013.

13) Deffenbacher & McKay, *Overcoming Situational and General Anger*(Oakland: New Harbinger, 2000).

에 따라 반응할 때는, 마치 거울이 예쁘고 미운 얼굴을 그대로 비추고 저울대가 사물의 무게에 따라 위아래로 움직이는 것처럼 그 작용이 없을 수 없다. 사물에 감촉하지 않을 때는 지극히 허정(虛靜)하여, 텅 빈 거울 또는 평형상태의 저울과도 같은 진정한 본체(眞體)는 귀신도 그 틈새를 엿볼 수 없고 그 득실(得失)에 대해서도 말할 수 없다. 사물과 감촉하는 순간 그 반응이 모두 절도에 맞으면, 거울 또는 저울의 작용이 막힘없이 실현된 것처럼 광명정대하게 될 것이니, 이것이 바로 천하의 달도(達道)가 되는 까닭이다. 그러니 어떻게 그 바름(正)을 얻지 못할 수가 있겠는가?[14]

앞의 글에서 주자는 거울이 사물을 '있는 그대'로 비추듯이, 인간의 마음도 대상(또는 사태)을 왜곡 없이 표상할 수 있다고 말한다. 마치 거울이 아름답거나 추한 얼굴을 '있는 그대로' 비추고, 저울이 짐의 무게에 따라 위아래로 움직이는 것처럼, 사람의 마음 또한 객관사태를 '있는 그대'로 표상할 수 있다는 것이다. 마음의 '진정한 모습(眞體)'을 텅 빈 거울에 비유하는 주자의 견해는 로티(Richard Rorty)가 비판의 표적으로 삼는 서양 전통철학의 토대주의(foundationalism)와 유형적으로 닮아 있다. 로티에 의하면, 전통철학에서는 인간의 이성을 "자연을 비추는 거울(mirror of nature)"로 여기는 '거울의 메타포'를 바탕에 깔고 있다. 전통철학자들은 인간의 이성이 '자연', 즉 실재세계를 '있는 그대로' 표상할 수 있다고 믿고, 이러한 능력을 토대로 '확고한 지식의 체계'를 구축하려는 야심찬 기획을 추구해 왔다. 인간의 이성이 세계를 있는 그대로 비추는 거울이라는 메

---

14) 『大學或問』 "人之一心, 湛然虛明, 如鑑之空, 如衡之平, 以爲一身之主者, 固其眞體之本然, 而喜怒憂懼, 隨感而應, 姸媸俯仰, 因物賦形者, 亦其用之所不能無者也. 故其未感之時, 至虛至靜, 所謂鑑空衡平之體, 雖鬼神有不得窺其際者, 固無得失之可議; 及其感物之際, 而所應者, 又皆中節, 則其鑑空衡平之用, 流行不滯, 正大光明, 是乃所以爲天下之達道, 亦何不得其正之有哉?"

타포는 이성 또는 언어가 실재와 1:1로 대응한다는 믿음을 바탕에 깔고 있다. 하지만 로티는 이성이 초시간적·절대적인 것이 아니라 역사적·우연적인 것이며 인간의 언어 역시 사회적·문화적 산물임을 강조하며, 토대주의의 신화를 해체하고자 한다(주자의 거울 비유에 대해서도 로티 식의 비판이 가능하리라고 생각한다. 이 문제에 대해서는 다음 기회에 다루기로 한다).

3. 감정오류의 원인: 사심(私心)

앞에서 보았듯이, 주자는 감정이 대상을 있는 그대로 비쳐주는 거울과 같다고 본다. 정(情)이라는 단어가 원래는 '사실 그 자체(實情)'를 의미했던 중국 고대의 언어전통을 이어받아, 주자는 인간의 감정이 사실 그 자체에 대한 객관적인 반응, 즉 인식론적으로 말하자면 주관의 객관에 대한 1:1의 표상이라고 여기는 것이다.

> 근심(憂患)이나 분노(忿懥) 등의 감정을 나쁘다고 할 수는 없다. 다만 [그렇게 반응할 만한 사태가] 있으면, 곧 그런 감정의 발동이 있게 되는 것이다.[15]

주자는 이처럼 근심·분노 등의 감정을 당면하고 있는 상황(또는 사태)에 대한 객관적이고 정당한 반응이라고 여긴다는 점에서, 감정을 사적/주관적/자의적인 것으로 간주하는 여타의 관점과 명백

---

15) 『朱子語類』 卷16. "憂患·忿懥之類, 卻不是惡. 但有之, 則是有所動."

한 차별을 보인다. 감정이 이처럼 "당면 상황에 대한 객관적인 반영"이라면, 과연 감정의 오류는 어떻게 설명될 수 있는 것일까? 적지 않은 감정 비판론자들이 제기해왔듯이, 감정은 때로 상황을 그릇되게 해석/평가하기도 하고, 감정의 주체를 오해와 편견 그리고 나아가서는 복수와 설욕을 향한 광기에 휩싸이게 하기도 한다. 왜 감정에는 이처럼 오류가 발생하는 것일까? 주자는 감정에 오류가 발생하게 되는 이유를 다음과 같이 설명한다.

> 분노(忿懥)·즐거움(好樂)·두려움(恐懼)·근심(憂患), 이 네 가지는 사람에게 원래 있는 것이어서 없앨 수 없다. 하지만 그것이 바름(正)을 얻지 못하는 경우가 있으니 오직 사물을 응접할 때 사심(私心)을 갖지 말아야 한다. 오직 의념을 정성스럽게 한다면, 텅 빈 거울이 곱거나 미운 모습을 그대로 비추고 평형상태의 저울대가 무게에 따라 위아래로 움직이는 것처럼, 대상(또는 사태)에 따라 그 모습을 있는 그대로 표상할 뿐 '주관'은 거기에 아무런 상관도 없게 될 것이니(我不與焉) 이것이 바로 정심(正心)이다.[16]

앞의 글에서 주자는 감정에 오류가 발생하게 되는 이유는 사심(私心) 때문이라고 말한다. '사심'은 주체가 사적으로 간직한 호/오(好惡)의 태도로서, 모든 사람이 보편적으로 공유하는 공변된 관점(公)과 대비되는 개념이다. 주체가 사적으로 간직한 호/오의 태도는 상황을 객관적으로 해석/평가하지 못하도록 가로막고, 이로 말미암아 감정에 '바름(正)'을 얻지 못하는 결과가 발생한다는 것이다.

주자는 마음이 당면 상황을 '있는 그대'로 표상하기 위해서는 공

---

16) 『朱子語類』 卷16. "忿懥·好樂·恐懼·憂患, 這四者皆人之所有, 不能無. 然有不得其正者, 只是應物之時不可夾帶私心. (中略) 惟誠其意, 眞簡如鑑之空, 如衡之平, 姸媸高下, 隨物定形, 而我無與焉, 這便是正心."

(公)과 정(正)의 태도가 필요하다고 본다. 공(公)은 "호/오에 사심이 없음(無私心)"을 뜻하고, 정(正)은 "호/오가 이치에 합당함(當於理)"을 의미한다.17) 마음에 아무런 사심 없이 이치에 합당한 방식으로 상황을 파악하려 한다면, 개인의 주관은 여기에 개입할 여지조차 없게 된다(我不與焉)는 것이다. 대상을 객관적으로 표상하기 위해 요구되는 '공'과 '정'의 마음가짐은 '이상적 관망자 이론(ideal observer theory)'에서 이상적 관망자가 갖추어야 할 자격요건으로 제시되는 무사의(impartiality), 공정성(fairness), 그리고 사실에 대한 충분한 인지(fully informed-ness) 등의 요건과 비견될 만하다.

객관적이고 공정한 감정을 위해 요구되는 "사심이 없음(無私心)"과 "이치에 합당함(當於理)" 등의 자격요건은 규범적(normative)인 의미와 더불어 인지적(cognitive)인 의미를 강하게 띠고 있다. 분노라는 심리적 경험은 생리적인 느낌과 더불어 인지적 과정을 동반하며, 특히 인지적 요소는 분노 경험을 유발하는 핵심요인으로 간주된다. 우리는 분노의 감정을 느낄 때 순간적으로 다양한 생각들이 뇌리를 스쳐가는 것을 경험하곤 한다. 분노의 경험과 더불어 번개처럼 스쳐가는 이러한 생각들은 심사숙고나 합리적 추론에 의한 것이 아니라, 비슷한 상황에서는 비슷하게 떠오르는 단편적인 심상으로, 자기 진술(self-talk), 내적 대화(internal dialogue), 또는 사밀한 언어(covert verbalization)라고도 불린다.18) 아론 벡(Aaron Beck)은 이를 '자동적 사고(automatic thoughts)'라고 명명한다.19) 자동적

---

17) 『朱子語類』卷26. "故以無私心, 解公字; 好惡當於理, 解正字."

18) Kendall & Hollon, "Assessing Self-Referent Speech: Methods in Measurement of Self-Statements," in P. C. Kendall & S. D. Hollon(eds.), *Assessment Strategies for Cognitive Behavioral Inventions*(New York: Academic Press, 1981), 85~118쪽 참조.

사고는 당면한 상황이 내포하는 의미, 상황에 대한 대처방식, 대처 행동 후 예상되는 결과 등에 대해 순간적으로 가지는 심상이다. 이러한 생각들은 분석과 추론을 통한 명제적 사고는 아니지만 몇 개의 중요한 단어 또는 심상으로 이루어져 있으며, 표층의식의 기저에 깔려 있는 신념체계에 의해 활성화되는 일종의 인지과정이다.

신념체계는 자아와 세계에 대한 기억과 정보를 저장하고 조직하는 구성체로서, 외부의 자극을 선택적으로 지각하고 해석하는 기능을 수행한다.[20] 신념체계는 개인이 가진 세계관, 가치관, 삶의 규칙 등으로 이루어져 있으며, 당면 상황에 대한 해석/평가는 이러한 신념체계와의 연관 속에서 진행된다[로티(A. O. Rorty)는 감정을 제대로 이해하기 위해서는 주체가 인지하지 못하는 감정 발생의 넓은 맥락을 검토해야 한다고 주장한다. 예를 들어, 개인이 가지고 있는 성향(dispositions) 역시 감정 발생의 중요한 근거가 된다는 것이다.[21] 로티가 말하는 '성향'이란 비교적 안정적이고 지속적인 행위의 경향성을 말한다. 이러한 경향성은 주체가 표층의식의 기저에 깔고 있는 신념체계의 다른 말이라고 보아도 무방할 것이다].

자동적 사고는 의식의 기저에 있는 신념체계에 의해 활성화되는 인지과정으로, 심사숙고나 합리적 추론을 거치지 않은 탓에 종종 오류나 왜곡 또는 편향을 초래하는 경우가 많아서 인지치료(cognitive

---

19) 아론 벡은 자동적 사고의 특징을 다음 몇 가지로 정리한다. 1. 짧고 구체적이다. 2. 감정으로 연결된다. 3. 매우 빨리 일어나며 불수의적이다. 4. 몇 가지 중요한 단어 또는 심상으로 이루어져 있다. 5. 조심스럽고 진지하게 숙고한 것이 아니다. 6. 추론 과정을 거친 문제해결적 사고가 아니다. 7. 그 당시에는 합리적이고 이치에 맞는 것처럼 보인다. 8. 같은 유형의 사고가 반복적·습관적으로 되풀이된다. 서수균, 『분노와 관련된 인지적 요인과 그 치료적 함의』, 서울대학교 대학원 심리학과 박사학위논문(2004), 22~24쪽 참조.

20) 신념체계(belief system)를 기호학에서는 프레임(semiotic frame)이라고 부른다.

21) A. O. Rorty, "Explaining Emotion", *The Journal of Philosophy*, Vol. 75(1978), 106쪽 참조.

therapy)에서 치료적 개입의 대상이 되기도 한다. 특히 개인이 가진 신념체계가 합리적이지 못할수록 분노성향과 분노수준이 더 높은 것으로 보고된다(서양철학의 합리주의 전통에서는 감정을 이성에 비해 부정확하고 변덕스러운 것으로 폄하해왔지만, 사실 문제가 되는 것은 감정 그 자체라기보다 감정경험과 자동적 사고의 기저에 깔려 있는 신념체계의 비합리성 때문이라고 해야 할 것이다).

주자가 감정의 바른 표출을 위해 요구하는 공(公), 즉 '사심이 없을 것(無私心)', 그리고 정(正), 즉 '이치에 합당할 것(當於理)' 등의 요건은 자동적 사고의 기저에 깔려 있는 신념체계의 비합리성을 교정하려는 인지치료의 일환으로 해석할 수 있다. 개인의 신념체계를 구성하는 세계관과 가치관이 지나치게 주관적이거나 비합리적일 경우, 당면 상황에 대한 해석/평가의 과정(즉, 자동적 사고)에서 왜곡과 편향이 나타나기 쉬우며, 이러한 왜곡과 편향은 결과적으로 감정에 '부중절(不中節)'을 초래하게 된다. 주자는 감정에 오류(不正)가 발생하게 되는 이유를 이렇게 설명하기도 한다.

> 마음에 하나의 물사(物事)라도 담아두어서는 안 된다. 외부자극에 따라 마음 상태가 다양하게 변하는 것은 모두 그 분한(分限)에 따라 반응하는 것으로 주관의 심사(心事)와는 아무런 관계도 없다. 물사와 접촉하면 마음은 곧 그것에 의해 움직이게 된다. 마음이 물사와 접촉하는 방식에는 세 가지가 있다. 아직 물사가 닥쳐오지 않았는데도 자기가 먼저 기대하는 생각이 있는 경우도 있고, 혹은 이미 반응하고 나서도 오히려 가슴속에 오랫동안 남아서 잊을 수 없는 경우도 있으며, 혹은 막 사태에 반응할 때 의념에 편향된 바가 있어서 한쪽으로만 편중되게 보는 경우도 있다. 이는 모두 물사에 의해 속박된 것이다. 이미 물사에 속박되어, 마음 안에 이 물

사가 있는데 다시 다른 사태가 다가온다면 곧 반응에 오류가 생기
게 되니, 어찌 바름을 얻을 수 있겠는가?[22]

위 글에서 주자는 감정이 '바름(正)'을 얻지 못하는 이유를 세 가
지로 제시한다. (1) 상황 발생 이전에 이에 대해 미리 가지고 있는
기대감, (2) 상황에 대응한 이후에도 지속적으로 남아 있는 감정의
여운, (3) 상황에 반응할 때 의식의 기저에 깔려 있는 편향된 의념
등이 바로 그것이다. 바로 이러한 이유들로 인하여 감정이 '바름
(正)'을 얻지 못하게 된다는 것이다. 감정의 바른 발동을 저해하는
이러한 요인들을 제거하기 위해, 주자는 "마음에 하나의 '물사'라
도 두어서는 안 된다"고 거듭 강조한다. '물사'란 심리학적 용어로
말하자면 표상의식의 기저에 깔려 있는 "비합리적인 신념체계"라
고 해도 무방할 것이다. 즉, 자기중심적인 의념, 지나친 기대감과
성취욕, 편향된 가치관, 그리고 과도한 인정욕구 등이 이에 해당한
다. 주자는 "마음 안에 하나의 '물사'라도 두어서는 안 된다"라는
말을 "마음 안에 하나라도 주장(主張)이 있어서는 안 된다"라는 말
로 바꾸어서 표현하기도 한다.

마음의 바른 상태는 저울과도 같다. 아무런 물건도 없을 때 저울
은 평형을 이루지 않음이 없으나, 물건 하나를 얹으면 곧 기울게
된다. 마치 거울 속에 먼저 한 사람의 영상이 들어 있는데 다시
한 사람이 다가온다면 비출 수 없는 것과 같다. 마음에 아무런 물
사가 다가오지도 않았는데도 먼저 하나의 주장(主張)이 있어서 '이

---

22) 『朱子語類』 卷96. "心不可有一物, 外面酬酢萬變, 都只是隨其分限應去, 都不關自家心事.
才係於物, 心便爲其所動. 其所以係於物者有三: 或是事未來, 而自家先有這簡期待底心; 或
事已應了, 又卻長留在胸中不能忘; 或正應事之時, 意有偏重, 便只見那邊重, 這都是爲物
所係縛. 既爲物所係縛, 便是有這簡物事, 到別事來到面前, 應之便差了, 這如何會得其正!"

일을 어떠어떠하게 처리해야 하겠다'라고 생각하다가, 사태에 접
하자마자 곧 이 마음상태로 처리해버리니 바르지 못하게(不正) 되
는 것이다.23)

이 글에서 주자는 감정이 부중절하게 되는 이유를 "마음에 아직
사태가 닥치지도 않았는데도 먼저 하나의 '주장(主張)'이 있기 때
문"이라고 설명한다. 예를 들어, 사태가 발생하기 이전에 미리 "이
일을 어떠어떠하게 처리해야 하겠다"라고 생각하고 있다가, 사태가
발생하면 곧 이 마음상태로 처리해버리는 까닭에 감정이 부정확하
게(不正) 표출된다는 것이다. 이런 점에서 그가 말하는 '주장'이란
표상의식의 기저에 깔려 있는 막연한 선입견이나 기대감 또는 어
떤 신념이나 예단(豫斷)을 의미하는 것으로 보인다. 이러한 선입견
이나 기대감은 무정의(無情意)·무계탁(無計度)·무조작(無造作)
으로 대변되는 '리(理)'의 성격과 정면으로 배치되는 것이다. 주자
는 "리(理)에는 정의(情意)도 없고, 계탁(計度)도 없으며, 조작(造
作)도 없다."라고 말한다. 객관적인 감정 반응을 위해 요구되는 "이
치에 합당함(當於理)"이라는 요건 또한 아무런 정의(情意)도 없고,
계탁(計度)도 없으며, 조작(造作)도 없는 공정무사한 마음상태를 의
미하는 것이다. 상황 발생 이전에 주체가 미리 가지고 있는 자기중
심적 의념이나 계산하는 마음 그리고 조작하는 마음은 사태에 대
한 부정확한 해석/평가를 초래하며, 이것이 바로 감정에 오류를 초
래하는 원인이 된다는 것이다.

---

23)『朱子語類』卷16. "這心之正, 卻如稱一般. 未有物時, 稱無不平. 才把一物在上面, 便不平
了. 如鏡中先有一人在裏面了, 別一箇來, 便照不得. 這心未有物之時, 先有箇主張說道: '我
要如何處事.' 才遇著事, 便以是心處之, 便是不正."

4. '감정지연 현상'의 해소: 무체(無滯)

이상에서는 감정의 오류를 방지하기 위한 요건으로 주자가 제시한 "주관적인 호/오의 태도가 없을 것(無私心)", "선입견이나 기대감이 없을 것(心中無物)", "미리 예단이나 주장(主張)을 가지지 말 것" 등의 요건에 대해 알아보았다. 이러한 요건들은 <u>감정경험 이전</u>에 표상의식의 기저에 깔려 있는 자기중심적이거나 비합리적인 신념체계를 교정하려는 인지치료의 일환으로 보아도 무방할 것이다. 다음에서는 <u>감정경험 이후</u>에 발생할 수 있는 또 다른 오류의 시정과 관련된 주자의 해설을 살펴보기로 한다. 주자는 1차 감정의 발생 이후에도 사라지지 않고 지속되는 "감정의 지연(emotional delay)" 현상에 대해 이렇게 설명한다.

> (문인 양도부의 질문) "[『대학』에서 경계한] 분노(忿懥)·두려움(恐懼)·좋아함(好樂)·근심(憂患) 등은 모두 '유소(有所: ─하는 바가 있음)'로써 말한 것으로, 마음의 바른 상태가 상실되어서 이 네 감정이 마음 안에서 주인노릇을 하는 것을 말한 것이겠지요?" (주자의 대답) "이 네 감정은 사람에게 없을 수 없으나, 다만 그것이 마음 안에 머물러 사라지지 않도록 해서는 안 된다. 이른바 '유소(有所)'라는 말은 그것이 마음 안에서 주인노릇을 하여 마음이 오히려 그것에 의해 움직이게 되는 것을 말한다.[24]

여기서 주자는 1차 감정의 발생 이후에도 소멸되지 않고 지속되는 '감정의 지연' 현상을 "머물러 사라지지 않음(留而不去)"이라고

---

24) 『朱子語類』卷16. "問: 忿懥·恐懼·好樂·憂患, 皆以'有所'爲言, 則是此心之正不存, 而是四者得以爲主於內. 曰: "四者人不能無, 只是不要它留而不去. 如所謂'有所', 則是被他爲主於內, 心反爲它動也."

표현하고 있다. 그리고 『대학』에 나오는 '유소(有所)'라는 문구를 "1차 감정이 사라지지 않고 남아서 마음 안에서 주인노릇을 하게 되어, 마음이 오히려 그 감정에 의해 움직이게 되는 현상(被他爲主 於內, 心反爲它動)"이라고 설명한다. 그렇다면 감정의 지연현상은 왜 발생하는 것일까? 그리고 감정의 지연현상은 어떠한 부정적인 결과를 초래하는 것일까?

> 분노(忿懥)·두려움(恐懼)·좋아함(好樂)·근심(憂患) 등의 네 가지 감정은 마음에 있는 것이지만, 그것을 "자기 것으로 만들려고(有 所私)" 해서는 안 된다. 자기 것으로 만들려 하면 그것들은 용해되 지 못하고 가슴 속에서 막혀버리고 만다. 어떤 물사를 자기 것으로 여기는 순간 그것은 사라지지 않고 계속 가슴에서 요동치면서 끝내 용해되지 않을 것이다. 만일 마음을 태허(太虛)처럼 만든다면 만사에 응접할 때 마음이 멈추어야 할 곳에서 멈추게 되어 주관이 개입하지 않게 될 것(我無所與)이니, 보면 있는 그대로 볼 수 있고 들으면 있는 그대로 들을 수 있으며 먹으면 그 맛을 진정으로 알 게 된다.'25)

　여기서 주자는 감정의 지연현상은 공적·객관적이어야 할 감정을 사적·주관적으로 사유화하려는 욕구(有所私)에서 비롯된다고 말한다. 그는 이러한 현상을 매우 부정적으로 바라보고 있다. 사라지지 않고 지속되는 감정의 여운은 새롭게 닥쳐오는 후속 사태에 대한 객관적 해석과 평가에 장애를 초래하기 때문이다. 그는 이러한 심리현상을 거울과 저울의 비유를 들어 설명한다. 예를 들어, 거

---

25)『朱子語類』 권16. "四者心之所有, 但不可使之有所私爾. 才有所私, 便不能化, 梗在胸中. (中略) 蓋這物事才私, 便不去, 只管在胸中推盪, 終不消釋. 設使此心如太虛然, 則應接萬務, 各止其所, 而我無所與, 則便視而見, 聽而聞, 食而眞知其味矣."

울 안에 이미 한 사람의 영상이 들어 있다면 다른 사람이 다가와도 그 모습을 제대로 비출 수 없으며, 저울에 한 돈짜리 추를 올려놓은 채 다시 한 돈짜리 물건을 잰다면 그 무게가 두 돈으로 측량되는 것과 마찬가지라는 것이다.

> 이 마음에 미리 분노하는 감정이 있다면 후속 상황에서 마음이 바름을 얻지 못하게 된다. 예를 들어 거울에 어떤 사람의 모습이 있을 때는 두 번째 사람이 다가와도 비추지 못하며, 저울 눈금에 한 돈짜리 추를 얹어놓은 채 다시 한 돈짜리 물건을 재면 그 무게가 두 돈이 되는 것과 같다. 만일 마음에 분노하는 감정이 있는데 다시금 분노할 만한 일에 직면하면 분노는 곧 두 배가 될 것이고, 기뻐할 만한 일에 직면하면 기쁨은 도리어 반이 될 것이다. 마음에 좋아하는 감정이 미리 있어도 마찬가지이고, 걱정하는 감정이 미리 있어도 마찬가지이다.[26]

1차적으로 느꼈던 분노의 감정을 해소하지 않은 채 다시금 분노할 만한 후속 사태에 직면한다면 분노가 2배로 표출될 것이고, 분노의 감정에 휩싸인 채 다시금 기뻐할 만한 후속 사태에 직면한다고 해도 기쁨은 반감되고 말 것이다. 감정의 중절을 가로막는 이러한 지연 현상은 주체가 공적·객관적이어야 할 감정을 사적·주관적인 것으로 사유화하려는 욕망에서 비롯된다.

'감정의 지연' 현상과 약간 다르기는 하지만, 현대심리학에서 논의되는 1차 분노와 2차 분노에 대한 고찰은 주자의 감정론을 이해하는 데 좋은 시사가 되리라 생각한다. 1차 분노는 당면 상황이 개

---

26) 『朱子語類』 卷16. "此心先有忿懥時, 這下面便不得其正. 如鏡有人形在裏面, 第二人來便照不得. 如稱子釘盤星上加一錢, 則稱一錢物便成兩錢重了. 心若先有怒時, 更有當怒底事來, 便成兩分怒了; 有當喜底事來, 又減卻半分喜了. 先有好樂, 也如此; 先有憂患, 也如此."

인의 목표 성취 또는 자존감 유지에 도움이 되는지 위협이 되는지 등에 관한 1차 평가로 이루어져 있다. 상황에 대한 최초 해석 또는 의미 부여에 해당하는 이러한 심리적 과정을 문장으로 기술하면, "나는 무시당하고 있다", "너무도 부당하다" 또는 "어찌 이럴 수가 있나?" 등의 진술문이 이에 속한다. 2차 분노는 책임의 소재, 가능한 대처행동, 대처행동에 따르는 예상결과 등에 관한 2차 평가로 이루어져 있다. 상황에 대한 2차 해석/평가에 해당하는 이러한 심리적 과정을 문장으로 기술하면, "그냥 두지 않겠다", "한번 혼내주고 말겠다" 또는 "한대 패주고 싶다" 등의 진술문이 이에 속한다.[27] 1차 분노에서 2차 분노로 이어지는 이러한 심리적 과정을 간략하게 표로 정리하면 다음과 같다.

상황(또는 사태)의 발생 ⇨ 1차 평가 ⇨ 약한 분노 ⇨ 2차 평가 ⇨ 강한 분노

주자가 말하는 '감정의 지연' 현상은 앞의 표에서 '2차 평가'에 해당하는 것으로 해석할 수 있을 것이다. 1차적으로 경험했던 분노 감정을 해소시키지 않은 채 지속적으로 사유화함으로써, 분노의 감정은 증폭되어 후속 사태에 대한 객관적이고 공정한 반응을 저해한다. 주자의 설명을 도표로 정리하면 다음과 같다.

---

27) 서수균, 「비합리적 신념과 공격성 사이에서: 일차적/이차적 분노사고의 매개역할」, 『한국심리학회지』, 28권 3호, 2009, 697쪽 참조.

> 상황(또는 사태)의 발생 ⇨ 1차 평가 ⇨ 분노 ⇨ 감정의 사유화(분노의
> 지연) ⇨ 후속 상황에 대한 왜곡

5. 주자 분노관의 덕윤리적 함의

초기 불교와 세네카 그리고 장자는 분노를 뿌리째 제거해야 할 부정적인 마음의 상태로 파악하였다. 하지만 아리스토텔레스는 "분노해야 할 때 분노하지 않는 사람은 얼간이"라고 말한다. 그는 마땅히 분노해야 할 일, 마땅히 분노해야 할 사람에 대해, 마땅한 방식으로, 마땅한 때에, 마땅한 시간 동안 분노하는 사람은 오히려 중용의 덕을 소유한 사람으로 칭찬 받아야 한다고 말한다.[28] 주자의 경우도 이와 비슷하다. 그는 심지어 성인이나 인자(仁者)도 마땅히 분노해야 할 때에는 분노를 한다고 말한다.

> (진순의 질문) "성인에게는 아마도 분노하는 얼굴이 없었을 것 같습니다." (주자의 대답) "어떻게 분노하는 얼굴이 없었겠는가? 마땅히 분노해야 할 때는 반드시 얼굴로 드러나는 법이다. 예를 들어 어떤 사람의 죄를 다스리면서 웃는 얼굴을 해서는 안 되는 것이다. (진순의 질문) "그와 같다면 분노하는 심기(心氣)를 표출한 것 아닙니까?" (주자의 대답) "하늘이 분노하면 우레와 천둥이 친다. 순(舜) 임금께서 사흉(四凶)을 죽일 때 반드시 분노했을 것이다. 다만 마땅히 분노할 만하면 분노하되 절도에 맞고, 사태가 지나가면 곧 (분노의 감정이) 사라져서 마음속에 쌓이지 않았을 뿐이다.[29]

---

28) 손병석, 『고대 희랍과 로마의 분노론』, 제6장 「아리스토텔레스의 분노관을 중심으로」, 바다출판사, 2013, 393쪽 참조.

현대 서양의 감정연구가들은 분노를 자기방어체계의 일부로 상대방의 위협이나 공격으로부터 자기를 지키기 위한 자연스러운 반응이라고 해석한다. 예를 들어, 라자루스(Lazarus)에 의하면 분노라는 감정은 "나 그리고 내 것에 대한 비하적 공격(demeaning offense against me and mine)"에 대한 인지적·심리적·생리적 반응이라고 말한다.30) 하지만 '분노'와 관련된 주자의 관심은 "나 자신의 안녕"이라는 자기중심적 측면보다는 "객관원칙(理)에 어긋나는 사건(또는 사태)에 대한 도덕적 분노"라는 공적·규범적 측면에 초점이 맞추어져 있다. 이런 까닭에 그는 분노가 의(義)라는 도덕 성향이 발현된 것으로 해석하기도 한다. 도리(理)에 어긋나는 사건(또는 사태)에 대한 분노(怒)와 미워함(惡)은 수오(羞惡)라는 도덕 감정과 같은 범주에 속한다고 보는 것이다.31) [수(羞)는 자기의 잘못에 대해 느끼는 도덕적 수치감이고, 오(惡)는 타인의 잘못에 대해 느끼는 도덕적 혐오감이다.]

주자의 감정론으로 볼 때, 덕스러운 사람이란 주관적인 호/오의 태도가 없이 사태에 객관적·합리적으로 공정하게 반응하는 사람이다. (물론 여기서 '합리적'이란 분석·추론을 가능케 하는 기하학적 이성이라기보다, 객관적 도리에 합치할 수 있는 규범적 합리성을 말한다.) 주자에 의하면, 어떤 사람은 호/오가 이치에 합당하다 하더라도 '사심'이 없지 않은 경우도 있고, 또 어떤 사람은 '사

---

29) 『朱子語類』 卷95. "問: 聖人恐無怒容否? 曰: 怎生無怒容? 合當怒時, 必亦形於色. 如要去治那人之罪, 自爲笑容, 則不可. 曰: 如此, 則恐涉忿怒之氣否? 曰: 天之怒, 雷霆亦震. 舜誅'四凶', 當其時亦須怒. 但當怒而怒, 便中節; 事過便消了, 更不積."

30) Lazarus, R. S. *Emotion and Adaption*(Oxford University Press, 1991), 39~40쪽과 90쪽.

31) 『朱子語類』 卷87. "怒畢竟屬義, 義屬陰. 怒與惡, 皆羞惡之發, 所以屬陰."

심'이 없다 하더라도 호/오가 이치에 합당하지 않은 경우도 있다. "오직 인자(仁者)라야 사심도 없거니와, 좋아하고 싫어하는 바(好惡)가 이치에 합당하게 된다"라고 말한다.[32] 이처럼 무사심(無私心)과 당어리(當於理)로 대변되는 인자의 마음가짐은 공직세계에서 실무행정과 재판을 담당해야 하는 유교적 지식인들에게 이상적인 인격의 전범으로 간주되었다. 주자는 덕스러운 성품의 소유자야 말로 나머지 사람을 평안한 길로 인도할 수 있는 도덕적/정치적 리더의 자격이 있다고 보았다. 덕스러운 성품을 도야하기(養性) 위해서는 '무사심(無私心)'과 '당어리(當於理)'의 마음상태가 필요하며, 이러한 상태에 이르기 위해서는 거경함양(居敬涵養)과 격물치지(格物致知)라는 양대 공부가 새의 두 날개처럼 병중(並重)되어야 한다고 보았다. '거경함양'은 자기중심적인 사심을 제거하고 마음을 텅 빈 거울처럼 만들려는 의지적 공부이고, '격물치지'는 객관 규범과 도덕원칙의 패턴을 익히려는 인지적 공부이다.

이상에서 살펴본 것처럼, 덕윤리를 지향하는 주자에게 분노는 제거의 대상이 아니라 중절의 대상이다. 그리고 분노는 (물론 다른 감정들의 경우에도 마찬가지이겠지만) 비합리적인 편견이나 자기중심적인 사심이 없이 도리(理)에 합당한 방식으로 분출되기만 한다면, 티 없는 거울처럼 당면 상황을 객관적이고 공정하게 반영할 수 있다고 보았다. 이런 점에서 주자는 '감정의 합리성'의 신봉자였으며 '감정의 이성화'의 길을 한발 앞서간 철학자로 평가될 수 있을 것이다.

---

32) 『朱子語類』 卷26. "有人好惡當於理, 而未必無私心; 有人無私心, 而好惡又未必皆當於理. 惟仁者旣無私心, 而好惡又皆當於理也."

참고문헌

『大學』
『中庸』
『道德經』
『莊子』
『二程遺書』
『朱子語類』
『大學或問』
『맛지마 니까야』, 전재성 역, 한국 빠알리성전 협회, p.290
서수균,『분노와 관련된 인지적 요인과 그 치료적 함의』, 서울대학교 대학원
　　　심리학과 박사학위논문, 2004
_____,「비합리적 신념과 공격성 사이에서: 일차적/이차적 분노사고의 매
　　　개역할」,『한국심리학회지』, 28권 3호, 2009
손병석,『고대 희랍과 로마의 분노론』, 바다출판사, 2013
홍성민,「주자철학에서 감정주체와 감정 적합성의 의미: 正心에 대한 해석
　　　을 중심으로」,『중국학연구』제63집, 2013
Amelie Rorty, "Explaining Emotion", *The Journal of Philosophy*, Vol. 75, 1978
Deffenbacher & McKay, *Overcoming Situational and General Anger*, Oakland: New
　　　Harbinger, 2000
Kendall & Hollon, "Assessing Self-Referent Speech: Methods in Measurement of
　　　Self-Statements", in P. C. Kendall & S. D. Hollon(eds.), *Assessment Strategies
　　　for Cognitive Behavioral Inventions*, New York: Academic Press, 1981
Peter Vernezze, "Moderation or the Middle Way: Two Approaches to Anger",
　　　Philosophy East and West, Vol.58, No.1, 2008
Richard Lazarus, *Emotion and Adaption*, Oxford University Press, 1991
Seneka, "On Anger", in John W. Basore, Trans., *Moral Essays*, Vol.I, Cambridge,
　　　M.A.: Harvard University Press, 1928

보편주의 윤리학과 감정의 관계
– 칸트의 존경 감정과 그 영향을 중심으로

고현범

1. 들어가는 말

도덕적 행위와 판단에서 감정은 어떤 위치를 갖는가? 다시 말하면 도덕적으로 옳은 행위를 하기 위해서 그리고 어떤 행위의 도덕성 여부를 판단할 때 감정은 어떤 역할을 담당하는가? 이성과 감성의 날카로운 대립을 상정하고 그에 따라 생각해보면, 감정적 행위나 감정적 판단은 도덕적 타당성이나 올바름 내지 적절성의 관점에서 배제되어야 할 것처럼 여겨진다. 하지만 감정은 많은 경우 판단과 밀접히 결합되어 있고, 그런 경우 감정과 판단을 분리하기 어렵다는 점을 고려한다면, 이와 같은 감정의 배제는 일관되게 유지하기 어렵다. 가령 어떤 분노의 감정은, 그 신체적인 변화를 논외로 한다면, 그 감정을 느끼는 사람의 판단과 밀접하게 연관된다. 예를 들어 장애인 주차구역에 버젓이 주차하는 비장애인 운전자를 보면서 느끼는 분노의 감정은 그 행위가 갖는 규범의 위반에 대한 판단에서 유래한다. 이런 견지에서 어떤 감정의 적절성을 말할 수 있으며, 그런 한에서 감정은 합리성을 갖는다고도 할 수 있다.[1] 다시 말하면 감정 또한 판단처럼 적절하거나 부적절할 수 있다는 점에서 일정한 합리성을 갖는다.

또한 감정은 어떤 행위의 의미와 행위자의 관심을 소통할 때 중요한 역할을 담당한다. 즉, 어떤 행위가 지닌 "감정적인 톤"이 그 행위의 상대방에게 도덕적 차이를 만들 수 있다.[2] 예를 들어 아이를 돌보거나 자원봉사를 할 때, 또는 곤경에 처한 동료들에게 도움을 줄 때에는 행위자의 표정이나 몸짓에 드러나는 애정이나 공감이 그 상황에서 적절한 태도다.

그런데 '규범의 보편화 가능성에 대한 요구'를 전제[3]하는 보편주의 윤리학, 특히 윤리학을 이론철학과는 구별되는 관점에서 독자적인 학문의 기초 위에서 세우려고 했던 칸트에게 "감정의 합리성"이란 낯선 언어처럼 보인다. 또한 칸트가 도덕적으로 옳은 행위를 평가하는 기준으로 제시했던 "의무로부터의 행위"는 경향성을 배제함과 동시에 "감정으로부터의 행위"를 인정하지 않는 듯하다. 칸트의 도덕철학이 갖는 엄격함은 감정과의 관계에서 더욱 부각되며, 이러한 엄격함은 낯설고 기묘한 인상을 주는 것 또한 사실이다. 실러의 조롱어린 비판[4]을 떠올려볼 때, 이러한 기묘한 인상은 칸트와 동시대인들 역시 현재와 다르지 않았던 것 같다.

---

1) Christoph Demmerling, *Gefühle und Moral - Eine philosophische Analyse*, Bonn 2004, 21쪽.

2) Nancy Sherman, "The Place of Emotions in Kantian Morality", ed. by O. Flanagan and A. O. Rorty, *Identity, Character, and Morality : Essays in Moral Psychology*, MIT Press, 1990, 150쪽.

3) 김종국, 「보편주의 윤리학에서 개인과 사회 : 칸트와 밀의 경우」, 『칸트실천철학』, 서광사, 2013, 19쪽. 김종국에 따르면, 보편주의 윤리는 특정 집단에 의해 규범을 정당화하지 않고, 인간성에 비추어 '합리적으로' 정당화하려고 하기 때문에, "본질상 합리성에 입각한 기획일 수밖에 없다." 같은 책, 33쪽 주1. 보편주의 윤리학을 이렇게 이해할 때, 칸트 윤리학뿐만 아니라 공리주의 역시 보편주의 윤리학에 포함된다.

4) "기꺼이 나는 친구들에게 봉사하건만, 슬프게도 그저 마음이 끌려서 그렇게 한다. 그래서 나는 자주 이런 생각이 들기도 한다. 나는 덕이 없다고. 거기에 다른 방법은 없다. 그것을 완전히 경멸하는 것 외에는 그리고 의무가 명령하는 것이면 싫더라도 즉시 행하라." 이원봉, 「칸트 윤리학과 감수성의 역할」, 『칸트연구』 제18집, 한국칸트학회 2006. 281쪽에서 재인용.

그러나 칸트 철학에서 감정의 위상은 일의적으로 규정하기 어렵다.[5] 그리고 이는 감정에 대해 일견 단호한 태도를 취하는 듯이 보이는 도덕철학에서도 마찬가지이다. 도덕철학에서 도덕 감정이 갖는 위상에 대한 칸트의 평가는 샤프츠베리나 허치슨과 같은 도덕 감정론자들에 대한-단호한 비판과 이를 통한 극복의- 태도와도 연관된다. 그러나 칸트 도덕철학의 발생적 기원에 대한 논의와는 별도로 도덕철학에서 감정의 역할에 대해 칸트는『윤리형이상학 정초』와『실천이성비판』을 출간하기 이전에 이미 일정한 탐구 방향을 탐색했던 것으로 보인다.

> 내가 오성을 통해 어떤 행위가 윤리적으로 선하다고 판단할 때, 그럼에도 내가 그것에 관해서 그렇게 판단했던 그 행위를 행함은 결여될 수 있다. 그런데 이런 판단이 내가 그 행위를 하게 움직인다면, 그것은 바로 도덕 감정이다. 오성이 움직이는 힘을 가져야 함은 누구도 통찰할 수 없으며 또한 앞으로도 그럴 것이다. 오성은 자유롭게 판단할 수 있지만, 그러나 이런 판단에 힘을 부여하는 것, 그것은 행위를 수행하는 의지를 움직이는 동기(Triebfeder)일 것이다. 그것을 통찰하는 것은 현자의 돌이다.[6]

이러한 탐색은『윤리형이상학 정초』의 핵심적인 논의에 반영된다. 즉,

의무는 법칙에 대한 존경으로부터 말미암은 행위의 필연성이다.[7]

---

5) 고현범, 「감정의 병리학-칸트 철학에서 감정의 개념과 위상」, 『헤겔연구』 제32집, 한국헤겔학회 2012. 170~185쪽 참조.

6) Immanuel Kant, *Ethik Vorlesungen Nachschrift "Moral Mrongovius"*, X X VII 1428, Birgit Recki, "Kant: Vernunftgewirte Gefühle", hrsg. von Hilge Landweer und Ursula Renz, *Klassische Emotionstheorien: von Platon bis Wittgenstein*, Berlin 2008, 465쪽에서 재인용.

그렇다면 이때 "법칙에 대한 존경"이란 감정은 도대체 어떤 감정인가? 즉, 감정 일반에 비추어서 존경의 감정은 어떤 성격을 갖는가? 도덕 감정으로서 존경이 칸트의 보편주의 윤리학에서 담당하는 역할과 기능은 무엇인가? 이 글에서는 주로 후자의 물음에 초점을 맞추고자 한다.

칸트 윤리학에서 제기되는 주요한 물음은 그 성격과 탐구 방향에 따라 크게 세 가지 층위로 나누어 생각해볼 수 있다.[8] 첫 번째, 도덕성에 부합하는가를 판정하기 위한 도덕적인 평가원칙에 대한 물음으로서 칸트에게는 도덕성 자체에 관한 물음이기도 하다. 이에 대한 답변은 '정언 명법'을 중심으로 제시된다. 두 번째, 도덕적 가치 유무를 판정하기 위한 기준(또는 행위 근거들)에 대한 물음으로, 이는 도덕적으로 가치 있다고 평가되는 행위가 갖는 속성들과 관련된다. 이는 칸트에게서 "법칙에 따른, 의무로부터의" 행위로 파악된다. 세 번째, 도덕적으로 가치 있는 행위들의 근거가 행위를 통해 행위 동인(Motiv)이 되기 위해서는 동기화하는 힘, 또는 추동력이 필요하다. 이는 곧 도덕적 행위의 동기화(Motivation)에 관한 물음으로, 도덕 감정의 문제로 파악된다. 칸트에게서 도덕적 행위를 추동하는 동기화의 원천과 관련된 도덕 감정이 바로 도덕 법칙에 대한 존경의 감정이다.[9]

7) Immanuel Kant, *Grundlegung zur Metaphysik der Sitten*, hrsg. von Königlich Preußichen Akademie der Wissenschaften *Kants Gesammelte Schriften*(이하 AK로 약칭), Bd.Ⅳ:400. 백종현 옮김, 『윤리형이상학 정초』(이하 『정초』로 약칭함), 아카넷 2006. 이하 칸트 저서의 인용은 베를린 학술원판 권수와 면수로 표기한다. 번역은 우리말 번역을 따른다.

8) Harald Köhl, "Die Theorie des moralischen Gefühls bei Kant und Schopenhauer", hrsg. von Hinrich Fink-Eitel und Georg Lohmann, *Zur Philosophie der Gefühle*, Frankfurt am Main 1994. 136쪽.

9) 이러한 세 번째 물음은 도덕심리학적 물음에 속한다. H. J. Paton, 『칸트의 도덕철학』, 김성호

칸트에게서 감정을 경향성들로 파악할 때, 감정의 문제는 앞에서 구별한 세 층위 모두에서 제기될 수 있다. 무엇보다 이러한 구별 자체의 정당성이 논의될 수 있을 것이다. 그러나 이러한 구별이 칸트에게서 감정 문제를 논의하는 데 있어 발생할 수 있는 많은 오해를 방지하는 데 기여할 수 있다는 점에서 이 글에서는 이러한 구별을 전제하면서 세 번째 층위에 논의의 초점을 맞출 것이다. 따라서 이 글은 도덕심리학적 견지에서 제기되는 동기화의 문제를 중심으로 칸트의 존경 감정을 논의하는 것을 주된 관심으로 삼는다.

우선 동기화하는 도덕 감정으로서 존경의 감정이 칸트에게서 어떤 위상과 긴장 관계 속에 놓여 있는지를 살펴보고(2), 칸트의 보편적 존경 윤리를 단초로 삼은 현대 도덕철학 논쟁에서 이 물음들이 어떻게 반영되고 전개되는지를 각각, 보편적 상호 존경의 윤리(3), 그리고 상호 인정 윤리(4)를 통해 논의하고자 한다.

2. 도덕적 태도와 정동(Affekt)으로서 존경

칸트는 『정초』의 한 주석(Ⅳ401 주석)에서 도덕 감정으로서 존경의 감정에 대해 압축적으로 해명한다. 이 주석에서 칸트가 말하는 존경의 의미는 크게 세 가지로 나누어 볼 수 있다. 첫째, 존경은 "이성 개념에 의해 **스스로 일으켜진** 감정"이다. 따라서 존경의 감정은 외부 "영향으로부터 **받아들여진** 감정"이 아니며, 곧 경향성과

옮김, 서광사, 1988, 92쪽.

공포에서 기인하는 감정과는 "종별적으로(spezifische)" 구별된다. 둘째, "법칙에 의한 의지의 직접적 규정 및 그 규정에 대한 의식을 일컬어 **존경**"이라고 한다. 셋째, 존경은 "나의 자기사랑을 중단시키는 가치에 대한 표상"이다.

이때 두 번째 의미에서 존경은 일정한 도덕적 태도를 가리킨다. 사람들이 서로에게 보여줄 수 있고 그럼으로써 확인할 수 있는 도덕적 태도로서 존경은, 칸트에게서는, 도덕 법칙을 어떤 행위가 갖는 도덕적 가치의 원천으로 즉각 인정하는 태도이자, 그럼으로써 도덕 법칙이 그 행위를 할 이유를 제시함을 인정하는 태도다. 리스(A. Reath)는 이러한 도덕적 태도를 존경이 갖는 "지성적(intellectual)" 측면이라고 부른다.10) 이런 의미에서 존경은 구체적인 인격체가 발휘하는 일정한 도덕적 "공적"에서 기인할 수 있으며, 이러한 존경의 대상은 바로 그러한 공적을 갖춘 인격이다. 나아가 우리는 인간성 자체에 대한 존경심을 가질 수 있다. 이러한 존경은 칸트에게서 정언명법, 특히 인간을 목적 자체로 대우하라는 명법 속에서 요구되며, 그러한 요구에 대한 인정을 포함한다.

물론 칸트가 말하는 존경의 대상은 도덕 법칙 자체다. "순전한 법칙 그 자체만이 존경의 대상일 수 있다."(Ⅳ400) 이러한 칸트의 언명은, 우리는 보통 특정한 사람에게 존경의 감정을 갖는다는 "자연적인 직관"과는 충돌하는 듯하다. 칸트에 따르면 특정한 인격체는 간접적으로만 존경의 대상일 수 있다. 즉,

---

10) Andrews Reath, "Kant's Theory of Moral Sensibility: Respect for Moral Law and the Influence of Inclination", *Kant Studien* 80, 1989, 287쪽.

> 한 인격에 대한 모든 존경은 원래 오로지 (정직 등의) 법칙에 대한 존경일 따름이다. 인격은 우리에게 그에 대한 실례를 준다. (IV401 주석)

다시 말하면, 칸트는 우리가 특정한 인격체에 대해 갖는 존경의 감정이란 가령 정직함과 같은 특수한 법칙의 실례에 대한 감정이며 따라서 그 감정의 원인을 따라가 보면 거기에는 법칙이 있다고 주장한다.

도덕 법칙이 존경 감정의 대상이라는 칸트의 주장을 어떻게 이해해야 할까? 감정들은 많은 경우 그 "지향적 대상"[11]을 갖는다. 그리고 그 지향적 대상이란 구체적 대상과는 구별되고, 명제(혹은 판단)의 형식을 취한다. 예를 들어 나를 향해 달려오는 자동차에 두려움을 느낀다면 "이 자동차는 위험하다" 내지 "위험성"이 감정의 지향적 대상이다. 그렇다면 칸트가 말하는 존경의 감정이 향하는 지향적 대상은 바로 도덕 법칙이다. 이를 앞에서 언급한 '정직한 인간에 대한 존경의 감정'의 경우에 적용하면, 나의 감정의 구체적 대상은 '그 사람'이고 지향적 대상은 '정직함(이란 법칙)'이다. 그러나 이러한 설명은 일정한 한계를 갖는 것처럼 보인다. 왜냐하면 칸트는 존경의 감정이란 "<외부> 영향으로부터 **받아들여진** 감정이 아니라, 이성 개념에 의해 **스스로 일으켜진** 감정"(같은 곳)이기 때문이다.

쾰(H. Köhl)은 칸트에게서 존경 감정의 지향적 대상은 도덕 법칙이라는 하나의 명제가 아니라 다음과 같은 복합적인 명제들이라고 주장한다. 즉, "법칙에 대한 의식이 우리 경향성들을 제한하는데,

---

11) Harald Köhl, *Kants Gesinnungsethik*, Berlin 1990, 140쪽.

도덕적 입법자로서 우리 자신이 이런 제한을 취한다"는 것이다. 따라서 존경의 감정 속에서 우리가 마주치는 것은 우리 인간 자신의 이성적 본질(Bestimmung)이며 "보편 원칙에 따라 행위하는 능력", 즉 자율성(Autonomie)이다.12)

한편 칸트에게서 존경은 "정동적인(affective)" 측면 또한 갖는다. 이러한 측면은 앞에서 말한 존경의 세 번째 의미, 즉 경향성의 중단과 관련된다. 칸트는『실천이성비판』에서 이 점을 좀 더 명료하게 언급한다. 즉,

> 감정에 대한 부정적 작용결과(즉, 불편함)는 감정에 대한 모든 영향이나 감정 일반과 마찬가지로 **신체적**(pathologische)이다. 그러나 도덕 법칙에 대한 의식의 작용결과로서, 따라서 예지적 원인, 곧 최상의 법칙수립자인 순수 실천이성의 주체와 관련하여, 경향성들에 의해 촉발되는 이성적인 주체의 이 감정은 겸허(지성적 비하)라고 일컬어지지만, 그러나 이것의 적극적 근거, 즉 법칙과 관련해서는 동시에 법칙에 대한 존경이라 일컬어진다.13)

이 인용문에서 칸트는 존경 감정의 부정적인 측면과 긍정적인 측면을 언급하면서, 존경 감정의 두 국면, 즉 겸허와 존경을 소개한다. 이러한 존경 감정의 두 국면은『정초』에서 말하는 공포와 경향성과의 유사성과도 연관된다. 칸트에 따르면 의지의 규정 근거로서

---

12) "우리 고유한 의지는…… 존경의 본래적인 대상이며 인간의 존엄성은 바로 보편적으로 입법하는 이런 능력에...있다."(Ⅳ440) "모든 가치를 규정하는 입법은 바로 그 이유에서 존엄을, 즉 무조건적이고 비견할 수 없는 가치를 가져야 한다. 그것에 대해서 존경이란 단어만이 평가의 적합한 표현을 부여한다. 즉 이성적 존재가 그것에 관해 부여해야 하는. 자율성은 따라서 인간적인 그리고 모든 이성적 존재의 존엄의 근거이다."(Ⅳ436) Harald Köhl, 같은 책, 141쪽.
13) Immanuel Kant, *Kritik der praktischen Vernunft*, AK Bd.Ⅴ. 백종현 옮김,『실천이성비판』, 아카넷 2012. Ⅴ75.

도덕 법칙은 신체적인 경향성을 방해함으로써 고통스러운 감정을 야기한다. 즉, 경향성들을 충족시킴으로써 우리는 행복감을 얻으며, 이러한 행복감을 향하는 우리 마음이 바로 자기사랑인데, 도덕 법칙은 이러한 자기사랑(Eigenliebe)을 중단시킨다. 또한 도덕 법칙은 자기 자신에 대한 만족(Eigendünkel)을 완전히 좌절시킨다. 즉,

> 도덕 법칙은 우리 안에 있는 주관적인 적, 곧 경향성들에 반대하여 자만을 **약화**시킴으로써 동시에 **존경**의 대상이고, 자만을 **타도**하기까지 함으로써, 다시 말해 겸허토록 함으로써 최고 **존경**의 대상, 그러니까 경험적 근원을 갖지 않고 선험적으로 인식되는 하나의 적극적 감정의 근거이기도 하다. (Ⅴ 73)

앞의 인용문에서와 마찬가지로 이 인용문에서도 칸트는 존경의 감정이 갖는 양 국면을 강조한다. 존경에 있어 고통이라고 할 수 있는 부정적 감정의 국면을 겸허라고 한다면, 이는 단지 감정적 반응에 관한 언급에 그칠 것이다. 하지만 긍정적인 국면으로서 존경은 우리를 고양시키며 그럼으로써 만족으로 이끈다. 이러한 국면이 존경이 지닌 경향성과의 유사성이자 도덕 감정으로서의 측면이다.

그런데 존경 감정이 갖는 두 가지 측면, 즉 지성적 측면과 정동적 측면을 칸트 자신은 명확하게 구별하지는 않는다. 현재 칸트의 존경 감정을 해석하는 두 진영, 즉 지성주의적 해석과 정동주의적 해석 간의 논쟁 역시 존경을 논의하는 칸트 텍스트의 불명확함에 기인한다고도 볼 수 있다. 두 해석의 차이는 칸트에게서 도덕 행위의 동기로서 존경의 어떤 측면을 인정할 것인가에서 비롯한다. 즉, 지성주의적 해석의 입장(A. Reath, H. Allison)에서 존경이 갖는 정

동적 측면은 도덕 행위의 동기로 작용하지 못하며, 그 결과일 뿐이다. 반면에 정동주의적 입장(R. McCarty)은 도덕 행위의 동기로서 지성적 측면과 함께 정동적 측면이 작용한다고 주장한다. 특히 정동주의적 입장에서 볼 때, 그동안 표준적인 해석으로 통용되었던 지성주의적 해석은 정동을 동기로서 인정하지 않는다는 점에서 일면적이며, 그들 역시 단지 관점의 차이에서 비롯한 두 측면의 상호 양립 가능성을 인정해야 한다.

이 글에서는 지성주의적 해석이 칸트 윤리학에 좀 더 일관적이며 설득력이 있음을 옹호하려고 하며, 그런 입장에서 칸트 이후의 보편주의 존경 윤리의 전개를 논의하려고 한다.

1) 존경에 대한 지성주의적 해석

존경에 대한 지성주의적 해석을 현재 유력하게 대변하는 이는 리스이다. 리스가 주목하는 것은 『이성의 한계 안에서의 종교』[14]에서 "의사(Willkür)의 자유"에 관한 칸트의 언급이다. 즉,

> 의사의 자유는 매우 특유한 성질의 것이어서, 그것은 **오직 인간이 자기의 준칙 안에 채용한**(즉, 인간이 그에 따라 처신하고자 스스로 보편적 규칙으로 삼는) **동기 이외의** 어떤 다른 동기에 의해서도 규정될 수 없으며, 그럴 경우에만 하나의 동기는 그것이 어떤 것이든 간에 (자유)의사의 절대적 자발성과 공존할 수 있는 것이다. (VI 23-24)

---

14) Immanuel Kant, *Die Religion innerhalb der Grenzen der blossen Vernunft*, AK Bd.VI, 백종현 옮김, 『이성의 한계 안에서의 종교』(이하 『종교』로 약칭함), 아카넷 2011.

칸트의 고유한 동기론이라고도 할 수 있는 이 구절에서 칸트는 어떤 동기가 직접 의사를 규정하는 것이 아니라 행위 준칙으로 수용하겠다는 주체의 선택에 의해서 그렇게 한다고 말한다. 이를 리스는 "채택의 원리(principle of election)"[15]라고 부르는데, 이러한 원리가 중요한 이유는 여기에서 칸트는 행위에 미치는 경향성의 기계적 힘들의 직접적인 영향으로부터 거리를 둘 수 있는 일정한 선택의 여지를 마련하고 있기 때문이다. 그럼으로써 존경이 동기로 작용하는 과정을 마치 "힘들의 벡터" 간에 이루어지는 물리적 작용에 빗대어 이해하는 방식에 제한을 가할 수 있다. 이러한 이해에 따르면 존경은 경향성을 제압하는 더 큰 힘의 발휘에 의해 생겨난다. 그런데 이러한 이해의 단초는 칸트 자신이 제공한 바 있다. 즉, 칸트는 도덕 법칙이 직접 사람들 안에 영향을 미치는 것, 즉 존경의 감정을 일으키는 것이 아니라 "이성의 판단에서, 법칙이 저항을 치움으로써, 방해물을 제거하는 것은 그 원인성을 적극적으로 촉진하는 것과 동일시"(V75)할 수 있다고 말한다.

마치 이는 다음과 같은 모델을 함축하는 것처럼 보인다. 즉, 도덕 법칙에 대한 인정이 존경 감정을 야기하고 그러한 감정은 더 강하고 고차적이기 때문에 다른 경쟁적인 비도덕적 경향성들을 중단시킨다. 그럼으로써 도덕 법칙에 대한 인정이 실천적일 수 있는 결과를 야기한다. 그러나 리스에 따르면 칸트가 염두에 두었던 방식은 바로 도덕 법칙의 단적인 승인을 통해 선택된 동기가 작용하는 모델이며, 이에 따라 경향성의 중단이 생겨난다. 전자의 모델에 따

---

15) Reath, 같은 글, 290쪽.

르면 의사의 선택에서, 정동으로서 존경의 감정이 동일한 심리적 힘으로서의 성질을 갖는 다른 경쟁적인 경향성들을 중단시키거나 제압할 수 있는 힘을 어떻게 갖는가를 설명하기가 어렵다.

이에 대해 리스가 제안하는 해명은 "우리는 한 동기를 행위를 위한 충분한 이유를 제공하는 것으로 간주함으로써 그 동기에 따른 행위를 선택한다"는 것이다. 이때 행위를 위한 충분한 이유란 "당신의 행위가 다른 이들에게 수용될 수 있게 하라는 형식으로 언급될 수 있는 이유"16)를 말하며, 그러한 이유가 선택에 영향을 미친다. 그리고 그 영향력은 정동에서가 아니라 하나의 경향이 갖는다고 가정하는 "가치"에서 유래한다. 이러한 동기론은 경향성이 행위에 영향을 미치는 방식에 적용될 수 있다. 즉, "채택의 원리"에 따르면 "모든 행위는 행위자가 어떤 의미에서 행위하고자 선택하는 혹은 결정하는 준칙에 따라 나온다." 가령 자기사랑에 조응하는 준칙을 선택하는 사람은 이러한 준칙이 자신의 경향성을 최선으로 만족시킨다는 점을 이유로 들어 다른 사람들을 설득시키려고 할 것이다. 즉, 준칙을 행위자가 선택하는 행위의 이유를 제공한다. 나아가 행위자가 들고 있는 이유는 일정한 가치를 담고 있다. 따라서 준칙은 언제나 "정당화의 짐"을 진다는 것이 리스가 말하는 "채택의 원리"가 갖는 함의이다. 달리 말하면 "우리는 언제나 보편법칙일 수 있다고 가정하는 준칙을 선택한다."17)

---

16) 같은 글, 296쪽.

17) 같은 글, 297쪽. 정동주의 입장에서 행위 실행의 선택은 행위 표상에 의해 야기되는 쾌나 불쾌의 감정을 "통해서" 이루어진다. 따라서 리스의 이러한 지성주의적 해석은 정동주의의 입장에서 볼 때 "도덕적 동인이 행위를 직접 규정할 수 있다고 본다는 점에서 객관적 근거로서 동인과 주관적 근거로서 동기를 분명하게 구별하는 칸트의 견해에서 벗어나 있다." 이원봉, 앞의 글, 291쪽.

따라서 도덕 법칙의 즉각적인 인정이 경향성들을 중단시킨다는 언명의 의미는 바로 준칙의 선택에서 서로 경쟁하는 준칙들이 주장하는 정당화를 비교하게 되며, 이때 경향성들이 제시하는 이유가 도덕 법칙이 제시하는 이유에 비추어진다는 것이다. 이런 비교를 통해 자기사랑의 경향성이 "참칭하는" 정당화가 시험대에 오르게 되며 실천 이성이 제시하는 이유(근거)에 의해 그러한 정당화 시도는 중단된다. 왜냐하면 도덕 법칙의 인정은 경향성이 제시하는 이유를 충분한 행위 근거로 받아들이기 어렵게 만들기 때문이다. 리스에 따르면 이러한 칸트의 존경론에 적합한 비유는 "힘들의 균형"이 아니라 "법적인 권위나 정치적 정당성과 같은 (서로의 정당성을 주장하는- 논자) 두 편들 간의 항쟁의 은유"[18]다.

이러한 리스의 해석은 칸트가 자기애와 자만심을 구별하고 존경은 전자를 중단시키는 반면에 후자는 완전히 좌절시킨다고 말하는 이유를 설명해준다.[19] 왜냐하면 자기애는 만족을 통해 선호되는 사랑과 연관되며 다른 이들의 자기애 또한 고려할 수 있는 반면에 자만심은 자체로 평가적 가치와 연관되며 게다가 다른 이들에 대한 평가를 낮추고 자신의 준칙을 즉각적으로 보편화시키기 때문이다. 자만심이 강하게 작용하는 사람에게 도덕 법칙을 즉각 인정할 수 있는 여지는 협소하거나 거의 없어 보인다. 이러한 자만심의 좌절에 의해 생겨나는 존경의 감정은 그 실현이 중단되거나 좌절되는 욕망에서 비롯한다기보다는 경향성들이 우선시하는 특정한 가치평

---

18) Reath, 같은 글, 296쪽.
19) 같은 글, 291~296쪽. 리스는 자기애와 자만심의 구별이 루소의 amour de soi와 amour propre 의 구별에서 유래했을 것이라고 본다. 같은 글, 292쪽 주17.

가의 절하에서 야기된다고 보아야 한다. 즉, 우리는 자기애와 자만심 속에서 자신의 인격에 대한 특정한 가치평가를 앞세운다.

존경에 대한 지성주의적 해석은 우선 "실천적 관심"에 대한 칸트의 강조에 상응한다. 칸트에게 동기는 관심과 연관되며, 준칙은 관심에 기초한다. 그리고 실천적 관심은 도덕적 행위를 수행하는 데 대한 관심을 의미하기에 도덕적 관심이기도 하다. 그리고 도덕적 관심은 "실천 이성의 순수한 그리고 감각에 자유로운 관심"(V79)이다.[20] 그리고 존경은 자기가치의 감정 내지 자기 승인의 감정과 연관된다. 즉, 존경은 고통과 겸허를 낳지만 동시에 그러한 부정적 감정과 함께 자신을 자율적인 도덕적 행위자로 의식함으로써 긍정적인 자기승인 감정을 낳으며 이는 도덕적 관심으로 이어진다.[21]

2) 존경에 대한 정동주의적 해석

한편 존경에 대한 정동주의적 해석은 도덕적 행위의 동기로서 존경이 갖는 정동적 측면에 주목한다. 즉, 정동주의자들은, 『윤리학 강의』에서 칸트가 말하듯이, 윤리학에서 요구되는 "실행의 원리(pricipium executionis)"로서 도덕 감정이란 정동으로서 존경이며 그러한 존경이 도덕 행위를 "인과적으로" 추동하는 동기로 작용할 수 있다고 주장한다. 정동주의자로서 매카시는 『종교』에서 칸트가 제시하는 세 가지 악의 성향에 관한 논의를 통해 지성주의를 비판한다.[22] 칸트는 『종교』(VI29)에서 모든 유한한 존재, 즉 도덕적이거

---

20) 박필배, 「칸트 도덕 감정에 대한 체계적 고찰」, 『칸트연구』 제15집, 한국칸트학회, 2005, 185쪽.
21) Henry E. Allison, *Kant's Theory of Freedom*, Cambridge Univ. Press, 1990, 125쪽 이하.

나 비도덕적으로 행위할 수 있는 자들에게서 세 가지 악의 성향들, 즉 허약함·불순함·악의성을 고찰할 수 있다고 말한다. 즉, 도덕적 행위가 가능한 모든 행위자들은 허약하거나 불순하거나 악의적이다. 매카시에 따르면, 이 중에서 특히 허약함의 성향이 리스와 앨리슨의 주장에 대한 반대 논변을 제시한다. 왜냐하면 불순하거나 악의적인 사람은 도덕 법칙만을 행위에 대한 충분한 이유를 제공하는 것으로 간주하지 않으며, 그렇다면 나머지 사람들, 즉 도덕 법칙을 행위에 대한 모든 충분한 이유를 제시하는 것으로 인정하는 모든 행위자들은 허약하기 때문이다. 허약한 사람들은 도덕 법칙이 제시하는 충분한 이유를 "지성적으로는" 인정하지만 그럼에도 도덕적 행위를 수행할 만큼 충분한 동기화를 결여할 수 있다. 따라서 경쟁하고 대립하는 경향성들의 "전투"에서 승리할 수 있는 실질적인 인과적 동기력이 요구된다.

이러한 매카시의 주장은 칸트 윤리학에서는 의지박약의 문제를 논의할 여지가 없다는 주장[23]에 대한 반대 논변 또한 제시하는 것으로 보인다. 의지박약의 문제에서는 감정의 문제가 중요한 논점이기 때문에, 매카시의 주장은 충분히 시사적인 것으로 보인다. 그럼에도 문제는 매카시의 주장대로 칸트 윤리학에서 의지박약의 문제를 논의할 수 있는가이다. 바꿔 말하면 매카시의 독해는 충분히 칸트적인가 하는 문제이다. 우선 매카시도 논의하고 있는 앞에서 말

---

22) Richard R. McCarty, "Kantian Moral Motivation and the Feeling of Respect", *Journal of the History of Philosophy* 31 no.3 1993. 426쪽.

23) Harald Köhl, 앞의 책, 139쪽. 쾰은 칸트에게서 의지박약이란 도덕 법칙에 대한 존경의 결여, 즉 병리적인 경우로 간주되지만 정상적인 사람에게서도 의지박약은 빈번히 관찰되며 이를 병리적인 것이라고 보기도 어렵기 때문에 존경의 동기력은 떨어진다고 주장한다.

한 "의사의 자유"에 대한 칸트의 논의, 혹은 리스의 "채택 원리"에 적용시켜 보면, 매카시의 독해는 다음 중 무엇을 의미하는지 불분명하다. 즉, 허약한 모든 행위자는 충분한 이유를 제시하는 준칙을 채택하지 않는다거나 혹은 허약한 모든 행위자는 채택한 준칙대로 행위하지 않는다. 또한 전자이건 후자이건 간에 칸트 윤리학에서 이를 어떻게 수용할 수 있는지도 불분명하다.

매카시는 이러한 문제에 대해 『윤리형이상학』의 구절을 논의함으로써 대응하려고 한다. 칸트는 『윤리형이상학』[24]에서 도덕 감정에 관해 다음과 같이 말한다. 즉,

> 의사의 모든 규정은 ① 가능한 행위의 표상**으로부터** 출발해서 ② 그 가능한 행위와 그 행위의 결과에 대해 관심을 갖는 쾌 불쾌의 감정을 통해 ③ 행동**으로** 나간다. 그런데 이때 (내감 촉발의) **미감적** 상태는 **신체적** 감정이거나 도덕적 감정이다. ─전자는 법칙의 표상에 선행하는 감정이고, 후자는 단지 법칙의 표상에 뒤따라올 수 있는 그런 감정이다. (Ⅵ399)(번호 표기는 논자)

인용문에서 칸트는 의사 결정이 행동으로 나아가는 과정을 논의한다. 그런데 이 구절에서 매카시가 주목하는 부분은 ② 과정이다. 즉, 매카시는 이를 통해서 의사결정과정이 쾌와 불쾌의 감정을 포함하고 있으며 나아가 그 감정에 의존하고 있다고 주장한다. 다시 말하면 도덕 법칙이 직접 의지를 규정하고, 다음에 존경의 감정이 뒤따른다. 이어서 이 감정은 (도덕적 혹은 경향적) 관심에 따라 행위 선택을 규정한다.

---

24) Immanuel Kant, *Die Metaphysik der Sitten*, AK. Bd.Ⅵ, 백종현 옮김, 『윤리형이상학』, 아카넷 2012.

매카시의 주장을 검토하기 전에 다음 물음에 대한 논의가 필요하다. 즉, 그렇다면 『윤리형이상학』에서의 도덕 감정에 관한 논의는 『실천이성비판』에서의 존경에 관한 논의와 어떤 관계가 있는가? 벡(L. W. Beck)에 따르면, 도덕 감정 논의에서 『윤리형이상학』과 『실천이성비판』의 차이는 다음에 있다.[25] 우선 『윤리형이상학』에서 칸트는 "의식의 현상학적 상태"가 아니라 어떤 상태에 이를 수 있는 "감수성(Empfänglichkeit)"으로서의 감정을 논의한다. 그리고 신체적 쾌/불쾌와 도덕적 쾌/불쾌를 구별에 초점을 맞추면서 후자만을 논의한다. 따라서 『윤리형이상학』에서는 도덕 법칙을 인정하는 데 어떤 고통도 수반되지 않지만, 『실천이성비판』에서는 도덕 법칙의 인정, 즉 법칙에 대한 존경은 신체적 고통과 유사한 것이 수반된다. 벡에 따르면, 이러한 차이는 『윤리형이상학』이 『실천이성비판』의 논의를 전제하고 있기 때문에 칸트가 이를 따로 부연할 필요가 없다고 생각했기 때문에 생긴 것이다. 무엇보다 『윤리형이상학』에서 도덕 감정은 존경과 동일시되지 않지만, 『실천이성비판』에서 도덕 감정은 곧 존경을 의미한다.

이러한 차이를 염두에 둘 때, 매카시의 주장은 제한적이다. 특히 도덕적 관심을 뜻하는 도덕적 쾌와 불쾌는 신체적 쾌와 불쾌에 대한 유비적인 표현이라고 보아야 한다. 따라서 『윤리형이상학』에서 도덕 감정에 관한 위의 구절을 존경 감정 논의에 바로 적용시키기는 어렵다. 특히 매카시가 주장하는 존경의 정동적 측면은 경험 심리학적 성격을 갖고 있기 때문에 더욱이 오해의 소지가 있다. 매카

---

25) Lewis White Beck, *A Commentary on Kant's Critique of Practical Reason*, Univ. of Chicago Press 1960. 224~225쪽.

시는- 그에 따르면 정동주의자로 분류되는- 페이튼(H. J. Paton)의 "두 가지 해명 관점"의 주장을 전거로 삼아 물리적 원인과 결과의 연쇄 속에서 존경의 감정을 파악해야 한다고 주장한다. 즉, 페이튼에 따라 우리는 "하나의 관점에서는 존경심이 우리의 행위의 **원인**(cause)이지만, 다른 관점에서는 도덕 법칙이 행위의 **근거**(ground)라고 말할 수 있을 것이다."²⁶⁾

그러나 존경의 해석에 있어 가능한 한 두 가지 관점을 소개하는-매카시의 표현에 따르면 "타협적인"-페이튼의 입장을 따를 필요는 없다. 게다가 매카시의 주장대로, "두 가지 해명 관점"이 지성주의적 관점을 수정할 근거로 수용되기는 어려워 보인다. 왜냐하면 매카시의 모델(대립하는 감정들의 "전투모델")은 칸트 당대(실러)는 물론 이후(특히 헤겔)의 집요한 비판에 쉽게 노출되어 있기 때문이다. 주지하듯 헤겔의 칸트 윤리학 비판의 한 가지는 "도덕적 공허(moralische Eitelkeit)"에 대한 비판이다.²⁷⁾ 이는 도덕성이 탐구해야 할 논의의 초점이 본래 다른 사람에 대해 과연 어떤 것을 의욕하고 행위할 것인가가 아니라, 단지 "자신의 감성 극복"에 놓일 때를 말한다. 이때 도덕적 주체는 그 의도에서 오로지 자신만을 돌아본다. 헤겔에게 이런 도덕성은 일종의 "위선(Heuchelei)"이다. 이러한 감성 지배로부터 제기되는 것이 또한 "영속적인 당위(perennierend Sollen)"의 비판이다. 이러한 비판의 요점은 첫째, 본질적으로 감성

---

26) H. J. Paton, 앞의 책, 95쪽.

27) Andreas Wildt, *Autonomie und Anerkennung*, Stuttgart 1982. 95~96쪽. 빌트는 이러한 "공허"와 "당위" 비판이 칸트 윤리학에 대한 적절한 비판이라고 볼 수는 없다고 말한다. 왜냐하면 칸트는 "경향성으로부터의 행위가 자체로 비도덕적이며 또한 덕은 감성과의 지속적인 전투에서만이 존립한다"(96쪽)고 주장한 적이 없기 때문이다.

적 존재인 인간에게서 감성의 완전한 지배는 원칙적으로 불가능하며 둘째, 감성을 완전히 지배한다고 해도 그 경우 어떤 도덕적 분투도 불가능해진다는 것이다. 왜냐하면 도덕성은 감성과 싸우는 "영속적인 당위" 속에 있는데 이 경우 그 대상과 함께 가치 또한 상실하기 때문이다. 바꿔 말하면 도덕 심정은 자신의 가치를 발휘하기 위해서는 경향성들의 저항을 언제나 새롭게 부채질해야 한다는 역설적인 조건과 마주하게 된다. 그러나 이러한 비판은 칸트 존경론에서 전투 모델을 전제할 때만이 가능하다.[28]

지금까지 칸트의 존경 감정이 갖는 두 측면, 즉 지성주의적 측면과 정동주의적 측면 간의 긴장을 살펴보았다. 이러한 논의의 결과는, 칸트의 보편주의 윤리학과 감정의 관계를 논의하는 데 있어서 존경 감정이 갖는 지성주의적 측면이 좀 더 전망을 가져다준다는 것이다. 이러한 결과는 보편주의 윤리학을 정초하는 데 있어서 칸트적 출발점을 공유하는 현대 실천철학 논의에서도 찾을 수 있다.

---

28) Henry E. Allison, 앞의 책, 127~128쪽. 앨리슨은 헨리히(D. Henrich)의 다음과 같은 비판 역시 지성주의 입장에서 방어할 수 있다고 주장한다. 첫째, 헨리히에 따르면 겸허와 고양이라는 존경의 두 측면을 칸트는 서로 다른 기제에 따른 작용으로 볼 수밖에 없었는데, 이 중 겸허만이 신체적 감정으로서 고통을 야기하면서 감성 능력과 관계할 뿐이다. 둘째, 법칙에 대한 존경은 법칙의 내재적인 합리성과 권위의 인정이 아니라 단순히 감성에 대한 그 부정적인 효과, 즉 그 위협적인 힘의 의식에 기초한다. 그러나 앨리슨에 따르면, 이 비판은 두 측면에서 오류다. 첫째, 고통을 야기하는 겸허 역시 판단—자만심에 대한 법칙 우위의 인정—에 의해 야기되므로 이원론적 분열이라고 보기는 어렵다. 둘째, 존경은 감성에 대한 위협이 아니라 각기 정당성을 주장하는 준칙들 중에서의 채택에 의해, 곧 "이성 판단"의 우위성을 인정하는 데에서 생겨난다. 앨리슨에 따르면 이러한 비판은 칸트의 도덕심리학과 그의 이성적 행위 개념 간의 연관을 인정하는 데 실패한 데서 유래한다.

3. 도덕적 태도로서 상호 존경

보편주의적 윤리학을 동기의 관점에서 정초하려고 하는 투겐타트(E. Tugendhat)는 칸트에게서 존경의 의미를 인격성의 상호 인정에 바탕을 둔 "상호 존경"으로 파악하는데 이는 도덕적 태도에 가깝다. 따라서 투겐타트는 앞에서 논의했던 존경의 두 가지 의미 중 정동적인 의미에서의 존경을 독립적으로 논의하지 않는다. 그러나 이로써 그가 도덕 감정으로서 존경의 의미를 배제하는 것은 아니다. 왜냐하면 그가 도덕적 태도로서 존경을 이해할 때 여기에는 동기화하는 존경의 의미가 포함되어 있기 때문이다.[29]

투겐타트는 감정과 도덕에 관한 흄의 유명한 파악, 즉 "도덕은 우리 제한된 동감을 보상하기 위한 도구다"를 "우리와 가까이 있고 동감하는 사람들에게 이미 단지 정동적인 관계에만 의존하지 않을 수 있다"[30]로 이해한다. 다시 말하면 친밀하고 신뢰할 수 있는 관계를 맺는 데 있어 신체적 감정을 넘어서 일종의 도덕이 요구된다는 것이다. 이러한 사례로 투겐타트는 아이에게서 도덕적 태도가

---

29) Ernst Tugendhat, *Problem der Ethik*, Stuttgart, 1987, 135쪽 이하. 투겐타트에게서 규범의 정초란 곧 행위의 동기를 묻는 것이다. 일정한 규범체계의 수용을 함축하는 행위의 동기란 단지 한 사람의 행위 동기만이 아니라 동일한 규범체계에 참여하는 다른 사람과 같은 동기를 갖는다는 것이며, 이는 그러한 규범을 위반할 때 동일한 도덕 감정, 즉 분노, 후회, 죄책감을 가짐을 의미한다. 따라서 투겐타트에게서 도덕이란 적절한 도덕 감정을 갖는 것과 같은 의미다. Ernst Tugendhat, "Gleichheit und Universalität in der Moral", hrsg. von Marcus Willaschek, *Ernst Tugendhat: Moralbegründung und Gerechtigkeit-Vortrag und Kolloquium*, Münster, 1997, 22쪽. 투겐타트가 주목하는 "분노, 후회, 죄책감"과 같은 감정이 '규범 공동체로의 참여'로서 동기화와 연관된다는 점은 그러한 감정이 지닌 "타자화"의 기저를 암시하고 있다. "타자화된 자기 감정"으로서 죄책감과 수치심에 관해서는 임홍빈, 『수치심과 죄책감』, 바다출판사, 2013 참조. 이 책에서 임홍빈은 죄책감과 수치심의 감정을 단순히 개인적이고도 자연화된 감정이 아니라 사회 문화적 기저를 갖는 "자기의식적 감정들" 혹은 "타자화된 자기 감정들"로 논의한다. 같은 책, 17쪽, 특히 221쪽 이하 참조.

30) Ernst Tugendhat, *Vorlesungen über Ethik*, Frankfurt am Main 1997. 276쪽.

발생하는 과정을 언급한다. 즉, 엄마의 부재를 견뎌내는 기본적인 기제에는 아이의 엄마에 대한 감정적인 신뢰와 더불어 다시 돌아온다는 엄마의 "약속"에 대한 신뢰가 함께 작용한다는 것이다. 이러한 약속이 믿을 만하다는 신뢰가 바로 도덕적인 맹아를 지닌 신뢰이며 이것이 바로 "상호 존경"을 함축한다.

> 아이는 이미 일찍이 자신의 자율성에서 존중받을 수 있을 것이며 다른 한편 아이는 자신의 어머니와 다른 관련된 사람들을 단지 자율적 존재로 수용하는 것만이 아니라 존중하는 법을 배운다.31)

성장하면서 아이는 애정에 기반 한 신뢰관계만이 아니라 상대를 도구적으로만 간주하지 않는 존경의 도덕적 태도 역시 키워갈 수밖에 없다. 왜냐하면 성인이 되면서 인간관계의 범위는 정서적 친밀함을 넘어서 점점 넓어지고 그에 따라 갈등의 강도도 커지기 때문이다. 투겐타트는 이러한 사회화 과정을 도덕적 행위에 대한 동기화뿐만이 아니라 "우리를 도덕 공동체의 구성원으로 이해하게"32) 하는 동기로도 보고 있다.

그러나 이러한 발달심리학적 설명은 유아기 아동들의 사회화과정에 대한 기본적 통찰과 모순된다는 주장 역시 가능하다. 즉, 애정관계의 형성과 도덕적 태도로서 존경의 형성이 발생적 연관을 갖는다는 가정에 대해서, 아동이 도덕적 규범과 대면하게 되는 것은 사회적 도덕규범의 대리자로서 부모의 권위에 대한 경험, 즉 외부로부터의 공포스러운 강제 때문이라는 반론이 제기된다.33)

---

31) 같은 책, 277쪽.
32) 같은 책, 280쪽.

그런데 투겐타트가 "상호 존경"에 대한 동기화의 단초를 단지 발달심리학에만 기대서 제시하는 것은 아니다. 투겐타트는 프롬(E. Fromm)의 "생산적 사랑"과 "공생(symbiotic) 관계"란 구별을 논의한다.[34) 즉, 프롬에게 생산성이란 자아가 자신의 능력을 발휘하면서 세계와 다른 인간과 맺는 진정한 관계를 뜻한다. 프롬에 따르면 "인간은 타인과의 친밀성과 독립을 동시에 추구하지 않으면 안 되는"[35), 자기모순적 존재이다. 따라서 이러한 자기모순 — 이는 프롬에게서 동시에 인간의 도덕 문제이기도 하다 — 에 대한 해답이 바로 생산성이다. 그리고 정서적인 능력으로서 사랑은 타인과의 분리된 벽을 뚫고 상대방을 이해할 수 있도록 해준다. 이러한 생산적 사랑의 구성 요소로 — 관심과 책임과 더불어 — 존경이 중요하다. 이때 프롬에게 존경이란 "한 사람을 있는 그대로 보는 능력, 즉 그 사람의 개성과 독자성을 인식하는 능력"[36)을 말하며 이러한 존경이 결여된 사랑은 지배와 소유의 관계, 즉 "공생 관계"로 전락하고 만다. 공생 관계에서 한 사람은 다른 사람의 일부가 되어서 홀로 있는 위험을 피하는데, 이 관계는 다른 사람에 의해 "삼켜지거나 (병리적으로 말하면 마조히즘)" 아니면 자신이 그를 "삼키거나(병리적으로 말하면 사디즘)" 하는 양상을 띤다.[37) 이러한 프롬의 논의에 기대어 투겐타트는 사랑과 존경이 서로 중첩되어 있다고 말

---

33) Axel Honneth, 「사랑과 도덕 — 정서적 결속의 도덕적 내용에 대하여」, 문성훈 외 옮김, 『정의의 타자』, 나남 2009. 281~284쪽.

34) Ernst Tugendhat, *Vorlesungen über Ethik*, 14강, 특히 272쪽 이하 참조.

35) Erich Fromm, 『자기를 찾는 인간 — 윤리학의 정신분석학적 탐구』, 박갑성, 최현철 옮김, 종로서적 1992. 86쪽.

36) 같은 책, 90쪽.

37) 같은 책, 95쪽.

한다. 다시 말하면 사랑을 통한 정서적 관계의 형성에서 존경이라는 도덕적 요인이 함께 포함되어 있다는 것이다.

자아정체성을 형성하는 과정에서 행복을 중요시하는 프롬의 논의에 기대고 있음이 보여주듯이, 보편주의적 상호 존경의 윤리를 정당화하려는 투겐타트의 시도는 그 단초에서는 칸트적이라고 할 수 있겠지만, 그 전개는 다소 다른 양상을 보여준다. 우리는 프롬과 함께 도덕적 당위나 동기화를 이해할 때, 선험적 테제나 절대적 당위(Sollen)가 아니라 단지 의욕(Wollen)을 말할 수 있을 뿐이다. 이것이 투겐타트의 고유한 동기화론을 구성한다. 즉, "홀로 있고 싶지 않으면 너는 (도덕 행위를－논자) 해야 한다. 그러나 홀로 살고자 하는 것은 너의 자유이다. 다만 우리는 '도덕 감정의 결여(lack of moral sense)'와 연관된 모든 것을 제시할 뿐이다."[38]

사랑과 존경이 서로 중첩되어 있다는 견지에서 도덕적 행위와 태도에 대한 동기화를 해명하고자 하는 이러한 시도는 불가피하게 인간관계의 협소화로 귀결된다. 즉, 생산적 사랑이 모든 이에 대한 사랑을 함축하고는 있지만 이러한 관계를 형성하는 것은 상대적으로 제한적이다.[39] 나아가 이러한 투겐타트의 동기화론은 그것이 기

---

38) Ernst Tugendhat, *Vorlesungen über Ethik*, 280쪽. 한편 투겐타트에게서 규범체계의 정초가 구성원들의 동일한 (가령 종교적 믿음과 같은) "권위에 의존하지 않는" 현대적 윤리의 정초는 각 구성원들의 "경험적 관심"에서 기인한다. 또한 투겐타트는 이러한 경험적 관심과 (비도덕적인) 도구적 관심을 구별한다. 그리고 이러한 경험적 관심이 구성원들의 동일한 동기를 형성한다. 그런데 빌라셱(M. Willaschek)에 따르면, "동일한 동기"는 다양한 의미를 가질 수 있지만(가령 지역신문을 발행하기로 의기투합한 사람들의 동기는 지역 언론의 활성화, 자신의 이력관리 등으로 다양하겠지만, 발행의 동일한 동기를 말할 수는 있을 것이다), 투겐타트에게서 가능한 유일한 동기는 바로 윤리규범을 준수할 도덕 공동체에 참여한다는 것이다. 그러나 빌라셱이 보기에 투겐타트가 말하는 "충분히 강한" 동기란 도덕 공동체에 참여함으로써 구성원들이 취할 이득밖에는 가능할 것 같지 않다. 칸트의 경우 모든 이성적 존재는 도덕 법칙에 대한 존경을 가질 동일한 동기를 갖는다고 말할 수 있지만, 투겐타트에게서 이는 "열린 문제"다. Marcus Willaschek und Martin Pleitz, "Gleichmässige Moralbegründung und empirisches Interesse", hrsg. von Marcus Willaschek, 앞의 책, 62~68쪽.

대고 있는 (프롬의 사회심리학을 포함해서) 심리학적 전제들 때문에 그 설득력은 제한적이며, 이러한 전제가 함축하고 있는 주관적인 동기화가 윤리적 정당화를 담당할 수 있는지는 불확실하다.[40]

도덕 감정으로서 존경의 감정을 고찰하는 칸트의 사유 방식과 투겐타트의 방식 간의 가장 큰 차이는 무엇보다 칸트에게 있어서 존경의 주체와 대상은 자율적인 주체이며 따라서 존경의 감정은 일종의 자기감정인 반면에 투겐타트에게서 존경이란 상호 존경이며 따라서 상호 주체적인 성격을 갖는다는 점이다. 따라서 칸트에게서 발견되는 정동이론(Affekttheorie)적인 함축을 투겐타트에게서는 찾기가 어렵다. 오히려 투겐타트는 상호 주체성에 기반 한 인정 이론적 방향을 갖고 있다. 여기에는 칸트의 존경이론이 현대 독일의 실천철학에서는 "인정(Anerkennung)" 개념을 두고 논점을 형성한다는 점[41]이 배경으로 작용하고 있다.

그렇다면 – 투겐타트의 파악에 따르면 – 근대 철학적 지반에서 형성된 정동이론의 잔영에서 벗어나고자 하는 인정이론에 바탕을 둔 윤리학에서 감정이란 어떤 위상을 갖는가? 그 일면을 투겐타트의 논의에서 찾을 수 있겠고, 다른 한편 호네트(A. Honneth)의 논의에서도 이를 추적해볼 수 있을 것이다.

---

39) 이에 따라 투겐타트는 "동기화론의 보편화"를 위해서 그 단초를 애덤 스미스의 "무사공평한 관망자"에게서 구한다. Ernst Tugendhat, *Vorlesungen über Ethik*, 310쪽 이하.

40) Christoph Demmerling, *Gefühle und Moral-Eine philosophische Analyse*, 30쪽.

41) Christoph Demmerling und Hilge Landweer, *Philosophie der Gefühle-Von Achtung bis Zorn*, Weimar, 2007, 60쪽.

4. 인정 윤리에서 감정의 역할

앞서 언급했듯이 인정이론에서 정동이론적인 흔적을 찾기란 어렵다. 특히 호네트는 인정 개념이 갖는 인지적인 요인을 강조하고 있기 때문에 그의 이론에서 감정이 어떤 역할을 하는지를 한눈에 파악하기란 더욱 어렵다. 그런데 호네트는 랠프 엘리슨(Ralph Ellison)의 소설『보이지 않는 인간(The Invisible Man)』에서 흑인 주인공이 처한 상황을 인정 개념과 연관해서 해명한다.[42] 즉, 소설에서 흑인 주인공은 백인들에게서 소위 "투명인간" 취급을 받는다. 즉, 호네트가 말하는 인정이 침해되는, 인격적 무시의 상황에 처한 것이다. 소설 주인공의 독백을 분석하면서 호네트는 인정이 갖는 인지적 측면을 부각시키는데, 흥미로운 점은 이러한 분석 과정은 어떤 상황을 적절하게 판단하고 인지하는 데 있어서 단순한 지각만이 아니라 도덕적 지각이 수반됨을 함축하고 있다는 것이다.

호네트는 한 사람이 다른 사람을 인정하고 있음을 표현하는 표정과 몸짓 속에는 그 사람을 알아챘다는 일차적인 의미를 넘어선 이차적인 인정 행위가 포함되어 있다고 말한다.[43] 가령 파티에 참석한 많은 사람들 중에 특정한 사람을 향해 반갑게 미소짓거나 손을 흔들면서 우리는 그 사람을 보았음을 물론이고 그녀를 환영하고 또 단지 사무적으로 대할 의향이 없음을 표현한다. 소설 속 주인공이 감지했던 무표정이 의미했던 것은 단지 그가 다른 사람에

---

42) Axel Honneth and Avishai Margalit, "Recognition", *Proceedings of the Aristotelian Society, Supplementary Volumes*, Vol.75, 2001, 111~139쪽.

43) 같은 책, 121쪽.

게 감지되지 못했음만을 의미하는 게 아니라 인격적으로 인정받지 못했다는 도덕적 무시라는 것이다. 많은 사람들 속에서 반갑게 미소짓거나 손을 흔드는 몸짓, 혹은 엄마가 아이에게 보내는 미소나 돌봄의 몸짓은 그 몸짓이 향한 사람을 도덕적으로 존중한다는 기꺼운 감정적인 채비를 갖추었음을 의미한다.

특히 호네트는 주요한 논점에서 이 글에서 논의했던 칸트의 『정초』의 주석의 한 문장, 즉 존경의 세 번째 의미를 논의한다. "존경은 나의 자기사랑을 중단시키는 가치에 대한 표상이다"(IV401 주석)에서 호네트가 주목하는 것은 "나의 자기사랑을 중단시키는 가치"란 종속절이다. 여기에서 자기사랑의 중단이란 표현은 단지 주체가 자신에게 부과하는 단순한 짐을 가리키는 게 아니다. 그보다 존경의 행위는 자체로 "능동적인 힘"을 갖는다. 그래서 결과적으로 존경의 감정을 갖는 주체가 자기중심적인 경향성을 제한하는 것은 필연적인 것으로 보인다. 호네트는 존경의 감정이 갖는 능동적인 힘을, 인정을 표현하는 직접적인 소통으로서의 몸짓이라는 "일차－질서 동기화"에 수반되는, "이차－질서 동기화"[44]라고 부른다. 즉,

> 칸트의 도움으로, 우리가 이제 인간 존재의 예지적 특성(intelligibility)에 상응하는 가치평가의 결과로 간주할 수 있는 것은 바로 이런 동기화하는 태세이다. 즉, 인정의 표현적 몸짓에서 분명해지는 것은 다음과 같다. 즉, 한 주체는 지적인(intelligible) 존재로서 다른 사람의 가치를 정당하게 대우하기 위해서 자신의 자기중심적 관점의 제한을 이미 수행했다는 것이다.[45]

---

44) 같은 곳.
45) 같은 책, 123쪽.

이때 감정적 태세와 연결된 인정의 몸짓(또는 일차 - 질서 동기화)은 표현하는 주체가 어떤 주어진 상황에서 상대방에게 부여하는 상이한 가치 평가에 상응해서 다양하게 표현된다. 이러한 가치 평가에 해당하는 것이 사랑, 존경, 또는 연대라고 하는 - 호네트의 세 가지 인정 형식인 - 인정의 가치들이다. 그리고 이러한 가치들은 모두 칸트가 말한 인격이 갖는 예지적 특성들이 갖는 가치 평가적 측면들이다.

호네트가 인정 개념을 해명하면서 칸트를 인용하는 이유는 존경에 대한 칸트의 정식이 인정 개념이 함축하고 있는 도덕적 국면들을 드러내는 데 있어 인정을 나타내는 다른 표현들인 '승인(Bestätigung)', '옹호(Befürwortung)' 또는 '정당화함(Geltenlassen)'보다 더 분명하기 때문이다. 무엇보다 칸트가 존경 감정에 부여하는 단지 (칸트에게서는 정동의 의미에서) 수동적이지 않은 위상과 역할에 호네트는 주목하고 있는 것으로 보인다. 이는 칸트에게서 존경 감정이 칸트가 말하는 도덕적 세계를 향한 "인간 이성의 욕구"와 연관되어 있다는 점에서도 생각할 볼 수 있다. 즉, 인간의 유한성은 도덕 법칙이 명령의 형식을 갖는다는 데 반영되어 있으면서도 동시에 도덕 법칙을 향한 관심, 즉 "도덕적 관심"을 갖는다는 데에서도 찾을 수 있다.[46] 그런데 이러한 도덕적 관심은 칸트에 따르면 바로 존경의 감정과 긴밀히 연관되어 있다. 즉, "모든 도덕적인 이른바 관심은 오직 법칙에 대한 **존경**에서만 성립한다."(IV401 주석) 그리고 이점이 바로 호네트가 말하는 "예지적 특성들에 상응하는 가치 평가"라

---

46) 박필배, 「칸트 도덕 감정에 대한 체계적 고찰」, 앞의 글. 187쪽 이하.

고 보인다.

물론 호네트가 자신의 인정 개념을 해명하는 데 있어서 칸트의 존경 개념을 중추에 놓고 있기는 하지만 칸트의 존경 윤리의 방향을 충실히 따르는 것 같지는 않다. 인정 개념이 바탕에 두고 있는 상호주체성을 고려할 때, 오히려 투겐타트가 고려하는 상호존경의 윤리에 가까워 보인다. 무엇보다 호네트는 "인간 본질 규정"이나 "도덕적 관심"처럼 칸트가 짊어졌던 부담스러운 증명의 짐들로부터 벗어나 "도덕 감정의 결여"가 어떻게 긍정적인 자기실현에 걸림돌이 되는지를 다양한 방식으로 정당화하려고 한다. 호네트에게 존경은 인정의 한 형식이고 이는 사회적 인간이 갖는 권리 주체적 성격과 연관된다. 이러한 존경은, 감정과의 연관성을 놓고 볼 때, 다른 인정의 형식들, 즉 사랑이나 연대보다는 먼 곳에 위치한다. 하지만 호네트의 연구가 한편으론 보편주의적 규범윤리를 향하고 있다는 점에서 칸트 도덕철학과의 지속적인 연관은 불가피해 보인다.

특히 구체적인 상황 속에서 지속적인 긴장관계에 놓여 있는 세 가지 인정 형식들 간에 우선성을 어떻게 정할 것인가의 문제에서 그러하다. 즉, 구체적인 상황에서 인정 행위는 사회적 관계에 따라 충돌할 수도 있는 요구에 직면한다. 나와 특별한 관계에 있는 사람들에 대한 의무(가령 부모와 자식)와 모든 사람에 대한 공평한 의무가 충돌할 수 있고, 또한 내가 속한 집단적 연대와도 충돌할 수 있다. 호네트에 따르면 이러한 상황에서 이들 간에 우선순위를 정할 어떤 상위의 관점도 존재하지 않는다. 그렇다면 각 인정 형식의 관점에서 우선순위를 정해야 하는데 이때 "존경이라는 인정 형식이 갖고 있는 보편적 성격으로부터 이러한 결정에 부과되어 있는 규범적 제한이 도출될 수 있을 것이다."[47]

  그럼에도 호네트는 이성과 감정, 그리고 의무와 욕구 사이의 대립이 아니라 "다양한 종류의 당위들 사이의" 대립에 주목한다는 점에서 자신을 칸트적 방향과 구별한다. 그러나 이러한 호네트의 구별은 이 글에서 논의한 칸트의 존경에 대한 지성주의적 독해의 입장과 대조시킬 경우 일정 정도 상대화될 수 있다. 칸트에게서 이성과 감정, 그리고 의무와 욕구가 직접 대립하고 있는가라는 점이 문제시될 수 있다는 점에서 말이다.

5. 맺는말

  지금까지 보편주의 윤리학에서 감정의 문제를 칸트 윤리학에서 존경에 대한 논의와 이를 단초로 삼은 현대 실천철학에서 논의를 중심으로 살펴보았다. 칸트 윤리학에서 존경의 감정은 도덕적 행위의 동기로서 위상을 갖는다. 칸트는 존경에 도덕 법칙의 우선성을 승인하는 의식이라는 의미를 부여함으로써 존경 감정이 갖는 도덕적 태도의 측면을 부각시키는 한편, 감정으로서의 정동적 측면 또

---

47) 이러한 언급은 호네트의 "인정도덕 역시 … 이전부터 칸트적 전통의 도덕이론을 지배해 오던 직관들을 따르고 있음을 보여준다. 우선 도덕적 갈등의 경우에는 모든 주체가 동일하게 갖고 있는 개인적 자율성의 존경 요구에 절대적 우선권이 부여될 수 있다." Axel Honneth, 「아리스토텔레스와 칸트 사이에서」, 『정의의 타자』, 237~238쪽. 보편주의적 정당성(도덕)과 사랑과 같은 특정한 관계 간에 발생하는 갈등과 그에 관한 윤리적 논점은 감정의 문제를 함축하고 있으며, 이는 호네트에게서도 중요한 문제이다. 이와 관련해서는 호네트의 같은 책에 수록된 「사랑과 도덕」과 앞의 논문을 참조. 디란티(J. P. Deranty)에 따르면, 이는 현대 윤리학의 난제 중 하나이며, 호네트의 인정윤리는 이 난제를 해결하고자 하는 야심찬 시도로 볼 수 있다. Jean-Philippe Deranty, *Beyond Communication: Critical Study of Honneth's Social Philosophy*, Brill, 2009, 300쪽 이하.

한 동시에 언급하고 있다. 이러한 칸트의 논의는 후대에 그 해석의 여지를 열어둔다.

이 글에서는 칸트의 존경론을 지성주의적 입장에서 독해하고, 이것이 투겐타트의 상호 존경의 윤리와 호네트의 인정 윤리 속에서 어떻게 투영되고 있는지를 논의하고자 했다. 윤리학에서 선험적 정초 방식을 비판하고 상호주체성을 전제한다는 점에서 투겐타트와 호네트는 칸트 외에 또 다른 출발점을 공유한다. 또한 그들은 각각 "분노, 후회, 죄책감"과 같은 도덕 감정에서 출발하고(투겐타트), 사랑과 연대와 같은 정서적 결속을 중요시한다는(호네트) 점에서 감정에 대해 칸트보다는 훨씬 유동적인 입장을 갖고 있다. 그러나 호네트의 논문 제목(「아리스토텔레스와 칸트 사이에서」)이 말해주듯이, 그들 역시 칸트의 보편주의 윤리학이 제기하는 문제로부터 자유롭지는 않다.

참고문헌

고현범, 「감정의 병리학 - 칸트 철학에서 감정의 개념과 위상」, 『헤겔연구』 제32집, 한국헤겔학회 2012

김종국, 「보편주의 윤리학에서 개인과 사회 : 칸트와 밀의 경우」, 『칸트실천철학』, 서광사, 2013

박필배, 「칸트 도덕 감정에 대한 체계적 고찰」, 『칸트연구』 제15집, 한국칸트학회, 2005

이원봉, 「칸트 윤리학과 감수성의 역할」, 『칸트연구』 제18집, 한국칸트학회, 2006

임홍빈, 『수치심과 죄책감 - 감정론의 한 시도』, 바다출판사, 2013

Allison, Henry E., *Kant's Theory of Freedom*, Cambridge Univ. Press 1990

Beck, Lewis White, *A Commentary on Kant's Critique of Practical Reason*, Univ. of Chicago Press, 1960

Demmerling, Christoph und Landweer, Hilge, *Philosophie der Gefühle - Von Achtung bis Zorn*, Weimar, 2007

Demmerling, Christoph, *Gefühle und Moral-Eine philosophische Analyse*, Bonn, 2004

Deranty, Jean-Philippe, *Beyond Communication: Critical Study of Honneth's Social Philosophy*, Brill, 2009

Fromm, Erich, 『자기를 찾는 인간 - 윤리학의 정신분석학적 탐구』, 박갑성 · 최현철 옮김, 종로서적, 1992

Honneth, Axel and Margalit, Avishai, "Recognition", *Proceedings of the Aristotelian Society, Supplementary Volumes*, Vol.75, 2001

Honneth, Axel, 「아리스토텔레스와 칸트 사이에서」, 문성훈 외 옮김, 『정의의 타자』, 나남, 2009

Honneth, Axel, 「사랑과 도덕 - 정서적 결속의 도덕적 내용에 대하여」, 문성훈 외 옮김, 『정의의 타자』, 나남, 2009

Kant, Immanuel, *Grundlegung zur Metaphysik der Sitten,* hrsg. von Königlich Preußichen Akademie der Wissenschaften *Kants Gesammelte Schriften*(이하 AK로 약칭), Bd.Ⅳ 백종현 옮김, 『윤리형이상학 정초』, 아카넷, 2006

Kant, Immanuel, *Die Religion innerhalb der Grenzen der blossen Vernunft,* AK Bd. Ⅵ, 백종현 옮김, 『이성의 한계 안에서의 종교』, 아카넷, 2011

Kant, Immanuel, *Ethik Vorlesungen Nachschrift "Moral Mrongovius",* ⅩⅩⅦ

Kant, Immanuel, *Kritik der praktischen Vernunft,* AK Bd.Ⅴ. 백종현 옮김, 『실천이성비판』, 아카넷, 2012

Kant, Immanuel, *Die Metaphysik der Sitten,* AK. Bd.Ⅵ399, 백종현 옮김, 『윤리형이상학』, 아카넷, 2012

Köhl, Harald, "Die Theorie des moralischen Gefühls bei Kant und Schopenhauer", hrsg. von Hinrich Fink-Eitel und Georg Lohmann, *Zur Philosophie der Gefühle,* Frankfurt am Main, 1994

Köhl, Harald, *Kants Gesinnungsethik,* Berlin, 1990

McCarty, Richard R., "Kantian Moral Motivation and the Feeling of Respect", *Journal of the History of Philosophy* 31 no.3, 1993

Paton, H. J., 『칸트의 도덕철학』, 김성호 옮김, 서광사, 1988

Reath, Andrews, "Kant's Theory of Moral Sensibility: Respect for Moral Law and the Influence of Inclination", *Kant Studien* 80, 1989

Recki, Birgit, "Kant: Vernunftgewirte Gefühle", hrsg. von Hilge Landweer und Ursula Renz, *Klassische Emotionstheorien: von Platon bis Wittgenstein,* Berlin, 2008

Sherman, Nancy, "The Place of Emotions in Kantian Morality", O. Flanagan and A. O. Rorty(ed.), *Identity, Character, and Morality: Essays in Moral Psychology,* MIT Press, 1990

Tugendhat, Ernst, "Gleichheit und Universalität in der Moral", hrsg. von Marcus Willaschek, *Ernst Tugendhat: Moralbegründung und Gerechtigkeit - Vortrag und Kolloquium,* Münster, 1997

Tugendhat, Ernst, *Problem der Ethik,* Stuttgart, 1987

Tugendhat, Ernst, *Vorlesungen über Ethik,* Frankfurt am Main, 1997

Wildt, Andreas, *Autonomie und Anerkennung,* Stuttgart, 1982

Willaschek, Marcus und Pleitz, Martin, "Gleichmässige Moralbegründung und empirisches Interesse", hrsg. von Marcus Willaschek, *Ernst Tugendhat: Moralbegründung und Gerechtigkeit - Vortrag und Kolloquium,* Münster 1997

스피노자의 도덕심리학

김원철

1. 들어가는 말

본 논문에서 필자는 스피노자의 도덕심리학을 재구성해 보고자 한다. 그렇다고 『에티카』의 어느 단락, 어느 구절들로부터 – 신 존재로부터 시작하여 인간 정신의 본성과 기원, 그리고 감정의 기원과 본성에 대한 논의를 거쳐 마침내 자유와 지복의 문제로 전개되는 논증구조 중 3부와 4부에 편재되어 있는 인간의 내면심리에 대한 분석들로부터 – 스피노자의 도덕심리학적 사유들을 추출해 보려는 것은 아니다. 그보다는 『에티카』 자체가 하나의 도덕심리학이라는 견지에서 스피노자의 철학을 재검토해보려 한다. 필자의 이러한 시도가 전통적인 해석방식에서 많이 동떨어져 있음을 부정할 수는 없다. 신의 본성으로부터 전체 자연의 질서를 도출하는 일, 그리고 자연의 일부로서 인간의 본성을 정의하는 일은 순수하게 존재론의 문제로, 어떤 심리(학)적 태도도 전제하지 않는다. 옳은 말이다. 그럼에도 불구하고 필자는 도덕심리학의 견지에서 스피노자를 읽는 일이 여전히 유의미한 시도라고 생각하는데, 그 이유는 전통적인 해석방식에 따를 경우 해결곤란한 문제로 남아 있는 몇 가지 구조적인 문제들에 새로운 해법을 제시해 줄 수 있기 때문이다.

『에티카』의 독자들을 당혹케 하는 구조적인 문제들 중 가장 대표적인 것이 목적론적 사고에 대한 스피노자의 이중적인 평가이다. 목적론적 사고는 사물들의 본성을 올바르게 파악하기 위해서 반드시 극복해야 할 인류 보편의 편견으로 규정되지만 동시에 인간의 완전성을 평가하기 위해 꼭 필요한- 적어도 매우 유용한- 수단으로 제시된다.[1] 이것이 구조적인 문제처럼 비치는 까닭은 1부의 부록과 4부의 서문에서 불연속적으로 다루어지기 때문이다. 1부의 부록은 '일어난 일은 모두 필연적으로 일어난다'는 본문의 주장에 부합하여 목적론적 사고를 맹렬히 비판한다. 이 비판의 연장선상에 서있음에도 불구하고 스피노자는 4부 서문 말미에서 목적론적 사고에 직결된 가치개념들을 전격적으로 재수용한다. 특히나 이 개념들은 이후 다루어질 '자유로운 인간'의 이론적 근거가 된다. 이 점에서 목적론적 사고의 문제는 필연론과 인간의 자유를 어떻게 함께 주창할 수 있느냐는, 『에티카』의 또 다른 구조적 문제에 맞닿아 있다고 하겠다.

본 논문에서는 오직 목적론적 사고에 대한 이중적 평가에 집중하여 스피노자의의 도덕심리학을 다루어 볼 것이다. 2절과 3절에서는 목적론적 사고에 대한 두 가지 평가를 간단히 소개하면서, 의지-

---

[1] 동일 주제에 대한 국내 논문으로는 이현복의 「스피노자와 목적성-『에티카』 4부 서문을 중심으로」(『범한철학』 67집)가 있다. 『에티카』 1부의 부록과 4부의 서문 사이에 발생하는 긴장관계를 매우 성공적으로 보여주고 있는 논문인데, 아쉬운 점은 그 실체에 대해서는 아무런 해명도 제시하지 않고 있다는 점이다. 목적론적 사고의 주요 개념들은 "인간이 인간의 최고 완전성에 이르자마자 사라질 도구들"로, "지붕 위에 올라가면 사다리가 더 이상 필요하지 않은 것처럼 그것들은 더 이상 필요하지 않은 수단들"일 뿐이라고 저자는 결론짓는데, 인간의 완전성은 무엇이며, '선'과 '악'의 개념이 그것을 성취하는 데 어떻게 도움이 되는지 등에 대해서는 아무런 설명도 없다.

충동-욕망의 삼원구도가 『에티카』에서 차지하는 역할을 새롭게 조명해 볼 것이다. 4절과 5절에서는 목적론적 사고에 대한 두 평가가 어떻게 하나의 이론으로 수렴될 수 있는지 검토해 볼 것이다. 이를 바탕으로 마지막 절에서는 스피노자의 도덕심리학을 몇 가지 명제들로 정리해볼 것이다.

2. 필연론과 목적론

『에티카』 1부, "신에 대하여"의 핵심주장은 필연론과 내재론이다. 스피노자의 논구에 따르면, 사물들이 존재하고 서로 작용하는 데 우연성이란 없다. 모든 것은 필연성에 의해 이루어지며, 이 필연성은 사물들 밖에 존재하는 어떤 초월적 원리가 아니라 사물들 안에 내재하는, 영원한 법칙의 산물이다. 『에티카』 1부는 이를 신론(神論)의 형식으로 정립해낸다. 모든 사물들은, 그것이 물질적인 것이든 정신적인 것이든 혹은 우리가 상상할 수 없는 또 다른 어떤 유의 것이든, 유일 실체인 신의 변용이고, 모든 변용들은 신적 본성의 필연성에 의해 산출되지 않을 수 없다는 것이다. 여기서 논의의 전 과정을 세세하게 소개할 필요는 없겠다. 본 논문의 주제와 관련하여 보다 중요한 사실은 자신이 제시한 정의와 공리를 받아들인다면 누구도 부정할 수 없는 논리적 귀결로서 필연론과 내재론을 주장하고 있다는 점이다. 하지만 논리적 타당성이 심리적 각성으로 곧장 이어지지 않을 수 있음을 스피노자 자신도 인정한다. 그래서 그는 논리적 설명만으로는 극복되지 않는 편견들에 대해 매우 경험적이고 분석적인 언어로 쓰인 주석을 1부 후미에 덧붙인다. 이것이 유명한 『에티카』 1부의 부록이다.

한 가지 미리 밝혀두자면, 논리적 타당성과 심리적 확신 사이의 간극은 체계 외적인 문제만은 아니다. 예컨대, 가상의 독자들이 보일 거부감을 예견하여 그들에게 조금 더 열린 마음으로 자신의 철학체계를 이해해줄 것을 권고하려고 부록을 덧붙인 것이 아니다. 부록의 요지는 4부 도입부의 명제들에서 스피노자가 토로한 정념 통제의 실질적 어려움에 직결된 문제이며, 이에 앞서 이성과 의지의 구분을 부정하도록 그를 추동했던 어떤 통찰들에 맞닿아 있다. 정념의 통제가 진정으로 어려운 까닭을 스피노자는 정념이 오직 또 다른 정념에 의해서만 억제되고 제거될 수 있기 때문이라고 말한다.[2]

1부 부록으로 되돌아와, 스피노자는 세계를 올바르게─즉, 자신이 설명한 방식처럼─이해하는 데 방해가 되는 편견들을 그 기원에서 공략한다. 우선 제 편견들의 기원이 되는 심층의 믿음을 색출한 다음, 이 믿음이 사람들의 마음속에 자리하게 되는 심리적 메커니즘을 분석해 보이는 방법을 취한다. 하지만 예상과 달리, 첫 번째 작업은 분석보다 직관에 더 의존하고 있는 듯 보인다. 문제가 되는 제 편견들의 공통점을 분석하여 그 심층의 믿음을 찾아내는 대신, 스피노자는 심층의 믿음을 곧장 제시한 후 그로부터 다른 편견들

---

[2] 이는 스피노자가 데카르트의 합리론으로부터 등을 돌리게 되는 지점으로, 4부를 통해 본격적으로 제기된다. 이 점에서 『에티카』 3부와 4부는 원래 하나의 장으로 기획되었는데, 나중에 가서 독립된 두 개의 장으로 나뉘었다는 사가들의 주장은 매우 의미심장한 것이 아닐 수 없다. 왜냐하면 스피노자의 문제의식이 무엇이었고, 또 그것이 어느 방향으로 심화되었는지를 보여 주는 단서이기 때문이다. 많은 면에서 3부와 4부의 분리는 『순수이성비판』과 『실천이성비판』을 원래는 한 권의 저서로 기획했다가 결국 독립된 두 권의 저서로 집필할 수밖에 없었던 칸트의 결단에 견주어볼 만하다.

이 어떻게 파생되는지를 설명한다. 목적인에 대한 믿음이 바로 이 심층의 믿음이다. "사람들은 일반적으로 자연의 모든 사물들이 그들 자신과 마찬가지로 어떤 목적을 위하여 움직인다고 생각한다."[3] 이 생각은 곧이어 사물들의 운동에 목적성을 부여하는 초자연적 존재들에 대한 믿음을 낳고, 다시금 초자연적 존재들 역시 사람들의 숭배를 받고자 하는 목적에서 그렇게 행동한다는 믿음을 초래한다. 미신이 이렇게 등장하는데, 이는 편견들 중 가장 타파하기 어려운 편견이다. 이로써 목적인에 대한 믿음이 지닌 전방위적 파급력을 충분히 보였다고 생각했는지, 스피노자는 그 밖의 다른 편견들에 대한 서술은 뒤로 미루고 곧장 이 믿음의 기원에 대한 분석으로 들어간다.[4] 여기서 스피노자는 재차 자신의 이론−중립적 입장을 강조한다. 인간 정신의 본성에 대한 어떤 규정에 의거하기보다는, 오직 "모든 사람들이 인정하지 않을 수 없는"[5] 사실들에만 기초하여 사태의 원인을 설명했다고 자부하는 연유다.

모든 사람들이 인정하지 않을 수 없는 사실들이란 첫째, "모든 인간은 날 때부터 사물의 원인을 모른다는" 것, 그리고 둘째로 "모든 인간은 자신에게 이로운 것을 추구하려는 충동을 지니며 동시에 이를 의식한다는" 것이다.[6] 이 두 가지 사실만으로 어떻게 목적인에 대한 사람들의 본성적인 믿음을−'본성적인 믿음'이라는 표현이 부적절하다면, 후설의 용어를 빌려 '자연적 태도'를− 밝혀내

---

3) 『에티카』 1부 부록.
4) 미신의 기원에 대한 스피노자의 분석은 에피쿠로스학파의 미신 비판을 연상시키기에 충분한 것이다. 이와 관련된 보다 상세한 설명은 Leo Strauss의 *Persecution and the art of writing*, 1장 참조.
5) 『에티카』 1부 부록.
6) 같은 곳.

기에 충분한지 의심스러운 것이 사실이다. 이 문제와는 별도로 한 가지 반론이 당장에 예견된다. 첫 번째 사실, 즉 인간은 사물의 원인에 대한 생득적 관념을 지니지 못한다는 점은 그렇다 치더라도, 두 번째 사실은 인간 혹은 인간 정신의 본성에 대한 정의를 이미 내포하고 있는 것은 아닌가? 그렇다면 그의 분석은 자신의 주장과는 달리 이론-의존적인 것이 아닌가?

이 반론에 대한 스피노자의 명확한 답변은 본 논문 5절에 가서야 확인할 수 있을 터인데, 답변을 위한 예비적 고찰로 다음 두 가지 사실을 미리 언급해 둘 필요가 있겠다. 첫째, 자신에게 이로운 것을 얻고자 하는 충동과 이 충동에 대한 즉각적 의식은 인간에게만 고유한 것이 아니라, 정신을 지닌 모든 개체들에 공통된 특징이다. 따라서 그것은 인간의 본질에 대해서는 아직 아무것도 규정하지 않는다. 둘째, 충동과 충동에 대한 의식은 정신과 육체처럼 실체적으로 구분되는 것이 아니다. 자기보존의 노력이 오직 정신에 대해서만 언급할 때 스피노자는 그것을 '의지*voluntas*'라 부르고, 정신과 신체 모두에 대해 언급할 때에는 '충동*appetitus*'이라 부른다.[7] 또 다른 용어인 '욕망*cupiditas*'은 자신의 충동을 의식하는 인간에 대해 사용된다. 충동과 욕망 사이에는 어떤 실체적 차이도 없다. 충동의 주체 역시 몸과 마음으로 이루어진 존재이다. 자신을 의식하느냐 못하느냐의 차이가 충동과 욕망을 구분 짓는데, 이 차이를 통해 인간의 본질을 규명하고자 하더라도 정신과 신체의 통일성에 대한 올바른 이해가 반드시 선행되어야 한다. 인간의 고유한 본질은 몸

---

7) 『에티카』 3부 명제9 주석.

과 마음을 갖는다는 사실이 아니라 – 이는 의식을 지닌 다른 유기체들에도 해당된다 – 몸과 마음이 결합하는 특수한 방식에서 오는 것이다.

'결합'이라는 표현 때문에 데카르트식의 심신이원론을 연상한다면 잘못이다. 인간의 정신과 신체가 하나의 단일 개체임을 스피노자는 누차 밝히고 있다. 어떻게 정신과 신체가 서로 구분되면서 동시에 하나의 개체일 수 있는가? 이는 이론적으로 해명하기 쉽지 않은 문제임에 틀림이 없다. 하지만 그것이 스피노자의 한계인지 아니면 우리가 공유하는 *實體的* 사고의 한계인지는 고민해 보아야 할 문제이다.[8] 이와 무관하지 않은 문제로, 스피노자 주석가들이 의지, 충동, 욕망의 구분에 별다른 관심을 기울이지 않는다는 점을 지적할 필요가 있겠다. 어떤 이유에서 스피노자는 동일 대상을 상이한 세 가지 명칭으로 불렀던 것일까? 그의 의도를 간파하기란 결코 쉽지 않은데, 세 명칭 사이의 비대칭성이 어려움을 한층 가중시킨다. 의지가 정신에 관련된다면 신체와 관련된 어떤 상관물이 제시되어야 할 법한데, 앞서 언급한 것처럼 충동은 정신과 신체 모두에 관계된 것이다. 욕망과 충동은 어떠한가? 양자를 구분하는, '나는 지금 무엇을 원한다'는 자기의식 역시 대칭되는 바가 무엇인지

---

8) 자기이익을 추구하려는 충동과 이 충동에 대한 의식의 구분은 앞서 언급한 Harry Frankfurt의 이론을 떠올리게 한다. 그는 일차원적 욕망들(first order desires)과 이차원적 욕망들(second-order desires)을 구분함과 동시에 그것을 인간적 특질로 수용할 것을 주장한다. "When we divide our consciousness in this way, we objectify to ourselves the ingredient items of our ongoing mental life. It is the self-objectification that is particularly distinctive of human mentality. We are unique (probably) in being able simultaneously to be engaged in whatever is going on in our conscious minds, to detach ourselves from it, and to observe it-as it were-from a distance."(H. Frankfurt, *Taking ourselves seriously* …, p.4) 프랑크푸르트의 이러한 입장은 동시에 신체와 정신의 관계규명을 통해 인격체(person)를 규정하려는 시도들을 방법론적으로 배척하려는 의도를 지닌다. 이에 대한 상세한 설명은 H. Frankfurt, *The importance of what care about*, pp.11-12 참조.

명확하지 않다. 정신과 신체의 관계규명을 통해 인간 존재의 단일성을 규정하려는 이론가들이 이 문제를 소홀히 다룰 수밖에 없는 이유인데, 이는 존재론적 사유의 틀로는 인간의 본질에 대한 스피노자의 이해를 포착할 수 없음을 에둘러 보여준다.

필자의 소견에 따르면, 의지-충동-욕망은 하나의 분류체계에 포섭되는 표지(標識)들이 아니라 스피노자 철학의 지향성을 보여주는 지표(指標)들에 가깝다. 의지를 충동의 차원으로 전환시키면서 스피노자는 인간에 대한 보다 총체적인 이해를 촉구하고 있는 것이며, 충동을 다시금 욕망의 차원으로 전환시키면서 일반성에서 개별성으로, 인간의 문제에서 인격의 문제로 나아갈 것을 권고한다. 첫 번째 전환의 의미는 용어들의 정의 속에 이미 드러나 있다. 반면, 두 번째 전환의 의미는 입증이 필요한 문제이다. 어쨌든 필자의 이러한 관점에서 보자면, 1부 부록의 목적론적 사고 비판도 의지 중심의 인간학에 대한 일갈로 읽힐 수 있다.

엄밀히 말해, 모든 인간들이 인정하지 않을 수 없는 두 가지 사실들이 사람들을 의지, 충동, 욕망의 패러다임 중 어느 하나에 당장 안착시키는 것은 아니다. 하지만 그것들로부터 파생된 한 가지 그릇된 믿음과 한 가지 경향성은 확실히 의지의 패러다임에 귀착된다. 자유의지에 대한 믿음이 전자이고, 실용주의적 사고방식이 후자이다. "사람들은 자신이 자유롭다고 믿는다. 왜냐하면 사람들은 자신의 의욕과 충동을 의식하지만 그들로 하여금 충동이나 의욕에 사로잡히게끔 하는 원인은 모르기 때문이다."[9] 자유의지에 따라

---

9) 『에티카』 1부 부록.

자신들이 무언가를 행하고 있다고 믿는 순간, 의식된 충동은 왜곡되고 변질되어 자발적 동기로 이해된다. 자발적 동기는 전적으로 행위자 안에―더 정확히 말해 행위자의 의지에―있고, 행위의 목적은 행위자가 원하는 바를 달성하는 데 있다고 말한다. 무언가를 행하면서 사람들은 이제 자신의 의지(의도)라고 스스로 믿는 것에만 관심을 기울이는데, 이와 더불어 외부의 다른 사물들에 대해서도 똑같이 그 목적만을 알려는 태도가 등장하게 된다. 자연의 모든 사물들이 어떤 목적을 위해 존재하고, 또 그것을 위해 움직인다는 믿음이 세계를 바라보는 하나의 태도로 자리매김하게 된 것이다.

3. 목적론적 사고와 가치개념들

자연의 사물들이 어떤 목적을 위해서 움직인다면, 목적에 도달한 사물의 상태야말로 완전함일 것이다. 사물의 입장에서 완전함은 좋은 것, 즉 선이 아닐 수 없다. 하지만 목적인이라는 것이 사물의 본성에 대한 참된 인식이 아니라 근거가 결여된 상상의 산물이기에, 완전함과 불완전함, 선과 악에 대한 평가 역시 근거가 결여된 인식일 뿐이다. 4부 서문에서 스피노자는 이 점을 상기시키면서 사람들이 어떻게 선·악의 가치를 객관화시키는지를 설명한다.

사람들이 어떤 대상을 완전하다고 말할 때, 그 최초의 의미는 인간의 제작 활동에서 온 것이다. 가령 조각가가 어떤 작품을 만들 경우, 그는 자신의 의도에 비춰 제작물이 완전하다, 혹은 불완전하다고 평가할 것이다. 같은 대상을 제3자가 평가할 때 역시 제작자의 의도가 기준이 된다. 사실, 그것 말고 달리 제작물의 완전성을 평가할 수 있는 절대적 기준은 없다. 하지만 인공물이 아닌 자연물에 대해서는 그러한 방식의 평가가 불가능하다. 우리가 창조주의 의도를 정확히 알 수 없기 때문이 아니라, 그런 의도 자체가 애당초 존재하지 않기 때문이다. 그렇다면 사람들은 왜 인공물에서처럼 자연물에 대해서도 완전함과 불완전함을 논하는 것이 가능하다고 믿는 것일까? 스피노자는 이를 보편관념의 사용에서 기인한 습관으로 규정한다.

> "인간이 **보편관념들**을 형성하고, 집, 건물, 탑 등의 유형을 생각해 내고 물체에 관하여 다른 유형보다도 어떤 유형을 선택하기 시작한 이후 각 사람은 똑같은 종류의 물체에 대하여 형성한 보편관념과 일치하는 것처럼 보이는 것을 완전하다고 하며, 이와 반대로 비록 전적으로 제작자의 견해에 따라 완성된 것이라고 할지라도 자신의 **유형의 개념**과 덜 일치하는 것처럼 보이는 것을 불완전하다고 한다."10)

『에티카』 2부의 분석에 따르면, 보편관념은 사물들의 단순화된 이미지이다.11) 자신이 경험한 사물들의 특징들 중 일부만을 뽑아서 사물들 전체를 특징짓는 관념으로 발전시킨 것인데, 그것이 사물의 종이나 유를 나타내는 개념으로 사용됨에 따라 사람들은 사물들 안에 실재하는 어떤 속성으로 착각한다. 사물의 유형은 곧 사물의 전형을 의미한다. 그래서 사람들은 사물의 유형 개념에 따라 새로 경험하게 될 사물들을 완전한 것 혹은 불완전한 것으로 평가한다.

---

10) 『에티카』 4부 서문.
11) 『에티카』 2부 명제40 주석1.

하지만 그 출발점으로 되돌아가 보면, 보편관념은 너무 단순화되어 모호해져버린 주관적 심상일 뿐, 그 이상도 그 이하도 아니다. 사물의 완전함과 불완전함에 대한 평가는 따라서 매우 자의적이고, 습관적인 평가가 아닐 수 없다.

　선과 악의 개념 역시 마찬가지이다. "이것들 또한 우리가 사물을 그 자체로 고찰할 경우 사물 안의 어떤 긍정적인 것도 지시하지 않으며, 사유의 양태나 우리가 사물을 서로 비교함으로써 형성되는 개념일 뿐이다."[12] 이 점에서 모든 가치판단들은 주관적일 수밖에 없다. 판단의 기준이 되는 개념들은 단지 사물의 특화된 이미지에 불과하며, 사물의 이미지는 지각 주체들의 신체 상태에 따라 달라지는 주관적 표상이기 때문이다. 대상의 가치에 대한 논쟁은 그래서 끝이 보이질 않는다. 같은 음악을 듣고 한 사람은 좋다고 말하고, 다른 사람은 나쁘다고 말한다. 청맹과니에게는 이도 저도 아닌데 말이다.

　여기까지 언급하고 난 뒤, 스피노자는 갑작스레 유보적인 입장으로 돌아선다. "비록 사정이 그렇다고 할지라도 우리는 이와 같은 개념들을 보존하지 않으면 안 된다. 왜냐하면 우리가 인간 본성의 전형으로 보아야 할 인간의 관념을 형성하고자 하기 때문에, 이미 말한 의미에서 이 개념들을 보존하는 것이 우리에게 유익할 것이다."[13] 덧붙여, 스피노자는 이 전형에 접근하는 수단이 되는 것은 '선'이고, 그렇지 못한 것은 '악'이며, 인간이 더 많이 또는 더 적게 접근하는 경우에 '완전하다' 혹은 '불완전하다'고 평할 것이라 공

---

12) 『에티카』 4부, 서문.
13) 같은 곳.

표한다. 이는 분명 앞서 신랄하게 비판했던 '선'과 '악', '완전함'과 '불완전함'의 의미를 그대로 수용하는 것이지, 개념들에 대한 새로운 의미규정을 전제하는 것은 아니다. 그렇다면 무엇이 스피노자로 하여금 이러한 입장전환을 강요했던 것일까? '자연은 결코 상정하지 않는다'고 말했던 목적 개념을 인간학에서는 불가피하게 수용해야만 했던 것일까? "인간의 행동과 충동을 점, 선, 면, 입체를 다루는 방식과 마찬가지로 고찰할"[14] 것이라던 그의 포부는 자연학과 인간학 사이의 괴리 앞에서 뒷걸음질 칠 수밖에 없었던 것일까? 모든 문제의 핵심은 아마도 그가 심중에 두고 있는 '인간 본성의 전형'이 무엇이냐일 것이다. 이 전형은 사람들이 사물의 완전성을 평가하기 위해 사용하는 유형의 개념과 같은 유의 것일까, 아니면 그것과는 질적으로 다른 새로운 어떤 것일까?

『에티카』 2부의 인식론적 논의에 친숙한 독자라면, '보편관념(notiones universales)'과 '공통관념(notiones communes)'의 차이를 당장 상기할 것이다. 전자는 단순히 의견 또는 표상(imaginatio)을, 후자는 반대로 이성을 구성한다고 스피노자는 말한다. 하지만 위에서 언급한 '인간 본성의 전형'이 공통관념에 해당된다고 볼 수 있는 단서는 어디에도 없다. 맥락상 오히려 보편관념에 더 가까운 것처럼 보인다. 그렇다면 스피노자의 인간학은 학(學)이라기보다 인간의 본성에 대한 또 하나의 의견을 개진할 뿐이지 않을까? 이 물음에 당장 무엇이라 답할 수는 없지만, 한 가지 확실한 사실은 4부 본문에서 보여주게 될 스피노자의 사상이 인식론의 구도에서 완전

---

14) 『에티카』 3부 서문.

히 벗어나 있다는 점이다. 단적으로 스피노자는, "선과 악에 대한 참된 지식은 그것이 참된 것이라는 이유에서는 어떠한 정서도 억제하지 못하고, 오직 그것이 하나의 정서로 간주되는 한에서만 그러할 수 있다고 말한다."[15] 자연과학적 지식이든 윤리학적 지식이든 인식론은 그것이 참된 지식인지, 참되다면 그 기준이 무엇인지를 묻는다. 이에 반해 스피노자의 관심은 다양한 지식들이 우리의 정신에 가하는 충동의 강도이다. 사실과 가치의 이분법은 여기서 무의미한 것이 된다. 사실에 대한 지식이든 가치에 대한 지식이든, 정신이 느끼는 충동은 동일하기 때문이다. 물론 충동의 세기마저 동일하다는 말은 아니다. 어쨌든 스피노자의 인간학이 인간의 본성에 대한 객관적 지식으로 환원될 수 없음은 명백해 보인다. 무엇보다도 '인간의 본성'의 특별한 의미 때문에 그러하다. 그것은 일종의 규범과 같은 것으로, 사물들의 본성을 다루 듯 일방적으로 기술될 수 있는 어떤 것이 아니다.

어쩌면 미셸 푸코가 『말과 사물』에서 제기했던 지적이 스피노자를 이해하는 데 오히려 도움이 될지도 모르겠다. 17세기 고전주의 시대에는 근대적 의미의 인간과학이 불가능했음을 지적하면서, 그 이유로 "경제학, 문헌학, 생물학의 제법칙에 따라 살고, 말하고, 일하는 개인, 그러면서도 이들 제법칙의 상호작용을 통해 그것들을 인식하고 명백히 드러내야 할 (일종의 내적 뒤틀림과 중복에 의해) 권리를 획득했던 개인에 관한"[16] 인식이 부재했음을 들었다. 『에티카』 4부 서문에서 확인할 수 있었던 반전, 즉 목적론적 사고에 대

---

15) 『에티카』 4부 명제14.
16) 미셸 푸코, 『말과 사물』, 이광래 역, pp.376-357.

한 재전유가 푸코가 말한 뒤틀림과 중복의 한 형태로 볼 수 있지 않을까? 다음 절들에서 그 가능성을 검토해 볼 것이다.

4. 가치개념들의 기원과 인간의 본성

『에티카』1부 부록에서 소개된 목적론적 사고에 대한 비판은 직접적으로 필연론적 자연관에 의거하고 있다. 하지만 다른 한편에서 그것은 "존재하고, 행위하고, 살기를 동시에 원하지 않는다면, 누구도 행복하게 존재하고(beatum esse), 훌륭하게 행위하고(bene agere), 훌륭하게 살기(bene vivere)를 원할 수는 없다"는[17] 4부의 핵심 주장에 맞닿아 있다. 목적론적 사고의 문제점은 욕망의 두 차원, 즉 삶에 대한 욕망과 행복한 삶에 대한 욕망 사이에 괴리를 발생시키는 데 있다. 부사로 표현된 제 가치개념들이 우리의 욕망(cupiditas)을 일차적으로 규정함에 따라 사물들에 대한 지각은 왜곡되며, 그 결과 자기보존의 욕망에 역행하는 욕망을 초래하게 된다. 목적론적 사고에 대한 비판은 자기보존의 욕망을 왜곡하는 가치개념들에 대한 비판인 셈이다.

그렇다면 스피노자는 왜 다시금 이 개념들의 보존을 요청했던 것일까? 그것은 가치를 부여하는 행위가 - 인간 자신에게 해로운 결과를 가져올지라도 - 인간의 가장 고유한 활동 중 하나이기 때문일 것이다. 스피노자의 표현을 다시 빌려 쓰자면, "인간 본성의 전

---

17) 『에티카』 4부 명제21

형으로 보아야할 인간의 관념을 형성"하는 데 있어 빼놓을 수 없는 활동이 바로 사물들에게 가치를 부여하는 일이다. 스피노자의 이러한 생각을 여실히 확인할 수 있는 곳이 그의 『정치학논고』 서문이다. 자신의 연구방법론을 소개하면서 스피노자는 다음과 같이 말한다.

> "정치학에 속한 주제를 고찰하는 데 있어 일반적으로 수학 문제를 취급할 때와 동일한 정신적 자유를 가지고 임했기 때문에, 인간의 다양한 행위를 조롱하거나 한탄하거나 저주하지 않고 있는 그대로 이해하기 위해서 최대한 노력했다. 또한 이와 같은 목표를 성취하기 위해 인간의 여러 감정, 예를 들면 사랑, 미움, 질투, 명예심, 동정심, 그리고 그 외의 마음의 격정을 인간의 악한 본성이 아니라 오히려 인간 본성 자체에 속하는 것으로 간주했다."[18]

인간의 정념에 대한 이러한 태도는 정념을 산출하는 편견들에 대해서도 동일하게 적용되어져야 할 것이다. 목적론적 사고와 그로부터 파생된 착각들은 그것이 좋은 것이든 나쁜 것이든 인간 본성 자체에 속하는 것이다.

이런 행위들로부터 스피노자는 인간에 대한 어떤 관념을 도출했을까? 또 이 관념의 인식론적 지위는 무엇일까? 이 물음에 답하기 위해서는 가치개념의 기원에 대한 1부 부록의 설명으로 되돌아가 보아야 할 것이다.

> "사람들은 존재하는 모든 것이 자기들을 위하여 만들어졌다고 여긴 이후에는 모든 것에 대하여 자기들에게 가장 유용한 것을 핵심

---

18) 스피노자, 『신학정치론/정치학논고』, 최형익 역, p.390

이라고 판단하고, 자기들을 가장 유쾌하게 해주는 것을 가장 탁월하다고 평가하지 않으면 안 되었다. 이로부터 그들은 사물의 본성을 설명하기 위하여, 선·악, 질서·혼돈, 따뜻함·추움, 미·추 등과 같은 개념을 형성하지 않으면 안 되었다. 그리고 자신들을 자유롭다고 여기기 때문에, 이로부터 곧 칭찬·비난, 죄과·공적 등의 개념이 생겨났다."[19]

모든 것이 자기를 위해 만들어졌다는 생각은 앞서 '실용주의적 사고방식'이라 명했던 태도의 변이이다. 자유의지에 대한 믿음과 짝을 이뤄 등장한 이 태도는 목적인을 통해서만 사물들의 운동을 설명하려 하는데, 목적인이라는 것이 경험적으로 드러나는 것이 아니다 보니 사람들은 쉽게 자신의 이해관심을 투영하여 사물의 존재이유를 상상하기에 이른다. 물고기는 사람들의 양식이 되기 위해 존재하고, 바다는 물고기를 기르기 위해 존재한다는 식이다. 한마디로, 모든 사물들을 "자기들의 이익을 위한 수단으로만 고찰"한다.[20]

이미 기술한 것처럼 가치개념은 사람들이 사물의 본성을 설명하기 위해 도입한 일종의 보편관념이다. 사람들이 가치를 사물 자체에 있는 것으로 착각할 때, 사물의 본성에 대한 설명은 그들의 이해관심을 객관화하고 정당화하는 사유기제가 될 뿐이다. 선·악, 미·추 등 대상의 호소적인 가치들(appealing values)과 더불어 칭찬·비난과 같은, 주체에 대한 명령적인 가치들(commanding values)이 등장하는데,[21] 이들 가치의 가장 큰 효력은 자유의지를 주체의 본성처

---

19) 『에티카』 1부 부록. 강조는 필자의 것임. 사물의 본성에 대한 설명과 마찬가지로, 인간의 본성 역시 가치개념들에 의존하는, 즉 가치-의존적인 자기이해에 그칠 수 있음을 지적할 필요가 있다. 스피노자가 인간의 본성을 규정하는 데 있어 그처럼 신중한 태도를 취할 수밖에 없던 이유가 거기에 있을지도 모른다.

20) 『에티카』 1부 부록.

럼 실재화하는 데 있다. 가령, 주체가 자발적으로 행한 행위만이 칭
찬과 비난의 대상이 될 수 있다고 말하는 사람은 이미 자유의지가
실재함을 기정사실로 인정해 버린다.

이 심리기제의 작동방식을 가장 효과적으로 보여주는 것이 질서
와 혼돈의 개념이다. 사람들은 "질서가 사물 안에 있다고 확신한다.
사물이 감각을 통해서 쉽게 표상되며 따라서 쉽게 상기할 수 있게
끔 되어 있으면, 사람들은 훌륭하게 질서지어져 있다고 말하고 그
반대의 경우에는 나쁘게 질서지어져 있다, 또는 혼돈되어 있다고
말한다. 그들이 쉽게 표상할 수 있는 것은 특히 자신들에게 쾌적하
므로 사람들은 혼돈보다 질서를 취한다."[22] 이 점에서 '질서'는 사
물들의 상태에 대한 표상임과 동시에 마음속의 표상들을 특정한
방식으로 연결짓는 심리적 경향이다. 이를 두고 심리학자 윌리엄
제임스는 관념의 한 묶음이 '개인 에너지의 습관적 중심(habitual
centre of personal energy)'을 이룬다고 표현한다.[23] 마음은 관념들
로 이루어진 하나의 체계로, 한 관념의 묶음이 습관적 중심에 놓이
는 순간, 다른 관념의 묶음들은 철저히 배제된다. 이러한 배타성이
또한 개인의 정체성을 결정짓는다. 어떤 관념들의 묶음이 습관적

---

21) '호소적인 가치'와 '명령적인 가치'의 구분은 E. Anderson에게서 빌려온 것임. Cf, E. Anderson "Emotions in Kant's later moral philosophy" in *Kant's Ethics of Virtue*, ed. by M. Betzler.

22) 『에티카』 1부 부록.

23) 윌리엄 제임스, 『종교적 경험의 다양성』, p.270. "만약 여러분이 심리학에 관한 어떠한 논문에 서든지 연상작용을 다루어놓은 장을 펼친다면, 한 사람의 관념, 목표 그리고 대상이 비교적 서로 독립된 다양한 내적 체계와 조직들을 형성한다는 것을 읽게 될 것이다. 그 사람이 추구 하는 각각의 '목표'는 어떤 특정한 종류의 이해타산적 흥분을 일깨우며, 그 목표는 그 연상작 용에 의해 목표에 종속되는 관념의 집단을 형성한다. 만약 그 목표와 흥분이 서로 다른 종류 라면, 관념의 집단들은 일반적으로 거의 아무런 의미도 지니지 못한다. 한 집단이 형성되고 이해관계를 독점해버리면, 다른 집단과 연관되어 있는 모든 관념들은 정신영역에서 배제될 수도 있을 것이다."(같은 책, p.267)

중심에 놓이느냐에 따라, 개인의 정체성도 달라질 것이다. 하지만 그러한 묶음 자체가 소멸된다면, 개인은 존재할 수도 없다. 이 점이 아마도 스피노자의 주장－행복하게 존재하기를 욕망하기 위해서는 존재하기를 욕망해야한다는 주장－에 함축된 의미일 것이다. 존재하기를 욕망함은 "이 욕망 없이는 그 자체가 인식될 수 없는, 개인의 본질 자체를 구성하는 욕망"이기 때문이다.24) 또 이 욕망 덕에 상이한 관념들이 분리되지 못할 만큼 강력하게 서로 묶인다. "부당하고 혼란스러운 관념들도 타당하고 명석 판명한 관념들과 똑같은 필연성으로 서로서로 연결된다"고 말할 때,25) 스피노자는 자기보존의 욕망을 염두에 두고 있는 것이다.

가치개념은 목적론적 사고가 그런 것처럼 사람들이 사물의 본성을 알지 못한다는 사실과 자기에게 이로운 것을 추구하는 충동을 지닌다는 사실에서 기인한다. 그렇다고 무지한 욕망의 주체가 스피노자가 궁극적으로 제시하려는 인간의 관념은 아니다. 그 자신이 말했다시피, 무지와 욕망은 인간의 본성에 대해 정의하지 않고도 모든 사람들이 인정해야만 하는 두 가지 사실들일 뿐이다. 오히려 인간은 방금 전에 기술한 것처럼 자신의 정체성을 스스로 규정하고 보존하는 존재로 이해되어야 한다. 오직 이 경우에만 가치개념의 형성이 본성적 활동으로, 즉 본성에서 기인한 활동으로 이해될 수 있을 것이다. 물론 인간 본성의 전형에 대한 완벽한 기술은 아니다. 스피노자가 생각한 전형은, 그것에의 접근에 도움이 되는 것은 선으로 방해가 되는 것은 악으로, 그리고 그 정도에 따라 완전

---

24) P. Macherey, *Introduction à l'Ethique de Spinoza* VI, p.142.
25) 『에티카』 2부 명제36.

성을 평가할 규범성을 담고 있어야 하는데, 앞의 기술에는 그러한 요소가 결여되어 있다. 이를 보완하기 위해서는 인간의 관념 안에 부당하고 혼란스러운 관념들의 묶음으로서의 나와 명석 판명한 관념들의 묶음으로서의 나를 차등화하는 요소가 추가되어야 한다. 스피노자가 전자를 불완전한 것으로 후자를 완전한 것으로 판정할 때, 그는 인간이 이성적 존재라는 관념을 암묵적으로 승인하고 있는 것이다.

여전히 남는 한 가지 문제는 인간의 관념에 부여된 규범성의 원천이다. 무엇을 근거로 스피노자는 이성적 존재라는 인간의 전형에 접근하는 것을 선으로, 방해하는 것을 악으로 평가하는가? 『에티카』에 대한 전통적인 해석에 따르면, 자연의 법칙이 그 근거가 된다. 이성을 구성하는 공통관념들은 자연의 법칙에 상응하며, 이성의 지배는 따라서 자연의 일부분으로서 인간이 자연의 질서에 부합하여 사는 방식이다. 하지만 이러한 설명은 규범성의 문제를 해결하기보다 해소시킬 뿐이다. 스피노자의 말처럼, 자연 자체에는 선도 악도 없다. 그렇다면 무슨 근거로 자연의 질서에 따라 사는 삶이 선하다고, 좋은 것이라고 말하는가? 선은 사람들이 바람직하다고 여겨 얻고자 갈망하는 것이다. 그렇다면 무엇이 이성에 의해 파악된 필연성의 세계를 목적론의 세계보다 더 바람직한 것으로 만드는가? 선·악, 미·추 등의 가치로 채색된 세상은 그 자체로 사람들의 욕망을 규정한다. 필연성의 법칙이 지배하는 자연에도 그러한 요소가 있는가? 한 가지 분명히 해두어야 할 점은, 전체 자연의 질서와 자연의 일부분으로서 인간의 조건을 이해하는 일과 자연의 질서에 순응하는 삶을 의욕하는 일이 다른 차원의 문제라는 점이다. 규범적인 것은 세상을 기술하는 데 그치지 않고, 무언가를 명령하고 책무를 지우고 권고하고 가르친다. '윤리학으로서의 철학'이라는 스피노자의 기획이 성공하기 위해서는 이성의 차원에서도 그러한 규범성이 확보되어야만 한다. 다음 절에서 필자는 목적론 비판에 대한 좀 더 포괄적 해석을 통해 그 가능성을 검토해 보겠다.

5. 스피노자에게 있어 규범성의 원천

목적론적 사고의 기원을 분석하면서 스피노자는 모든 사람들이 인정하지 않을 수 없는 두 가지 사실을 전제로 삼았고, 또 그것만으로 충분하다고 공언했다. 하지만 사람들이 날 때부터 사물의 원인을 알지 못한다는 사실, 그리고 자신에게 이로운 것을 추구하려는 충동을 지니며 스스로 이를 의식하고 있다는 사실로부터 자연의 모든 사물들이 어떤 목적을 위해 움직인다는 결론이 곧장 도출되는 것은 아니다. 그러한 결론이 가능하기 위해서는 또 한 가지 사실이 전제되어야만 하는데, 그것은 "사람들은 일반적으로 그들 자신과 마찬가지로 사물들도"라는 표현으로 축약되어 제시된다. 자연이 인간과 동일한 방식으로 움직인다는 믿음과 자연이 어떤 목적을 위해 움직인다는 믿음은 분명 다른 것이다. 어떻게 사람들은 자연이 그들과 동일한 방식으로 작동한다는 믿음을 갖게 되는가? 단지 인간이 자연의 일부분임을 깨닫는 것만으로는 충분하지 않은 일이다. 목적론적 사유가 자연적 태도처럼 모든 사람들에 의해 수용되기 위해서는 자연에 대한 이해와 인간 자신에 대한 이해가 데

칼코마니의 두 이미지처럼 동일한 구조를 지녀야 할 것이다. 스피노자가 이 세 번째 전제를 의식하지 못했다고 보기는 어렵다. 왜냐하면 그것이 『에티카』 2부를 관통하는 중심 주제이기 때문이다.

2부의 명제13이 논의의 출발점이다. 목적론적 사고의 두 번째 요인, 즉 이익 추구의 충동과 이에 대한 의식이 인간의 본성을 규정하기에 불충분한 것임을 지적하면서, 스피노자는 논의의 초점을 정신과 신체의 내적(intrinsic) 관계에 맞출 것을 촉구한다. 그러면서 그는 "인간의 신체는 우리가 그것을 느끼는 대로 존재한다"는 주장을 새로운 출발점으로 삼는다.[26] 느낌은 자기 신체의 변용에 대해 우리가 갖는 관념으로, 우리의 정신을 구성하는 최초의 관념이기도 하다. 뇌신경과학자인 다마지오의 표현을 빌리자면, 느낌이란 "진행되고 있는 생명의 상태를 마음의 언어로 번역"한 것으로, "단순한 것에서 복잡한 것에 이르기까지 각기 다른 항상성 반응의 결과로 나타나는, 뚜렷이 구분되는 신체의 상태(body way)"를 명시한다.[27] 다른 개념들에 의해 더 이상의 분석이 불가능한 것처럼 보이는 이 느낌의 차원을 바탕으로 스피노자는 관념들의 질서와 사물들의 질서간의 일치를 *경험적인 언어로* 정립해낸다.[28]

---

26) 『에티카』 2부 명제13 보충.

27) 안토니오 다마지오, 『스피노자의 뇌』, p.104. 신체의 활동능력과 정신의 사유능력 사이의 상관에 대한 스피노자의 주장을 뒷받침하는 발견이 우리의 흥미를 끈다. "신체에 대한 지각과 더불어 정서와 조화를 이루는 생각에 대한 지각, 그리고 특정 사고방식, 심적 절차의 양식에 대한 지각이 있다. 그렇다면 이와 같은 지각은 어떻게 일어나는 것일까? 지각은 우리의 심적 절차의 상위 표상(metarepresentation), 즉 우리 마음의 한 부분이 다른 부분을 표상하는 높은 수준의 절차에 따라 이루어진다. 이 절차가 존재하기에 우리 생각의 속도가 느려지거나 빨라진다는 사실, 또 그 생각에 더 많거나 더 적은 주의를 기울이게 된다는 사실, 또는 생각이 긴밀한 범위에 있거나 멀리 떨어진 대상들과 사건들을 서술하고 있다는 사실 등을 인식할 수 있는 것이다. 느낌에 대한 나의 가설을 잠정적으로 정의하자면 다음과 같다. 느낌은 신체의 특정 상태에 대한 지각인 동시에 사고의 특정 방식, 그리고 특정 주제를 가진 생각에 대한 지각이다."(같은 책, pp.104-105)

전통적 해석방식을 따르는 사람들이 흔히 범하는 실수가 이 일치를 순수하게 인식론적인 문제로 단정하는 것이다. 예컨대, 우리의 지식이 어떻게 객관 세계를 있는 그대로 반영할 수 있는지에 대한 형이상학적 해명으로 오해한다. 하지만 스피노자의 주된 관심은 객관성이 아니라 규범성의 문제에 있다. 앞서 가치개념의 기원에서 언급한 것처럼, 사람들은 사물들의 본성을 설명하기 위해 질서, 혼돈 등의 개념을 형성한다. 이 개념은 어떤 대상이 실재이기 위해 만족시켜야 할 일종의 규칙들인 셈이다. 이 규칙들은 객체의 상태를 규정할 뿐만 아니라 인식주체에 대해 역시 특정 지향성을 지시, 혹은 강제한다. 가령, 플라톤의 이데아는 가장 실재적인 것이 무엇인지를 규정하면서 동시에 사람들이 진심으로 갈구해야 할 선을 규정한다. 주관과 객관의 확고한 대립에 정초한, 인식론 중심의 근대 철학이 등장하기 이전에는 모든 철학들이 이러한 방식으로 규범성을 획득했다고 찰스 테일러는 말한다.[29] 호소적인 가치와 명령적인 가치를 양립불가능한 것으로 인식하는 근대 도덕철학의 특징 역시 이와 무관하지 않은 현상이다.

스피노자의 경우, 관념들의 질서와 사물들의 질서 간의 일치는 신체에 대한 우리의 느낌에서 시작된다. 자신의 신체에 대해 어떤 느낌을 갖는 경우는 오직 외부 사물에 의해 신체에 어떤 변화가 발생했을 때뿐이다. 요컨대, 신체 자체가 아니라 신체의 변용을 느끼는 것이다. 이때 정신에 주어진 관념은 우리 신체의 본성뿐만 아니

---

28) 두 질서 혹은 결합 간의 일치는 앞서 명제7에서 주장되는데, 이는 1부의 명제들로부터 논리적으로 연역된 결과이다. 관념들의 질서와 사물들의 질서간의 일치가 인간의 실제 경험과 어떻게 연결되는지 명제7은 설명하지 않는다.

29) Ch. Taylor, *Sources of the self*, pp.20-23.

라 자극을 가하고 있는 외부 사물의 본성 역시 포함한다.[30] '본성'
이라는 표현을 지나치게 확대해석할 필요는 없다. 거기에는 '본성
이 완전히 다른 사물들은 서로에게 어떤 영향도 끼칠 수 없다'는
최소한의 존재론적 지식만이 전제되어 있을 뿐이다. 가령, 신체의
변용을 지각하면서 정신은 자신의 신체와 외부 사물이 서로 다른
개체이지만 동시에 본성적으로 동일한 것임을 직관적으로 파악한
다.[31] 이성을 구성하다고 말한 공통관념들이 이 동일성의 구조를
규정하는 개념들이다. 엄밀히 해두자면, 그것은 내 밖에 독립적으
로 존재하는 사물들의 질서가 아니라 내가 실제적인 것으로 체험
하는 사물들의 질서, 간단히 줄여 구성된 질서이다.

　이러한 기술이 공통관념과 보편관념의 차이를 희석시켜 결국에
는 이성과 상상을 무차별적으로 만들 것이라는 반론이 제기될 법
하다. 일상적인 용례에 따라 스피노자도 '상상'을 한 사물에 대한
관념을 통해 그것이 현존하는 것처럼 표상하는 일이라 정의했다.
그러면서 사물의 참모습을 재현하지는 않지만 "그 자체로 보면 아
무런 오류도 포함하지 않는다"고 덧붙인다.[32] 사물에 대한 이러한
표상에 오류가 없다면, 무엇에 근거하여 상상에 대한 이성의 우위
성을 말할 수 있을까? 의외로 스피노자의 답은 간명하다. 그것의
오류는 사물을 정확히 재현하지 못함에 있는 것이 아니라, 사물의

---

30) 『에티카』 2부 명제16.

31) 기쁨을 느끼는 경우에 그러하다면, 슬픔을 느끼는 경우에는― 즉, 외부의 사물에 의해 신체의
활동능력이 감소하는 경우에는― 신체와 외부 사물이 서로 대립됨을 또한 지각할 것이다. 하
지만 대립 역시 동일 본성을 지닌 사물들 사이에 발생하는 관계이다. 어쨌든 관념의 대상은
우리 신체도 외부 사물도 아니다. 관념은 둘의 관계―일치, 다름, 대립―를 대상으로 하며, 그
런 연유로 정신은 관념을 통해 하나 이상의 여러 사물들을 동시에 고찰할 수 있는 것이다.

32) 『에티카』 2부 명제17 주석.

실재성을 부정하는 다른 관념들이 마음에 들어오는 것을 봉쇄해버리기 때문이다. '개인적 에너지의 습관적 중심'이라는 개념을 여기서 다시 마주치게 된다. 한 관념의 묶음들이 마음을 지배한 나머지 상황의 변화를 알리는 다른 관념들이 마음속에 들어서지 못한다면 우리는 그것을 집착 혹은 현실부정이라 평할 것이다.

스피노자는 오류를 수행적인 의미로 정의한다. 인간의 사유능력은 보다 많은 사물들을 지각할 수 있을 때 — 달리 말해, 보다 많은 관념들을 동시에 생각할 수 있을 때 — 그만큼 증대한다. 상상과 이성의 차이를 확실성의 차이로 규정하고자 한다면, 확실성 역시 수행적인 의미로 이해해야 할 것이다. 사물들과의 우연적 조우를 통해 이것 또는 저것을 지각했다고 생각하는 사람은 새로운 관념들을 기존의 관념들과 확실하게 연결시킬 동기를 갖지 못한다. 이 경우를 두고 스피노자는 "정신이 자기 자신과 자신의 신체와 그리고 외부 사물에 대해 적합한 인식이 아니라 혼돈된 인식만을 가진다"고 평한다.[33] 상상이 그러한 경우이다. 반대로, 모든 사태들을 자연의 필연적 법칙에 따라 일어난 결과로 받아들이는 사람은 새로운 관념들을 훨씬 능동적으로 다른 관념들과 연결시킨다. 자연에 대한 필연론적 사고는 사유의 수행적인 측면에서 정신의 자유를 오히려 보장한다고 하겠다.[34]

---

33) 『에티카』 2부 명제29 주석.

34) 이는 스피노자의 철학에서 필연성과 자유의 개념이 어떻게 조화를 이룰 수 있는지를 단적으로 보여준다. 제2세대 인지과학자들이 스피노자의 철학에 왜 그토록 많은 관심을 가지는지 나름 이해가 된다. 그들 역시 스피노자와 동일한 의미에서 자유를 규정한다. "자유란 보통 원하는 것을 뭐든지 할 수 있는 능력으로 간주된다. 하지만 상호 의존적 발생의 견해는 극단적으로 다르다. 이 견해에 따르면, 자아의 감각을 지니고 원하는 것은 뭐든지 하는 것(의지적 행동)은 가장 덜 자유스런 행동이다. 이것은 조건화의 순환에 의해 과거에 얽매여 있는 행동이다. 발전적으로 보다 자유스럽다는 것은 현재 상황의 진정한 가능성과 조건들에 민감해지는

덧붙여, 수행은 이미 규범을 함의한다. 이 점에서 스피노자는 진리의 규범을 "참된 관념의 규범"으로 정의한다.[35] 참된 관념을 가진 이는 자기 지식의 진리를 의심할 수 없다. 스피노자에게 있어 관념은 재현적인 것이 아니라 사유행위이다. 진리의 규범으로서 참된 관념보다 더 명백하고 확실한 것은 없다고 말하는 것은 이미 "규범이 실천 혹은, 실천이 규정한다고 여겨지는 존재에 내재한다고 말하는 것"이다.[36] 이 점에서 상상과 이성은 다르지 않다. 각각은 내재적인 규범에 따라 관념들을 결합시키며, 그에 상응하는 사물들의 결합을 실재적인 것으로 정립한다.

하지만 이성과 상상 사이에는 근본적인 차이가 존재한다. 타당한 관념과 타당하지 못한 관념 사이의 인식론적 차이를 말하는 것은 아니다. 그보다 인식의 타당한 원인으로서의 인간과 그것의 타당하지 못한 원인으로서의 인간 사이에 존재하는 차이이다. 상상의 경우, 사람들은 "우연한 접촉으로 이것저것을 관찰한"다고 생각하는 데 반해, 이성적 존재는 "내부로부터 결정되어" 사물들을 서로 일치하거나, 차별화 혹은 대립되는 것으로 관찰함을 스스로 지각한다. 여기서 우리는 칸트의 '자율성'과 '타율성' 개념구분을 이미 선취하고 있는 듯 보이는 '능동'과 '피동'에 대한 스피노자의 정의를 마주치게 된다. 스피노자는 "우리의 본성만으로 명석 판명하게 이해될 수 있는 어떤 것이 우리의 내부나 외부에 생길 때"에 "작용한

것을 말하며 자기중심적인, 집착하는 의욕에 의해 제약되지 않는 개방적인 방식으로 행동할 수 있는 것을 말한다."(바렐라, 톰슨, 로쉬, 『인지과학의 철학적 이해』, 원제 : *The embodied mind : cognitive science and human experience*)

35) 『에티카』 2부 명제43 주석.

36) J. Lagrée, "Spinoza et la subversion des normes religieuses", in *Spinoza et la politique*, p.36.

다(agere)"고 말하며, 이와 반대로 우리가 단지 부분적인 원인에 불과한 경우에는 "작용받는다(patir)"고 말한다.[37] 그것이 목적론적인 질서이든 필연론적 질서이든 사물들의 질서는 일종의 규범이다. 이 규범이 우리 정신의 본성에서 기인한 것으로, 즉 우리 자신이 세계에 부여한 것으로 인식하는 경우, 우리는 진정으로 능동적 존재가 될 것이다.

동물이든 인간이든, 모든 존재는 자기보존을 위해 노력한다. 이를 위해 노력 자체를 의식할 필요는 없다. 만약 의식을 한다면, 그것은 욕망이 된다. 동물과 인간의 차이가 여기에 있다. 자기보존의 충동을 의식하면서, 인간은 더불어 사물들에 목적성을 부여한다. 목적성은 호소적이면서 동시에 명령적인 가치들을 만들어낸다. 하지만 가치는, 사람들이 일상적으로 생각하듯이, 절대적인 것이 아니라 사물들을 표상하는 방식일 뿐이다. 달리 말해 모든 가치들은 상대적일 뿐이다. 그렇다고 가치들을 모두 무화시킬 수는 없는 일이다. 그것들 없이 인간은 아무것도 욕망할 수 없기 때문이다. 욕망은 인간의 본질로, 그것의 변형을 통해 인간은 어떤 것을 행할 수 있도록 결정된다. 이성의 명령을 따르는 인간도 욕망을 멈출 수는 없다. 아니, 멈추어서는 안 된다. 왜냐하면 자기보존을 위한 노력이기 때문이다. 그도 어떤 목적성에 따라 세상을 표상하고 평가할 것이다. 다만 그는 평가의 규범들이 자기의 본성에서 기인한 것임을 숙지하고 있다.

---

37) 『에티카』 3부, 정의2.

6. 나가는 말

본 논문에서 필자는 목적론적 사고에 대한 스피노자의 이중적 평가를 도덕심리학의 관점에서 고찰해보고자 했다. 도덕심리학적 관점이라는 것이 어떤 관점인지 서두에 밝히는 것이 합당한 일인데도 그렇게 하지 않은 까닭은 도덕심리학에 대한 그릇된 편견 자체가 스피노자를 통해 극복되어야 할 문제이기 때문이다. 오늘날 도덕심리학은 기껏해야 "이런저런 개인이나 집단이 특정 방식으로 추론하고 행위하는 이유"를 알려줄 뿐, "도덕성의 규범을 밝히기에는 불충분한 경험과학으로"[38] 오해받고 있다. 이러한 오해의 가장 큰 원인은 아마도 인식론에 편향된 현대의 도덕철학에서 찾을 수 있을 터인데,[39] 이 편향은 도덕적 믿음과 판단들에 대한 인식론적 검토를 도덕철학의 중심 과제로 상정하면서 도덕성과 동기의 관계는 부차적이고 지엽적인 문제로 축소시켜 버린다. 앞서 살펴보았던 것처럼, 이 지엽적인 문제가 오히려 스피노자의 윤리학에서는 핵심 문제가 된다. 이러한 역전은 도덕심리학이 인간 정서의 본성에 대한 기본적인 기술들뿐만 아니라, 도덕적 숙고와 개념들의 본질, 목표와 목적을 개발하는 행위자의 기본 동기 구조, 나아가 개인의 정

---

[38] 마크 존슨, 「도덕심리학은 도덕이론을 어떻게 변화시키는가」, 『마음과 도덕: 윤리학과 인지과학』, 래리 메이 외 2인 엮음, 송영민 역, p.68.

[39] 마크 존슨은 현대 도덕철학의 특징으로 "인지적인 것과 정서적인 것의 구분, 이론과 실천의 구분, 반형이상학적 편향, 그리고 엄격하게 분리된 담론 유형들의 '문법(grammar)'에 대한 과도한 집착 등"을 꼽는다(마크 존슨, 『도덕적 상상력』, p.184). The invention of autonomy의 저자인 J. B. Schneewind도 동일한 문제의식에서 근대 도덕철학의 역사에 대한 새로운 논의를 시작한다. 필자가 본 논문의 결론에서 제시한 스피노자 도덕심리학의 기본 테제들도 Schneewind의 스피노자 해석에 의존하고 있음을 밝혀둔다. 보다 상세한 내용은 The invention of autonomy 11장 "Paths to God: Spinoza and Malebranche" 참조.

체성이 형성되는 인지적·정서적·사회적 배경에 대한 설명까지 포괄하는 이론이 될 것을 요청한다.

복권된 도덕심리학의 견지에서 보자면, 『에티카』 1부는 도덕성 논쟁의 틀에서 읽혀야 할 것이다. 17세기 도덕성에 대한 철학적 논쟁은 그로티우스의 영향을 받은 자연법이론과 스토아의 영향을 받은 근대적 완성주의(perfectionism)를 두 축으로 이루어졌다. 전자는 규범성이 입법자의 의지에서 나온다는 주의주의를, 후자는 가치나 책무, 이성이 실제로 존재한다는 실재론을 표방한다. 이러한 큰 틀에서 볼 때, 스피노자의 목적론 비판은 그가 제3의 길을 모색하고 있음을 단적으로 보여준다. 스피노자의 도덕성 개념은 다른 논문을 위한 주제로 남겨두기로 하고, 여기서는 그 토대가 될 도덕심리학적 공준들을 개괄해 보도록 하겠다.

- 자연의 법칙에는 목적이 없다. 이는 단지 우리 인간이 입법자인 신의 의도를 이해하지 못함을 뜻하는 것이 아니다. 신 자체가 *자기 본성의 필연성에 따라* 작동할 뿐이다.
- 사물의 본성을 설명하기 위하여 우리 인간이 만들어낸 가치개념들은 무지와 욕망의 산물이다. 인간은 사물들이 존재하는 원인에 대해 알지 못한 채 자기보존을 위해 노력한다.
- 자기보존을 위해 노력 자체가 의식될 필요는 없다. 의식된다면 자기보존의 충동은 욕망이 된다. 욕망은 세계에 목적을 투사한다. 욕망의 주체로서 인간은 목적을 항상 의식하며, 이에 따라 그가 마주한 세계는 선악의 개념으로 채색된다.
- 우리는 어떤 대상을 원하기 때문에 그것을 좋은 것이라고 판단

하는 것이지, 그 사물이 좋은 것이라고 판단되기 때문에 그것을 원하는 것은 아니다. 욕망에는 목적이 선행한다는 아리스토텔레스의 공식은 뒤집어져야 한다.

• 무언가를 원하지만 그 원인을 알지 못하는 탓에 사람들은 *자유의지에 따라* 자신들이 그것을 원하며, 그 때문에 칭찬 혹은 비난의 대상이 된다고 생각한다. 해야 할 일과 해서는 안 될 일의 구분이 이러한 방식으로 내면화된다.

• 가치와 규범은 어디까지나 상상의 산물이다. 그렇다고 상상의 산물들이 모두 인간에게 해로운 것은 아니다. 사물 자체에는 선 혹은 악으로 불릴 만한 어떤 것도 없는 것이 사실이지만, 인간이 자기보존의 노력을 위해서는 좋은 것과 나쁜 것, 자신에게 이로운 것과 해로운 것의 관점에서 사물들을 파악해야 함 또한 사실이다.

• 인간의 삶의 전범이 될 인간의 관념을 형성할 수 있고, 또 해야 한다. 그러한 전범 역시 인간의 불완전한 사유능력에서 기인하지만, 그 덕에 더 나은 삶을 욕망할 수 있게 된다.

• 자기보존의 노력은, 홉스의 생각처럼, 만인에 대한 만인의 투쟁으로 반드시 귀결되지 않는다. 자기에게 이로운 것을 좇는 충동이 어떤 외적 강제에 의해 중단될 수 있기 때문에 그런 것은 아니다. 그보다 보존해야 할 '자기'가 생물학적으로 규정된 개체, 유한한 자원을 얻고자 경쟁할 수밖에 없는 개체에 한정되지 않기 때문이다. 욕망의 대상이 고정되어 있지 않은 것처럼, 욕망하는 자아의 정체성도 고정된 실체가 아니다.

• 법칙은 두 가지 의미로 이해될 수 있다. (위 다섯 번째 명제에

함의된) 인간이 어떤 목적을 위해 자기 자신과 타인에게 의지적으로 부여한 삶의 규칙들이라는 의미와 (첫 번째 명제에 함의된) 모든 활동들의 원인이 되는 본성이라는 의미가 그것이다. 첫 번째 의미의 법칙은 인간을 피동의 상태에 놓아두는데, 그것은 목적에 대한 의식이 욕망 내에 균열을 가져오기 때문이다. 법칙 자체를 자신의 본성에서 기인한 것으로 이해할 때, 인간은 능동적 존재가 된다.

참고문헌

다마지오 A., 『스피노자의 뇌』, 임지원 역, 사이언스북스, 2007

바렐라 외 2인, 『인지과학의 철학적 이해』, 석봉래 역, 옥토, 1997

박기순, 「스피노자의 '자유로운 인간'」, 『인문학연구』 41집

_____, 「스피노자의 인간 본성(Natura Humana)개념」, 『근대철학』 7권

스피노자, 『에티카』, 강영안 역, 서광사, 1990

_____, 『신학정치론/정치학논고』, 최형익 역, 비르투, 2011

이현복, 「스피노자와 목적성-『에티카』 4부 서문을 중심으로」, 『범한철학』 67집

제임스, W., 『종교적 경험의 다양성』, 김재영 역, 한길사, 2000

존슨, M., 『도덕적 상상력』, 노양진 역, 서광사, 2008

_____, 「도덕심리학은 도덕이론을 어떻게 변화시키는가」, 『마음과 도덕』,
    메이 외 2인 편, 송영민 역, 울력, 2013

푸코, M., 『말과 사물』, 이광래 역, 민음사, 1987

Frankfurt H., *The importance of what care about*, Cambridge Univ. Press, 1988

_____, *Necessity, volition and love*, Cambridge Univ. Press, 1999

_____, *The reasons of love*, Princeton Univ. Press, 2004

_____, *Taking ourselves seriously & getting it right*, Stanford Univ. Press, 2006

Lagrée, J., "Spinoza et la subversio des normes religieuses", *Spinoza et la politique*
    ed. by H. Giannini, L'Harmattan, 1997

Macherey, P., *Introduction à l'Ethique de Spinoza*, vol. 4, P.U.F, 1997

Schneewind, J. B., *The invention of autonomy*, Cambridge Univ. Press, 1998

Spinoza, *The collected Works of Spinoza*, Princeton Univ. Press, 1985

Strauss L., *Persecution and the art of writing*, Univ. of Chicago Press, 1988

Taylor Ch., *Sources of the self*, Harvard Univ. Press, 1989

위진 현학의 감정 이해
– 하안, 왕필, 곽상의 성인유정무정 논쟁을 중심으로 –

김형중

1. 서론

오늘날 우리는 자유로운 감정표현을 당연한 일처럼 간주하고 살아간다. 삶의 다양한 영역에서, 다양한 인간관계에서 자신이 느끼는 감정을 표현하고 그것을 통해 상대방과 소통하며 살아가는 것은 우리의 일상적 모습이다. 인간의 감정이 생존 세계에서 살아남기 위한 진화의 산물이라는 설명이 아니더라도 우리의 다양한 감정들은 풍요로운 삶, 더 좋은 삶에 긍정적 기여를 한다는 것은 자명한 사실이다. 사랑하는 사람들과 함께하면서 느끼는 기쁨과 즐거움은 우리 삶의 활력소가 되며, 올바르지 못한 행위로 인해 느끼는 부끄러움이나 죄책감은 자신의 삶을 되돌아보게 하여 인격의 성숙을 이끌어주기도 한다. 그런데 감정이 항상 삶에 긍정적 기여만을 하는 것은 아니다. 감정은 종종 우리의 삶을 고통 속으로 몰아넣기도 한다. 사랑과 미움이 지나쳐서 자신뿐만 아니라 타인의 삶을 구속하거나 짓밟기도 하고, 기쁨과 슬픔이 지나쳐서 극심한 우울증에 빠지기도 하며, 분노와 두려움이 앞서서 합리적인 판단을 내리지 못할 때도 있다.

이와 같이 감정은 그 부정적 기능 때문에 중국철학사에서 자주 조절, 혹은 억압이나 제거의 대상으로 간주되곤 했다. 이러한 경향은 선진철학에서 비롯된 이후 주류적인 학문적 흐름이다. 앞으로 살펴보겠지만, 위진 현학의 경우도 여기에서 예외는 아니다. 비록 위진 시대는 이전 시기보다 감정을 훨씬 중시하고 감정에 따른 삶을 찬미하는 사회적 풍조가 만연한 것도 사실이지만, 이러한 풍조는 문인들의 문학 작품들 속에서만 풍부하게 등장할 뿐이다.[1] 더욱 이 위진 시기의 학문은 그것을 위진 '현학(玄學)'이라고 부르듯이 상당 부분 자연 세계와 인간 사회의 본성, 양자 사이의 관계 등의 문제에 집중하는 경향을 보이고 있다. 이러한 이유들로 위진 현학에 대한 현대적 연구, 특히 국내 연구는 주로 '명교(名敎)와 자연(自然)', '유(有)와 무(無)' 등과 같은 문제에 초점이 놓여 있고,[2] 감정에 대한 탐구는 거의 이루어지지 않고 있다.

이 논문에서는 이와 같은 문제의식 속에서 성인(聖人)의 감정에 대한 유정무정(有情無情) 논쟁을 중심으로 위진 현학의 감정 이해를 개괄해보고자 한다. 위진 현학의 감정 이해를 성인유정무정 논쟁을 중심으로 분석하는 이유는 논문의 제한된 분량 때문이기도 하지만, 그 논쟁이 당시 위진 명사들 사이의 주요 관심사 중의 하나였고 또한 감정에 대한 그들의 전반적 이해를 분명하게 드러내고 있기 때문이다. 이 논문의 구성과 목적은 다음과 같다. 먼저 위진 시대의 성인유정무정 논쟁을 출발시킨 하안(何晏, ?~249)과 왕

---

1) 羅安憲, 『虛靜與逍遙-道家心性論研究』(北京: 人民出版社, 2005), 193쪽.

2) '명교와 자연', '유와 무' 등에 관한 국내 연구는 열거할 수 없을 정도로 매우 풍부하다. 대표적인 단행본 연구서만 언급해본다면 다음과 같다. 정세근, 『제도와 본성: 현학이란 무엇인가』(서울: 철학과 현실사, 2001); 정세근 엮음, 『위진현학』(서울: 예문서원, 2001).

필(王弼, 226~249) 사이의 논의를 각각 검토하고, 장자의 성인무
정설에 대한 곽상(郭象, 252~312)의 주석을 중심으로 곽상의 성인
무정설을 살펴볼 것이다. 다음으로 이러한 성인유정무정 논의 속에
등장하는 감정에 대한 이해를, 다른 현학자들의 논의와 함께 검토
하여 재정리함으로써 위진 현학의 전반적인 감정 이해를 제시할
것이다. 마지막으로 이러한 감정 이해가 당시의 사회정치적 상황,
이상적 인격자(혹은 군주)에 대한 이해와 어떻게 연결되는지를 검
토할 것이다. 더불어 이러한 분석 속에서 위진 현학의 감정 논의가
현대의 감정 논의 속에서 어떻게 이해되고 재해석될 수 있는지를
모색해볼 것이다.

2. 하안의 성인무정설과 감정 이해

위진 시대의 '성인유정무정' 논쟁은 하안과 왕필에서 비롯되었
다. 오늘날 그 논쟁의 세세한 내용은 전해지지 않지만, 『삼국지(三
國志)』「위서(魏書)・종회전(鍾會傳)」의 주석에서 인용된 「왕필전
(王弼傳)」을 보면 그 대략적인 내용을 알 수 있다.

> 하안은 성인이 기쁨・분노・슬픔・즐거움의 감정[喜怒哀樂]이 없
> 다고 여겼는데, 그 논의가 매우 정밀하여 종회 등이 따랐다. 왕필
> 은 그들과 생각이 달랐다. "성인이 보통 사람들보다 뛰어난 점은
> 신명(神明)이고, 보통 사람들과 같은 점은 다섯 가지 감정[五情]이
> 다. [성인은] 신명이 뛰어나므로 충화(沖和)를 체득하여 무(無)에
> 통할 수 있고, 다섯 가지 감정이 [보통 사람들과] 같기 때문에 슬

품과 즐거움의 감정 없이 사물에 감응할 수는 없다. 그렇다면 성
인의 감정은 사물에 감응하면서도 사물에 얽매이지 않는 것이다.
지금 '그 얽매임이 없음'을 가지고 곧 '사물에 감응하지 않는다'고
말하는 것은 큰 잘못이다."3)

　　하안과 종회(225~264)는 위나라 중기의 대표적인 정치가이자
학자이고, 왕필은 그들과 학적 토론을 벌려서 명망을 얻었다. 따라
서 이들 사이의 논쟁은 당시의 명사들에게 상당한 영향을 미쳤을
것으로 추정할 수 있다. 더욱이 '성인'은 어느 시대를 막론하고 학
자들이 추구하는 이상적 인격자라는 점을 고려한다면 성인의 감정
에 대한 논의는 자신들의 주장을 펼치는 데에 필수적인 요소일 수
밖에 없다. 이로 인해 성인유정무정 논의는 이후 위진 명사들의 주
요한 논쟁거리였다.4) 그 흔적들은 『세설신어(世說新語)』에 채록되
어 있다.

　　왕융(王戎)이 아들 왕만자(王萬子)를 잃었을 때, 산간(山簡)이 조문
　　하러 갔다. 왕융이 슬픔을 이기지 못하고 있자 산간이 말했다. "품
　　속의 갓난아이인데 어찌하여 이렇게까지 슬퍼하시오?" 왕융이 말
　　했다. "성인은 감정을 잊고[聖人忘情] 가장 하류의 인간은 감정을
　　고려하지 않지만, 감정이 모여 있는 곳은 바로 우리들이지요!" 산
　　간은 그 말에 감복하여 더욱 그를 위해 통곡했다.5)

---

3) 『三國志』「魏書 · 鍾會傳」注. "何晏以爲聖人無喜怒哀樂, 其論甚精, 鍾會等述之. 弼與不同,
以爲: '聖人茂於人者神明也, 同於人者五情也. 神明茂, 故能體沖和以通無; 五情同, 故不能
無哀樂以應物. 然則, 聖人之情應物而無累於物者也. 今以其無累, 便謂不復應物, 失之多
矣.'" 陳壽 著, 陳乃乾 校點, 『三國志』(北京: 中華書局, 1964), 795쪽(이하 『三國志』로 약칭
하여 표기함).

4) 『수서(隋書)』「경적지(經籍志)」에 따르면 「성인무정론(聖人無情論)」 6권이 있었으나 유실되었
다. 魏徵 等撰, 『隋書』(北京: 中華書局, 1982), 1002쪽.

5) 『世說新語』「傷逝」. "王戎喪兒萬子, 山簡往省之, 王悲不自勝. 簡曰: '孩抱中物, 何至於此?'
王曰: '聖人忘情, 最下不及情; 情之所鍾, 正在我輩!' 簡服其言, 更爲之慟." 劉義慶 著, 劉孝

승의(僧意)가 와관사에 있을 때, 왕구자(王苟子: 王修)가 와서 함께 담론하면서 곧장 승의에게 논제를 제기하라고 했다. 그래서 승의가 왕구자에게 말했다. "성인에게는 감정이 있는 것이오, 없는 것이오[聖人有情不]?" 왕구자가 대답했다. "없소." 승의가 다시 물었다. "그렇다면 성인은 기둥과 같소?" 왕구자가 말했다. "주산(籌算)과 같아서 그 자체에는 비록 감정이 없지만 그것을 움직이는 자에게는 감정이 있소." 승의가 말했다. "누가 성인을 움직인단 말이오?" 그러자 왕구자는 대답을 못하고 가버렸다.[6]

죽림칠현의 한 사람인 왕융(234~305)은 감정 표현과 관련하여 인간을 세 가지 부류로 나누고 있다. 그에 따르면 가족의 죽음과 같은 사태를 만났을 때, 최하의 인간은 슬픔의 감정 자체를 느끼지 못한 반면에 보통 사람들은 항상 슬픔의 감정이 복받치게 되고 이상적 인격자인 성인은 그러한 감정 자체까지도 초월한다. 그렇다면 그러한 성인의 감정 초월(혹은 잊음)을 어떻게 설명할 수 있을까? 왕수도 왕융처럼 성인무정을 주장하지만 그는 치밀한 논변을 제시하지 못해서 비웃음을 샀을 뿐이다. 여하튼 위진 시대의 명사들은 성인의 인격이나 심적 상태와 관련하여 무정/유정의 논의를 종종 제시하고 서로 논쟁을 벌였던 것으로 보이며,[7] 이러한 '성인무정

標 注, 余嘉錫 纂疏, 『世說新語纂疏』(北京: 中華書局, 2011), 552쪽(이하 『世說新語纂疏』로 약칭하여 표기함). 『세설신어』의 국문 번역은 金長煥 譯注, 『세상의 참신한 이야기(전3권)』(서울: 신서원, 2008)을 따랐다.

6) 『世說新語』 「文學」. "僧意在瓦官寺中, 王苟子來, 與共語, 便使其唱理, 意謂王曰: '聖人有情不?' 王曰: '無.' 重問曰: '聖人如柱邪?' 王曰: '如籌筭; 雖無情, 運之者有情.' 僧意云: '誰運聖人邪?' 苟子不得答而去." 『世說新語纂疏』, 209쪽.

7) 이외에도 불교 사상의 해석에서도 '망정(忘情)'이 등장한다. 부처의 열반상(涅槃相)에서 볼 수 있듯이 깨달음에 이른 제자는 감정을 잊어버리고[忘情] 아직 깨달음에 이르지 못한 제자는 감정을 잊어버리지 못하고 있다. 『世說新語』 「言語」. "張玄之·顧敷, 是顧和中外孫, 皆少而聰惠, 和故知之, 而常謂顧勝; 親重偏至, 張頗不懑. 于時張年九歲, 顧年七歲; 和與俱至寺中, 見佛般泥洹像, 弟子有泣者, 有不泣者. 和以問二孫. 玄謂: '彼親故泣, 彼不親故不泣.' 敷曰: '不然! 當由忘情故不泣, 不能忘情故泣.'" 『世說新語纂疏』, 98~99쪽.

(혹은 망정)'의 주장은 하안의 입장을 계승한 것으로 볼 수 있다.8)

그렇다면 하안이 제기한 '성인무정' 논의는 어떠한가? 현재 남아 있는 하안의 저작물들 중에서 '성인무정'이 직접적으로 언급된 것은 앞의 「왕필전」뿐인데, 여기에는 세부적인 내용이 없다. 따라서 하안의 견해는 왕필의 말과 그의 다른 저작물을 통해서 유추해볼 수밖에 없다. 우선 「왕필전」에서 언급된 왕필의 비판, 즉 "지금 그 얽매임이 없음을 가지고 곧 (성인이) 사물에 감응하지 않는다고 말한 것은 잘못이다"라는 것에 따르면, 하안은 성인이 만물과 서로 감응하거나 접촉하는 것이 없으며 일절 세속적인 일들을 멀리하거나 끊어버리는 존재라는 의미에서 '무정하다'고 주장한 것처럼 보인다.9) 이외에 하안의 감정 논의는 『논어(論語)』의 주석에서 볼 수 있다.

> 보통 사람들은 감정에 몸을 내맡겨서 기쁨과 분노의 감정[喜怒]이 이치에 위배되지만, 안회는 도(道)를 따르기 때문에 분노가 한계를 넘지 않았다. '천(遷)'이란 [감정을] '옮긴다[移]'는 것이다. 분노가 그 이치에 합당하니, 옮기거나 바뀌지 않는다.10)

하안에 따르면, 안회(顔回)와 같은 현인(賢人)은 보통 사람들처럼 감정을 느낀다. 다만 현인은 보통 사람들과 달리 자기의 기쁨과

---

8) 賀昌群, 『魏晉淸談思想初論』(北京: 商務印書館, 1999), 78쪽.

9) 許杭生·李中華·陳戰國·那薇 著, 『魏晉玄學史』(陝西: 陝西師範大學出版社, 1989), 75쪽.

10) 『論語』 「雍也」의 "有顔回者好學, 不遷怒, 不貳過."에 대한 注. "凡人任情, 喜怒違理, 顔回 任道, 怒不過分. 遷者, 移也. 怒當其理, 不移易也." 하안의 『論語集解』는 程樹德의 『論語 集釋』(北京: 中華書局, 1997)을 참고했다(이하 인용에서는 출처를 표기하지 않음). 하안의 주석은 정기돈의 「何晏思想의 性格」(충남대학교 인문학연구소, 『인문학연구』 11권, 1984), 119～ 123쪽에 모두 채록되어 있다.

분노를 도에 부합하게 발출할 수 있다. 즉, 안회는 항상 도를 준칙으로 삼고 살아가기 때문에 외부의 사태나 사물을 만날 때 기쁨과 분노의 감정을 과도하지 않게, 상황에 적합하게 표현한다. 이상의 『논어』 주석과 「왕필전」의 언급을 고려하면, 하안은 '현인 이하의 사람들은 유정하고 성인은 무정하다'는 입장을 가졌던 것으로 보인다.

그렇다면 하안은 왜 성인무정설을 주장했는가? 그것은 자신의 도와 천지만물에 관한 이론에서 추론된 것으로 볼 수 있다.[11] 하안에 따르면 천지만물은 그 자신의 존재 근거인 도의 본질적 성향과 작용 방식을 따르기 때문에 어떤 의도나 목적을 가지고 작위하지 않으며 항상 저절로 그러하게 운행한다.[12] 그런데 성인의 덕은 그러한 천지의 덕과 부합하므로[13] 천지의 운행 방식과 성인의 삶 방식은 동일하다. 요컨대 천지가 무위자연(無爲自然), 즉 어떤 의도나 목적 혹은 감정이 없이 운행하듯이 성인도 어떤 의도나 목적 혹은 감정이 없이 처신하며 살아갈 뿐이다. 그리하여 성인의 모습은 외부의 사태나 사물에 전혀 감응하지 않는 것처럼 보일 수 있다.

하지만 하안은 성인의 감정에 대해 일관된 주장을 하지는 않았다. 그는 공자(孔子)를 천지의 덕을 체득한 존재로서 성인이라고 보았는데,[14] 그렇다면 공자는 자신의 성인무정 논리에 따라 외부의

---

11) 이러한 하안의 성인무정설에 대해 나미(那薇)는 한대 '천도자연론'에 근거하여 도출했다고 보고(許杭生 等著, 앞의 책, 76쪽), 여돈강(余敦康)은 동중서(董仲舒)의 천인관계(天人關係論)와 왕충(王充)의 원기자연론(元氣自然論)을 수용한 것이라고 본다. 余敦康, 『魏晉玄學史』(北京: 北京大學出版社, 2005), 89쪽.

12) 『列子』「仲尼」편의 張湛 주석(하안의 「無名論」). "夫道者, 惟無所有者也. 自天地已來皆有所有矣; 然猶謂之道者, 以其能復用無所有也. ... 夏侯玄曰: '天地以自然運, 聖人以自然用.' 自然者, 道也. 道本無名." 中國社會科學院 哲學研究所 中國哲學史研究室 編, 『中國哲學史資料選輯: 魏晉隋唐之部(上)』(北京: 中華書局, 1990), 57쪽.

13) 『論語』「憲問」의 "知我者其天乎!"에 대한 何晏 注. "聖人與天地合其德."

14) 『論語』「述而」의 "天生德於予, 桓魋其如予何?"에 대해 하안은 포함(包咸)의 "天生德於予

사태에 직면해서 감정을 표출하지 않아야 할 것이다. 그런데 그는 공자가 안연의 죽음을 당하여 "하늘이 나를 버렸구나! 하늘이 나를 버렸구나!"라고 탄식한 것에 대해 "거듭 말한 것은 [공자가] 애통함이 심함이다"[15]라고 주석한다. 또한 그는 공자가 상(喪)을 당한 사람의 곁에서는 음식을 배불리 먹지 않았다는 것에 대해 "상을 당한 사람은 매우 슬프기 때문에 그 옆에서 배불리 먹는 것은 측은한 마음이 없는 것이다"[16]라고 주석한다. 이러한 주석에 따르면 성인인 공자는 '애통함'과 '슬픔'의 감정을 표출하는 존재이고 이것은 그의 성인무정설과 충돌된다. 그러므로 이것은 주석이라는 불가피한 사정이 있다고 할지라도 하안이 '성인무정'의 입장을 일관되게 견지하지 못했음을 보여준다.[17]

者, 謂授我以聖性也. 德合天地, 吉而無不利, 故曰其如予何也."이란 주석을 채록하고 있다.

15) 『論語』「先進」의 "顔淵死. 子曰: '噫! 天喪子! 天喪子!'"에 대한 何晏 注. "(天喪子者, 若喪己也.) 再言之者, 痛惜之甚." 또한 「先進」편의 "顔淵死, 子哭之慟. 從者曰: '子慟矣!' 曰: '有慟乎? 非夫人之爲慟而誰爲?'"에 대해 하안은 마융(馬融)의 "慟, 哀過也."와 공안국(孔安國)의 "不自知己之悲哀過也."의 주석을 채록하고 있다. 그가 이러한 주석에 동의한 것으로 생각할 때 하안은 공자가 안연의 죽음에 대해 자신이 알지 못할 정도로 과분하게, 달리 말하면 이치에 넘도록 애통함을 표현한 것을 인정한 꼴이다.

16) 『論語』「述而」의 "子食於有喪者之側, 未嘗飽也."에 대한 何晏 注. "喪者哀戚, 飽食於其側, 是無惻隱之心."

17) 여돈강은 하안의 성인무정설이 성인을 신(神)으로 보았던 한대의 철학 사조를 새롭게 변화시킨 것이라고 본다. 하안은 성인을 신에서 인간으로 변화시켰고 보통 사람들과 성인의 차이를 감정의 유무로 구별했다는 것이다. 한편, 풍우란(馮友蘭)은 하안의 입장을 장자학의 '이리화정(以理化情)'을 계승으로 본다. 즉, 하안의 견해는 "만난 때에 조용히 머물다가 자연의 질서에 순응하여 돌아가는 사람은 이성[理]에 따라 관찰하여 죽음은 삶의 자연적인 결과임을 알기에 애통해하는 정감은 자연 없어진다"는 장자의 주장을 계승했다는 것이다. 余敦康, 앞의 책, 77~78쪽; 풍우란 지음, 박성규 옮김, 『중국철학사(상·하)』(서울: 까치, 2012), 151-153쪽.

3. 왕필의 성인유정설과 감정 이해

앞서 제시한 성인의 감정에 대한 하안과 왕필의 논쟁에서 따르면, 왕필은 크게 두 가지를 말하고 있다. 첫째, 성인도 인간인 이상 보통 사람들과 마찬가지로 외부의 사태나 사물을 만나면 다섯 가지 감정(기쁨, 분노, 슬픔, 즐거움, 원망)[18]을 드러낸다. 둘째, 다만 성인의 감정 표현은 보통 사람들과 다른데, 성인은 뛰어난 '신명(神明)'을 갖추고 있기 때문에 천지조화의 기운[沖和]을 체득하여 무(無)에 통하므로 외부 사태나 사물에 직면한다고 할지라도 그것에 얽매이지 않는 감정을 표현한다.

우선 왕필은 감정 반응이 인간의 보편적 현상이라는 입장을 다른 저작물들에서도 명확하게 말하고 있다.

> 기쁨·두려움·슬픔·즐거움이라는 감정 표현[喜懼哀樂]은 백성들의 자연스러운 현상이니, [외물에] 감응하여 발동하면 시와 노래를 통해 드러난다.[19]
> 무릇 지혜가 지극히 그윽하고 미세한 것을 찾아낼 수 있더라도 자연스러운 본성[自然之性]까지 제거할 수는 없다. 안회의 역량에 공자는 기대를 걸었으니, 만나면 즐겁지 않을 수 없고 잃으면 슬프지 않을 수 없었다.[20]

---

18) 湯用彤, 「王弼聖人有情義釋」, 『魏晉玄學論稿及其他』(北京: 北京大學出版社, 2010), 55쪽. 나미(那薇)는 '오정'을 '喜·怒·哀·樂·欲'으로 규정하는데(許杭生 等著, 앞의 책, 126쪽), 여기서는 탕용동의 견해를 따른다.

19) 『論語釋疑』 「泰伯」注. "夫喜懼哀樂, 民之自然, 應感而動, 則發乎聲歌." 『論語釋疑』의 내용은 樓宇烈, 『老子周易王弼注校釋』(臺北: 華正書局, 1983), 621-637쪽의 「論語釋疑輯佚」을 참조했다(이하 인용에서는 출처를 표기하지 않음).

20) 『三國志』 「魏書·鍾會傳」注. "夫明足以尋極幽微, 而不能去自然之性. 顔子之量, 孔父之所預在, 然遇之不能無樂, 喪之不能無哀." 『三國志』, 796쪽.

왕필에 따르면, 인간은 누구나 감정을 느끼고 표현하는 능력을 가지고 태어나며, 외부의 사태나 사물에 직면해서 그러한 감정을 표출하는 것은 자연스러운 이치이다. 성인도 자연스러운 이치에 따라 탄생하고 살아가는 존재이므로 외부 사태나 사물에 접촉할 때 감정이 발현되지 않을 수 없다. 따라서 설사 공자가 성인일지라도[21] 그는 인간이기 때문에 안회와 같은 뛰어난 제자를 만나면 기뻐하고 그러한 제자를 잃으면 슬퍼하지 않을 수 없다.

다음으로 감정 표현에서 성인과 보통 사람들 사이의 차이에 대해, 왕필은 '신명(神明)'의 유무를 근거로 사물에 얽매이지 않는 감정 표현과, 사물에 얽매인 감정 표현을 구분한다. 이때 성인이 사물에 얽매임 없는 감정을 표현한다는 주장은 하안과 유사하게 왕필 자신의 우주본체론에 근거한 것으로 보인다. 감정 표현의 차이를 결정짓는 관건은 뛰어난 '신명'의 소유 여부이다. 그 '신명'은 왕필의『도덕경』주석에 따르면 만물의 궁극적 근거인 무(無),[22] 즉 도(道)를 관조하는 능력인 현람(玄覽)이다.[23] 이러한 도의 본질적 성향과 작용 방식은 무위자연이다. 따라서 그러한 도에 근거해서 생성되고 변화하는 천지만물도 무위자연할 뿐이다. 성인의 덕은 그러

---

21) 노자와 공자에 대한 평가에서 하안과 왕필은 차이가 있다. 하안과 달리 왕필은 노자가 성인일지라도 공자보다 못하다고 본다. 왜냐하면 성인은 '무'를 체득한 사람인데, 노자는 아직 '유'에서 벗어나지 못했기 때문이다.『三國志』「魏書・鍾會傳」注. "時裴徽爲吏部郎, 王弼弱冠, 往造焉. 徽一見而異之, 問弼曰: '夫無者誠萬物之所資也, 然聖人莫肯致言, 而老子申之無已者何?' 弼曰: '聖人體無, 無又不可以訓, 故不說也. 老是有者也, 故恒言無所不足.'"『三國志』, 795쪽.

22)『道德經』40장의 注. "天下之物, 皆以有爲生. 有之所始, 以無爲本."『도덕경』에 대한 왕필의 주석은 樓宇烈의『老子周易王弼注校釋』(臺北: 華正書局, 1983)을 따랐다(이하 인용에서는 출처를 표기하지 않음).

23)『道德經』34장의 注. "萬物皆由道而生, 旣生而不知其所由.";『論語釋疑』「述而」注. "道者, 無之稱也." 임려진(林麗眞)은 '신명'을 감정과 이성을 초월하는 일종의 자각적 지혜라고 해석한다. 林麗眞 지음, 김백희 옮김,『왕필의 철학』(서울: 청계, 1999), 70-71쪽.

한 천지의 덕과 합치된다.[24] 요컨대 성인은 '신명'으로 도(혹은 무), 즉 무위자연의 이치를 체득한 존재이고 천지만물의 저절로 그러한 본성[自然之性]을 통달하고 만물의 실정을 꿰뚫고 있다. 그러므로 성인은 외부의 사태나 사물에 접촉할 때 그로 인해 현혹되지 않는, 즉 산란하지 않는 심적 상태를 유지한다.[25] 그러한 심적 상태의 일부가 바로 사물에 얽매임 없는 감정 반응이다.

한편, 왕필은 이처럼 성인의 사물에 얽매임 없는 감정 반응을 '감정을 이치에 부합하게 표현하는 것[以情從理]', '감정을 본성화 하는 것[性其情]'이라고 말한다. 안회에 대한 공자의 감정 표현이 바로 '감정을 이치에 부합하게 표현하는 것'이다.[26] 그리고 이것은『논어』「양화(陽貨)」편의 주석에서 등장하는 '감정을 본성화하는 것'으로 볼 수 있다.[27]

> "그 감정을 본성화시키지 않으면 어찌 오래도록 그 올바름을 실행 할 수 있겠는가? 이것이 감정의 바른 모습[正]이다. 만약 이 마음 이 방탕함으로 흘러가는 것을 좋아하면 참됨을 잃게 되니, 이것이 감정의 그릇된 모습[邪]이다. 만약 감정을 본성에 가깝게 한다면 '그 감정을 본성화한다[性其情]'고 말한다. 감정이 본성에 가까운 데 욕망이 있은들 무슨 방해가 되겠는가? 만약 욕망을 좇아서 휘

---

24) 『道德經』 5장의 注. "天地任自然, 無爲無造, 萬物自相治理, 故不仁也. … 聖人與天地合其 德, 以百姓比芻狗也."; 『論語釋疑』 「泰伯」注. "聖人有則天之德."

25) 『道德經』 29장의 注. "萬物以自然爲性 … 聖人達自然之[性], 暢萬物之情, 故因而不爲, 順 而不施. 除其所以迷, 去其所以惑, 故心不亂而物性自得之也."

26) 『三國志』 「魏書·鍾會傳」注, "又常狹斯人, 以爲未能以情從理者也, 而今乃知自然之不可 革. 是足下之量, 雖已定乎胸臆之內, 然而融逾旬朔, 何其相思之多乎. 故知尼父之於顔子, 可 以無大過矣." 『三國志』, 795쪽.

27) 유사한 표현이 왕필의 『周易注』에서도 보인다. 『周易』 「乾卦·文言傳」注. "不性其情, 何能 久行其正. … 利而正者, 必性情也." 왕필의 『주역』 주석은 樓宇烈의 『老子周易王弼注校釋』 을 따랐다(이하 인용에서는 출처를 표기하지 않음).

둘러 가버리면 '[본성에서] 멀어진다'고 말한다. 만약 욕망을 좇아
도 휘둘려 따라가지 않는다면 '[본성에] 가깝다'고 말한다. 오직
본성에 가까운 것이 바른 것이고, 본성 자체는 바른 것이 아니다.
비록 본성 자체는 바른 것이 아닐지라도 그것을 바르게 할 수는
있다. 비유하자면 불에 가까운 것은 열이 나서 뜨겁지만 불 자체
는 뜨거운 열이 아니다. 비록 불 자체가 뜨거운 열이 아닐지라도
그것을 뜨겁게 할 수는 있다. 그것을 뜨겁게 할 수 있는 것은 무
엇인가? 기(氣)이며 열이다. 그것을 바르게 할 수 있는 것은 무엇
인가? 의(儀)이며 정(靜)이다.[28]

앞의 인용문에서 왕필은 '감정을 본성화시키기'를 선악(善惡)·
동정(動靜)의 문제와 연계하여 설명하고 있다.[29] 먼저 왕필은 본성
자체에 도덕적 선악을 부여하는 것을 반대한다. 도덕적 평가는 본
성 자체의 측면에서는 말할 수 없고, 감정(욕망 포함[30])의 측면에서
가능하다는 것이다.[31] 왕필에 따르면 본성에서 발현된 감정이 예의
[儀]와 고요함[靜]에 의해 본성에 가깝게 유지된다면 그 감정은 선
에 부합한다. 반면에 감정이 과도하게 발현되어 본성에서 멀어지면
참됨을 잃는 것이므로 악이다. 감정이 본성에서 멀어진다는 것은
후천적인 경험의 영향과 뒤섞이면서 예의를 잃고 고요함을 지키지

---

28) 『論語釋疑』「陽貨」의 "性相近也, 習相遠也."에 대한 王弼 注. "不性其情, 焉能久行其正,
此是情之正也. 若心好流蕩失眞, 此是情之邪也. 若以情近性, 故云性其情. 情近性者, 何妨
是有欲. 若逐欲遷, 故云遠也; 若欲而不遷, 故曰近. 但近性者正, 而卽性非正; 雖卽性非正,
而能使之正. 譬如近火者熱, 而卽火非熱; 雖卽火非熱, 而能使之熱. 能使之熱者何? 氣也,
熱也. 能使之正者何? 儀也, 靜也."

29) 한나라 말기부터 '성(性)'에 대한 논의는 '재성(才性)'의 논의와 '성정(性情)'의 논의로 빈번하
게 다루어졌고, '성정' 논의의 주요한 초점은 선악, 음양, 동정, 천리와 인욕의 관계 등등이었
다. 湯用彤, 앞의 책, 55~56쪽.

30) 김재숙은 이 구절을 욕망과 관련해서 해석한다. 김재숙, 「욕망과 사회질서의 관계에 대한 도가
의 관점: 위진 현학을 중심으로」, 고려대학교 철학연구소, 『철학연구』 제29집(2005), 284-287쪽.

31) 이러한 본성은, 왕필이 명확하게 표현하지 않았지만, 후대의 '기질지성'을 의미한 것으로 보
인다. 말하자면 인간의 차이는 품부 받은 기질의 짙음과 엷음에서 발생하지만, 그러한 본성의
기질적 차이는 선과 악으로 말할 수는 없다. 林麗眞, 앞의 책, 237쪽.

못하는 것, 곧 행동이 조급해지고 욕망에 따라 잘못된 곳으로 흐르는 것이다. 또한 왕필에 따르면 '유'는 '무'를 근본으로 삼듯이, 움직임[動]은 고요함[靜]을 토대로 삼는다.[32] 그리고 체용(體用)이 둘이 아니듯이, 고요함을 말하면 움직임을 말할 수밖에 없다. 그러므로 성인은 비록 그 덕이 천지(자연)와 합치하지만 사물에 접촉하여 움직이지 않을 수 없고, 이미 사물에 접촉하여 움직이므로 자연히 감정이 없을 수 없다. 그런데 근원인 '무'가 '유'를 제어하듯이 고요함이 움직임을 제어한다면, 비록 감정을 느끼고 표현하더라도 그것이 본성의 고요함을 해치지 않는다. 고요함이 움직임을 제어한다는 것은 마땅히 망령됨이 없이 이치에 말미암는다는 것이다. 따라서 '감성을 본성화하는 것'은 감정과 본성이 합일하는, 즉 서로 장애가 없다는 것을 말한다.[33] 요컨대, 왕필은 감정을 본성에 가깝게 하여 근본을 떠나 말단을 좇거나 말류에 흘러서 참됨을 잃는 것을 피해야 한다고 말하고 있으며,[34] 성인은 뛰어난 '신명' 덕분에 무를 체득하여 그의 감정이 모두 본성에 가깝게 유지됨으로써 사물에 감응하더라도 그것에 얽매이지 않을 수 있음을 말했다.

이상과 같이 왕필의 감정 담론은 도가적 입장에서 유도(儒道)의 통일을 추구하고자 하는 입장을 반영한다. 그가 말하는 '이치에 부합하는 감정 표현' 혹은 '본성에 가까운 감정 표현'은 유가가 말하는 예의를 따름으로써 상황에 적합한 감정 표현, 특히 『중용』에서

---

32) 『道德經』 16장의 注. "守靜, 物之眞正也. 動作生長, 以虛靜觀其反復. 凡有起於虛, 動起於靜, 故萬物雖并動作, 卒復歸於虛靜, 是物之極篤也. 各返其所始也. 歸根則靜, 故曰靜."

33) 湯用彤, 앞의 논문, 57~60쪽. 탕일개(湯一介)도 왕필의 성인유정설의 의의를 이전의 '성선정악(性善情惡)'에 대한 부정과 동정 개념을 사용한 것으로 본다. 湯一介, 『郭象與魏晉玄學』 (湖北: 湖北人民出版社, 1983), 41~42쪽.

34) 林麗眞, 앞의 책, 239~240쪽.

말하는 칠정의 중절(中節)을 도가적 방식으로 수용한 것이다. 왕필
은 『주역』의 주석에서 "정말로 일이 잘못될까 걱정하지 않고 즐거
움만 탐닉하면 절도를 잃게 된다",[35] "유순해도 구차히 따르지 않
고, 기뻐해도 중용을 넘지 않는다"[36]는 표현들을 통해 즐거움과 기
쁨이라는 감정의 절제를 강조하고 있다.[37] 말하자면 그가 말하는
사물에 얽매임이 없는 감정 반응의 전형적 모습은 『논어』에서 말
한 "즐겁지만 음란하지 않고 슬프지만 몸을 손상시키지 않는"[38]
것으로 볼 수 있다. 그렇지만 그가 '감정을 이치에 부합하게 표현
하다', 혹은 '감정을 본성화시킨다'고 말할 때 '이치'와 '본성'은 유
가에서 말하는 도(道)와 선천적 도덕성이 아니다. 그것은 무위자연
의 이치로서 도이며, 고요함으로 대변되는 도가적 자연성을 말한
다. 따라서 왕필은 인간의 보편적 감정 반응을 인정하면서 이러한
감정이 도가적인 자연성에 부합하도록 절제 혹은 조절되어야 함을
말하고 있다. 그러한 조절이나 절제가 이루어진 감정 반응이 바로
외부의 사태나 사물에 반응하지만 그것에 얽매임이 없는, 성인의
감정이다.

---

35) 『周易』「未濟」注. "苟不憂於事之廢, 而耽於樂之甚, 則至于失節矣."

36) 『周易』「豫卦」注. "順不苟從, 豫不違中."

37) 왕필의 성인 감정론은 시기상으로 다르다는 주장이 있다. 필자가 논의한 성인유정설에 앞서
왕필은 초기에 '성인무정'을 주장했다는 것이다. 즉, 왕필은 『老子注』에서 '聖人無情'을 주장
했다가 『易注』에서 '聖人有情'으로 사상적 발전 과정을 거쳤다는 것이다. 자세한 내용은 다
음을 참고하기 바란다. 王葆玹, 『正始玄學』(山東: 齊魯書社, 1987年 9月), 380쪽; 曾春海, 「
王弼聖人有情無情論初探」, 『哲學與文化』第16卷 第9期(1989年 9月), 33쪽. 참고로 왕필
의 초기 무정설을 주장하는 사람들이 제시하는 근거는 『도덕경』 5장의 주석인 "橐, 排橐也.
籥, 樂也. 橐籥之中空洞, 無情無爲, 故虛而不得窮屈, 動而不可竭盡也."이다.

38) 『論語』「八佾」. "樂而不淫, 哀而不傷." 湯用彤, 앞의 책, 55〜56쪽.

4. 곽상의 성인무정설과 감정 이해

앞서 살펴보았듯이 하안의 성인무정설은 그 내용이 빈약할 뿐만 아니라 주장의 일관성에도 문제가 있다. 곽상은 하안의 성인무정설을 계승하면서 자신의 이론 체계 속에서 더욱 발전시켰다. 현재 곽상의 저작물 중에서 『장자주(莊子注)』를 제외하면 참고할 만한 문헌이 매우 빈약하다.39) 다행히 기존의 연구자들에 의해 곽상의『장자주』는『장자』의 설명에만 머물지 않고 오히려 주석의 형식을 통해 자신의 견해를 피력하고 있다는 해석이 정설로 받아들여지고 있다.40) 그러므로『장자』에서 등장하는 성인무정설에 대한 곽상의 주석을 중심으로 그의 감정 이해를 살펴보고자 한다.

장자는 보통 사람들보다 추한 외모를 지닌 인기지리무순(闉跂支離無脤)과 옹앙대영(甕㼜大癭)이 내면의 탁월한 덕을 지니고 있다는 이야기를 전개하는 과정에서 성인의 경우, "사람의 형상을 가지고 있지만 사람의 감정은 없다. 사람의 형상을 가지고 있기 때문에 사람들과 무리지어 살고, 감정이 없기 때문에 시비(是非)의 분별이 몸에 침입하지 못한다"41)라고 말했다. 혜시(惠施)의 질문에 대한 답변 형식으로 장자는 성인무정설을 다음과 같이 부언 설명한다.

---

39) 역대 문헌들에 따르면 곽상외 다른 저자들도 있었던 것으로 보이나 현재는 모두 유실되었다. 다만, 마국한(馬國翰)의『왕함산방집일서(王函山房輯佚書)』에 따르면 황간(皇侃)의『논어의소(論語義疏)』에 9조목의『논어』주석이 실려 있다. 이 내용들은 대체로『장자주』의 내용과 일치한다. 이 자료는 탕일개의 저서에 모두 채록되어 있는데, 이 논문에서는 탕일개의 자료를 참조하였다(이하 인용에서는 출처를 표기하지 않음). 湯一介, 앞의 책, 119~123쪽.

40) 곽상의 주석이 향수의 주석을 도용했다는 주장에 대한 반론은 다음을 참고하기 바란다. 楊立華 著,『郭象≪莊子注≫研究』(北京: 北京大學出版社, 2010), 43-57쪽.

41)『莊子』「德充符」. "有人之形, 無人之情. 有人之形, 故群於人, 無人之情, 故是非不得於身."『장자』의 원문은 郭慶藩,『莊子集釋』(北京: 中華書局, 1982)을 참고했다(이하 인용에서는 출처를 표기하지 않음).

혜자(惠子)가 장자(莊子)에게 물었다. "사람은 본래 '정(情)'이 없는
가?" 장자가 말했다. "그렇다." 혜자가 말했다. "사람이면서 '정'이
없다면 어떻게 그를 사람이라고 말할 수 있겠는가?" 장자가 말했
다. "도(道)가 그에게 모습을 주었고 하늘이 그에게 형체를 주었
는데 어찌 그를 사람이라고 말하지 못하겠는가?" 혜자가 말했다.
"이미 그를 사람이라고 말한다면 어떻게 '정'이 없을 수 있겠는
가?" 장자가 말했다. "이것은 내가 말하는 '정'이 아니다. 내가
'정이 없다'고 말한 것은 사람이 좋아함과 싫어함의 감정[好惡]에
의해 안으로 그 자신의 몸을 해치지 않고 항상 저절로 그러함의
이치[自然]를 따르면서 억지로 생명을 연장시키려 하지 않는 것
이다."[42]

여기서 혜시는 명실론(名實論)의 입장에서 반문하고 있다. 그에
따르면 성인도 인간인 이상, 즉 인간이라고 부를 수 있으려면 '정'
이 없을 수 없다. 이때 혜시가 말하는 '정'은 '실질'의 의미이다. 말
하자면 그는 이미 '사람'이라고 이름을 붙이고 나면 그 이름을 붙
일 수 있는 실질,[43] 즉 '정(情)'이 있을 수밖에 없으므로 장사가 '무
정'이라고 주장하는 것은 명칭과 실질이 부합하지 않다고 반문한
것이다. 이에 대해 장자는 자신이 사용하는 '정'이 '실질'의 의미가
아니라 '호오(好惡)의 감정'을 뜻하며, 이때 '무정(無情)'이 의미하
는 바는 '호오의 감정으로 인해 안으로 자신을 해치지 않으며', '항
상 저절로 그러함의 이치를 따르고 억지로 생명을 연장시키려 하
지 않는 것'이라고 말했다. 이것은 성인의 경우에 시비 판단으로

---

42) 『莊子』「德充符」. "惠子謂莊子曰: '人故無情乎?' 莊子曰: '然.' 惠子曰: '人而無情, 何以謂
之人?' 莊子曰: '道與之貌, 天與之形, 惡得不謂之人?' 惠子曰: '旣謂之人, 惡得無情?' 莊子
曰: '是非吾所謂情也. 吾所謂無情者, 言人之不以好惡內傷其身, 常因自然而不益生也.'"

43) 물론 선영(宣穎)과 같은 사람은 혜시가 말한 '정'을 형체와 대비되는 실질, 혹은 구체적으로
인간 내면의 측면인 영성(靈性)으로 해석하기도 하는데, 필자는 명실론으로 제한한다. 宣穎
撰, 『莊子經解』, 『(無求備齋)莊子集成(續編: 32)』(臺北: 藝文印書館, 1972), 134-135쪽.

발생하는 희로애락의 감정에서 벗어남(혹은 표출하지 않음)을 의미하며, "감정의 움직임에 따라 정신이 소모되지 않음"[44]을 의미한다.

곽상은 이러한 장자의 성인무정설을 세 측면에서 자신의 학설을 드러내는 방식으로 주석한다. 먼저 곽상은 장자의 성인무정설을 만물의 생성과 변화에 대한 논의로 전환하여 주석한다. 곽상에 따르면 모든 사물들과 마찬가지로 사람은 누가 어떤 '정(情)' 때문에 그렇게 태어나도록 한 것이 아니다. 나아가 모든 사물의 생성뿐만 아니라 변화와 취사(取捨)도 '무정(無情)' 속에서 저절로 그렇게 된 것이다.[45] 인간의 지능이나 재능도 마찬가지이다. 이루(離婁)가 밝은 시력을 가진 것이나 사광(師曠)이 예민한 청력을 갖게 된 것도, 어떤 사람은 현인(賢人)이나 성인(聖人)이 되는 반면 어떤 사람은 가장 어리석은 사람[下愚]이 되는 것도 누구의 '정', 즉 '좋아함과 싫어함의 감정, 옳고 그름의 판단'[46]에 의해서 그렇게 된 것이 아니다. 또한 닭이 울고 개가 짖는 것과 같은 모든 생명 현상들은 태어날 때부터 자연히 그러한 것이지 누가 '선호와 혐오의 감정이나 시비 판단'을 가지고 그렇게 한 것도 아니다.[47]

이러한 논의는 곽상 자신의 자생독화설(自生獨化說)과 관련된다. "무릇 얻는다는 것은 밖으로 도에 의존하지도 않고 안으로 자

---

44) 리우샤오간(劉笑敢), 최진석 옮김, 『莊子哲學』(서울: 소나무, 1998), 141쪽.

45) 『莊子』「德充符」注. "人之生也, 非情之所生也.", "萬物萬形, 云爲趣舍, 皆在無情中來, 又何用情於其間哉!"

46) 곽상은 '시비(是非)'와 '호오(好惡)'를 같은 것으로 간주하면서 사용한다. 『莊子』「德充符」注. "以是非爲情, 則無是無非無好無惡者, 雖有形貌, 直是人耳, 情將安寄!"

47) 『莊子』「德充符」注. "生之所知, 豈情之所知哉? 故有情於爲離曠而弗能也, 然離曠以無情而聰明矣; 有情於爲賢聖而弗能也, 然賢聖以無情而賢聖矣. 豈直賢聖絶遠而離曠難慕哉? 雖下愚聾瞽及雞鳴狗吠, 豈有情於爲之, 亦終不能也."

기로부터 말미암지도 않으니, 홀연히 저절로 얻어서[自得] 독자적
으로 변화하는 것[獨化]이다."48) "사물이 생겨나는 것은 덩어리째
그렇게 저절로 생겨나지[自生] 않는 것이 없고,"49) "조물주가 주재
함이 없으니, 사물이 각기 저절로 만들어진다[自造]. 만물은 각기
저절로 만들어져 의존하는 것이 없다[無待]."50) 이처럼 곽상은 모
든 사물은 조물주와 같은 어떤 외부적 존재에 의해 생성되거나 변
화하는 것이 아니라 자신의 내부적 원리에 의해 저절로 생성되고
변화할 뿐이라고 말한다. 그러므로 곽상은 장자의 무정설을 가지고
서 사물의 생성과 변화의 배후(즉, 주재자)를 제거하는 자생독화설
을 논증하고 있다.51) 말하자면 모든 사물은 성인을 포함하여 조물
주가 '감정－판단'을 가지고 만들거나 변화시킨 것이 아니라 그 스
스로 자신의 원리에 의해 만들어지고 변화한다는 것이다. 그렇다면
조물주를 포함하여 성인은 사물의 생성과 변화에 대해 '무정'하다.
  다음으로 곽상은 장자의 성인무정설을 사물과 사물 사이의 관계
로 전환하여 주석한다. 우선 그러한 생명 현상들은 서로서로 호오
의 감정과 시비의 판단으로 만들어질 수 있는 것도 아니며, 나아가
후천적으로 상호 간의 영향(혹은 외부적 힘)에 의해 고쳐지거나 변
화될 수 있는 것도 아니다. 예를 들면 공자와 안연은 매우 조그마
한 차이가 있지만 그러한 차이는 극복될 수 없다. 심지어 몸에서
귀, 눈, 발, 손과 같은 개별적 신체 일부도 역시 각기 정해진 직분

---

48) 『莊子』「大宗師」注. "凡得之者, 外不資於道, 內不由於己, 掘然自得而獨化也."

49) 『莊子』「齊物論」注. "物之生也, 莫不塊然而自生."

50) 『莊子』「齊物論」注. "造物者無主, 而物各自造, 物各自造而無所待焉."

51) 吳冠宏, 「莊子與郭象＜無情說＞之比較—以≪莊子≫＜莊惠有情無情之辯＞及其郭注爲討
論核心」, 東華大學人文社會科學學院, 『東華人民學報』第二期(2000年 7月), 92-93쪽.

이 있고 그러한 직분은 다른 신체가 대신할 수도 없다.52) 말하자면 모든 사물은 저절로 그렇게 생겨나고 각각 타고난 고유의 직분으로 저절로 그렇게 변화하며 존재하므로 외부적인 힘 혹은 다른 존재의 관여가 없다. 이러한 논의는 곽상 자신의 '성분(性分)' 논의를 피력한 것이다. 곽상에 따르면 모든 존재는 타고날 때부터 형이상학적 존재 근거를 내부에 가지고 있다. '성(性)'이 바로 그것이다.53) 그것은 사물의 본질적 성격을 규정하는 내적 근거이다. 즉, 자연적으로 타고난 본성에는 각기 본분이 있는데[性分], 그것은 지극한 이치[理] 가운데서 나온 것이므로, 어느 누구도 그것에서 벗어날 수도 그것에 덧붙일 수도 없다.54) 일단 이렇게 타고나면 그것은 외부적 역량으로 변화시키거나 제거될 수도 없다.55) 요컨대 곽상은 장자의 '무정' 논의를 자신의 적성소요설(適性逍遙說)을 설명하는 일환인 '성분(性分)'의 논의로 활용하고 있다.56) 말하자면 모든 사물들은 각기 대체될 수 없는 고유한 본성을 가지고 서로 의존하거나 관여하지 않으며 서로를 위하거나 돕지도 않는, 서로에게 친애

---

52) 『莊子』「德充符」注. "不問遠之與近, 雖去己一分, 顏孔之際, 終莫之得也. 是以關之萬物, 反取諸身, 耳目不能以易任成功, 手足不能以代司致業. 故嬰兒之始生也, 不以目求乳, 不以耳向明, 不以足操物, 不以手求行. 豈百骸無定司, 形貌無素主, 而專由情以制之哉!" 신체의 기관과 관련된 논의는 다음의 주석들에서도 보인다.

53) 『莊子』「山木」注. "凡所謂天, 皆明不爲而自然. 言自然則自然矣, 人安能故有此自然哉? 自然耳, 故曰性."

54) 『莊子』「養生主」注. "天性所受, 各有本分, 不可逃, 亦不可加.";『莊子』「達生」注. "性分各自爲者, 皆在至理中來, 故不可免也."

55) 물론 사물과 사물 사이에 의존 관계, 혹은 서로를 위하거나 서로를 돕는 관계가 없다는 것이 서로 아무런 관계가 없다는 것은 아니다. 모든 사물들은 서로 상반되지만 없어서는 안 되는, 서로 돕지 않지만 서로 돕는, 서로를 위하지 않지만 서로를 위하는 필연적 관계를 맺고 있다. 『莊子』「秋水」注. "天下莫不相與爲彼我, 而彼我皆欲自爲, 斯東西之相反也. 然彼我相與爲脣齒, 脣齒者未嘗相爲, 而脣亡則齒寒. 故彼之自爲, 濟我之功弘矣, 斯相反而不可以相無者也.";「大宗師」注. "夫體天地, 冥變化者, 雖手足異任, 五藏殊官, 未嘗相與而百節同和, 斯相與於無相與也; 未嘗相爲而表裏俱濟, 斯相爲於無相爲也."

56) 吳冠宏, 앞의 논문, 93~95쪽.

함이나 사랑과 같은 감정이 있지 않다.57) 그러므로 사물과 사물 사이는 '무정'하다.

마지막으로 앞 인용문에서 장자는 인간이 외부의 사태나 사물에 대해 옳고 그름이라는 인지적 가치 태도를 취함으로써 좋아함과 싫어함의 감정이 생기고 이것이 몸의 심리 - 생리학적 상태(psycho-physiological state)에 영향을 미친다고 주장했다.58) 이에 대해 곽상은 자신의 '성분' 논의를 끌어들여 부언 설명한다. 곽상에 따르면 인간은 자연의 이치에 의해 각기 정해진 본분을 가지고 저절로 그렇게 탄생하고 저절로 그렇게 살아가는 존재이다. 그러한 인생의 과정은 자족적 이치에 따라 이루어지는 것이므로 '감정 - 판단'이 관여하여 더 보탤 필요가 없다. 따라서 생명 연장처럼 정해진 본분을 넘어서는 것에 정신을 소모하거나 저절로 생성된 한도를 넘어서는 것에 정기를 소진한다면 오히려 자연의 이치에 위배되어 심리 - 생리적 상태가 혼란스럽고 수고로울 뿐이다. 요컨대 우리는 이미 정해진 깃(합당함)에 따라서 살아야지, 그것에 개입하는 것은 호오의 감정과 시비의 판단이 할 일이 아니다. 그럴 경우 오히려 감정 - 판단은 생명에 해가 될 뿐이다.59)

---

57) 『莊子』「大宗師」注. "若乃役其心志以卹手足, 運其股肱以營五藏, 則相營愈篤而外內愈困矣. 故以天下爲一體者, 無愛惡於其間也."; 「天運」注. "無親者, 非薄德之謂也. 夫人之一體, 非有親也; 而首自在上, 足自處下, 府藏居內, 皮毛在外; 外內上下, 尊卑貴賤, 於其體中各任其極, 而未有親愛於其間也. 然至仁足矣, 故五親六族, 賢愚遠近, 不失分於天下者, 理自然也, 又奚取於有親哉!"

58) Chris Fraser, "Emotion and Agency in *Zhuangzi*", *Asian Philosophy*, Vol. 21, No. 1, February 2011, p.102. 국내 번역본의 서지 사항은 다음과 같다. 크리스 프레이저, 「자유: 정서의 통달자」, 정용환 외, 『유교·도교·불교의 감성이론』, 경인문화사, 2011, 101∼126쪽.

59) 『莊子』「德充符」注. "任當而直前者, 非情也.", "未明生之自生, 理之自足.", "生理已自足於形貌之中, 但任之則身存.", "夫好惡之情, 非所以益生, 祇足以傷身, 以其生之有分也.", "夫神不休於性分之內, 則外矣; 精不止於自生之極, 則勞矣."

곽상은 '호오'의 감정뿐만 아니라 '우락(憂樂)'의 감정도 신체를 손상시키는 폐단이 있음을 말한다.[60] 근심과 즐거움의 감정은 자주 생사(生死)와 관련하여 좋음과 나쁨이라는 인지적 가치 태도로 인해 발생하기 때문이다. 나아가 곽상은 감정으로 인해 어떻게 신체의 손상이 일어나는지를 더 상세히 설명한다. 그에 따르면 우환이 이미 제거되었더라도 그로 인해 발생한 기쁨과 두려움의 감정[喜懼]은 매번 이미 오장(五臟)에 얼음과 재로 결합되어 남는다.[61] 이 것들은 결국 생명을 손상시키는 데 기여하고, 나아가 인간과 자연의 상관관계를 고려할 때 자연의 질서와 조화를 파괴하기도 한다.[62] 이처럼 사람이 세상에 살아가면서 얻고 잃음[得失]에 얽매인다면 마음에 근심과 환희[憂娛], 슬픔과 즐거움[哀樂]이 생기게 되고,[63] 그러한 감정들은 생명을 손상시킨다.

그렇다면 우리는 어떻게 무정의 상태에 도달할 수 있는가? 이에 대한 해답은 곽상의 감정 발출의 과정에 대한 설명에 이미 내재되어 있다. 만약 우리가 자연의 이치에 따라 정해진, 타고난 운명을 넘어서는 것을 '옳거나 좋다'고 판단할 때, 그에 따른 감정은 우리의 몸을 해친다. 따라서 우리가 해야 할 것은 '부여받은 본성에 내맡기기(혹은 본성을 따르기)'일 뿐이다. 그렇게 한다면 우리가 외부의 사태나 사물에 직면한다고 할지라도 우리 내부에서 슬픔이나

---

60) 『莊子』「養生主」注. "感物大深, 不止於當, 逋天者也. 將馳騖於憂樂之境, 雖楚戮未加而性情已困, 庸非刑哉!"

61) 『莊子』「人間世」注. "人患雖去, 然喜懼戰於胸中, 固已結冰炭於五藏矣."

62) 『莊子』「在宥」注. "人在天地之中, 最能以靈知喜怒擾亂群生而振蕩陰陽也. 故得失之間, 喜怒集乎百姓之懷, 則寒暑之和敗, 四時之節差, 百度昏亡, 萬事失落也."

63) 『莊子』「大宗師」注. "人之有所不得而憂娛在懷, 皆物情耳, 非理也."; 「養生主」注. "哀樂生於失得者也."

기쁨과 같은 감정이 발출하지 않을 것이다.[64] 모든 존재는 타고난 정해진 이치, 즉 '성분(性分)'의 이치를 내재하고 있다. 만약 이러한 '성분의 이치'를 통달하여 '합당함'[當]에 따르거나 머무를 수 있다면,[65] 그리하여 변화에 순응한다면, 감정이 신체를 손상하지 않는 상태, 즉 호오의 감정과 시비의 판단이라는 감정이 없는 상태에 도달하게 될 것이다.[66] 요컨대 이치에 통달하면 무정의 상태에 이를 수 있다.[67]

『장자』에서는 이러한 무정한 상태의 전형이 어머니의 장례식에서 보여준 맹손재(孟孫才)의 모습으로 등장한다. 맹손재는 '사람의 형체를 가지고 있기[有人之形]' 때문에 자연적 반응으로 사람들이 곡을 하면 자기도 곡을 한다. 하지만 그는 그러한 곡읍(哭泣)의 상례에서 눈물을 흘리지 않았고 마음속에서 서글퍼하거나 슬퍼하지도 않았다. 그는 삶과 죽음의 이유에 대해 알려고 하지 않으며 변화에 순응하여 사물과 하나가 되고 아직 알지 못하는 변화를 기다릴 뿐이다. 그래서 그는 신체가 놀라는 일은 있어도 마음이 손상당하는 일은 없었다.[68] 이것이 곧 '사람의 감정이 없는[無人之情]'

---

64) 『莊子』「養生主」注. "任其所受, 而哀樂無所錯其間矣."

65) 『莊子』「德充符」注. "止於當也."

66) 『莊子』「德充符」注. "生理已自足於形貌之中, 但任之則身存.";「秋水」注. "達乎斯理者, 必能遣過分之知, 遺益生之情, 而乘變應權, 故不以外傷內, 不以物害己而常全也."

67) 吳冠宏, 앞의 논문, 95~96쪽. 곽상은 자신의 본성에 만족한다면 대붕이든 작은 새이든 소요(逍遙)하기는 마찬가지라고 말한다(「逍遙遊」注. "苟足於其性, 則雖大鵬無以自貴於小鳥, 小鳥無羨於天池, 而榮願有餘矣. 故小大雖殊, 逍遙一也."). 즉, "각자 타고난 본성에 따라서[適性] 다른 각자의 분수[分]에 맞게 사는 것이 행복한 삶이라고 보는 것"(김재숙, 앞의 논문, 288~289쪽)이다.

68) 『莊子』「大宗師」. "顔回問仲尼曰: '孟孫才, 其母死, 哭泣無涕, 中心不戚, 居喪不哀. 無是三者, 以善處喪蓋魯國. 固有無其實而得其名者乎? 回壹怪之.' 仲尼曰: '夫孟孫氏盡之矣, 進於知矣, ... 孟孫氏不知所以生, 不知所以死; 不知就先, 不知就後; 若化爲物, 以待其所不知之化已乎! ... 且彼有駭形而無損心, 有旦宅而無情死. 孟孫氏特覺, 人哭亦哭, ...'" 여기에서 '無情死'라는 표현은 논란의 여지가 있다. 왕숙민은 '情'을 '精'의 글자 형태상의 유사성으로

모습이다. 곽상도 이와 같은 맹손재의 모습을 성인무정의 전형적 표현으로 간주한다. 성인은 자연의 이치에 통달하여 삶과 죽음을 하나로 보기 때문에 그러한 변화로 발생할 수 있는 슬픔과 즐거움까지 잊어버린다. 비록 성인도 사회에서 타인과 함께 살아가야 하는 존재이므로 곡소리와 같은 감정의 외적 표현 양식으로 세상에 반응할지라도 내면에는 슬퍼하는 감정이 없다.[69] 이것은 곧 성인이 본래 안으로 호오나 시비가 없는 무정한 사람이지만 밖으로 통곡의 형태로써 세속에 반응한 것을 말한다.[70] 이로써 곽상은 하안의 비일관성을 해결할 수 있게 되었다. 하안은 성인인 공자가 무정하지 못하고 애통함이란 감정을 표현하는 것을 설명할 수 없었다. 이에 대해 곽상은 맹손재처럼 성인인 공자도 보통 사람들 속에 살고 있기 때문에 곡소리와 애통의 형식적인 외적 표현을 했지만 그 마음속이 애통한 것은 아니었다고 말한다. 무정에 도달한 사람은 사물과 함께 자연스럽게 변화할 뿐이다.[71] 심지어 곽상은 공자가 죽음을 싫어한다고 말한 구절에서도 공자가 타인과 호오를 같게 하려고 그렇게 표현한 것일 뿐이며 성인인 공자는 호오가 없다고 말한다.[72]

인한 오해로 보고 '정'의 의미를 '심령(心靈)' 혹은 '정신(精神)'으로 풀이한다. 앞 논의의 맥락을 볼 때 이러한 해석은 설득력이 있다. 王叔岷, 『莊子校詮』(臺灣: 商務印書館, 1988), 260-262쪽.

69) 『莊子』 「大宗師」注. "無逆, 故人哭亦哭; 無憂, 故哭而不哀.", "人哭亦哭, 俗內之跡也. 齊死生, 忘哀樂, 臨尸能歌, 方外之至也.", "以變化爲形之駭動耳, 故不以死生損累其心."

70) 오관굉은 성인이 무정으로 세상 밖에 놀지만 유정으로 세상과 소통할 수 있다고 풀이한다. 말하자면 이것은 성인이 '유정'과 '무정'을 그윽하게 합치하고[冥合] '세상 안'과 '세상 밖'을 현묘하게 노니는 '내성외왕(內聖外王)의 도'에 도달한 존재임을 말한다. 吳冠宏, 앞의 논문, 97~98쪽.

71) 『論語』 「先進」편의 "顔淵死, 子哭之慟. 從者曰: '子慟矣!' 曰: '有慟乎? 非夫人之爲慟而誰爲?'"에 대한 郭象 注. "人哭亦哭, 人慟亦慟, 蓋無情者與物化."

72) 『莊子』 「山木」注. "自同於好惡耳, 聖人無好惡也."

그렇다면 곽상의 성인무정설은 성인이 일체의 감정도 느끼지 않는다는 것을 의미하는가? 만약 그렇다면 '무정의 상태'란 어떤 심리적 상태인가? 유사한 시기에 서양의 스토아학파는 현인의 경우 아파테이아(apatheia: 무정념, 부동심)에 도달한 존재라고 보았다. 스토아학파에 따르면 이상적인 삶이란 모든 정념이 제거된 삶이며, 이것은 덕과 지식을 가지고 자연(즉, 신·이성·원리)에 따를 때만이 도달할 수 있다. 그런데 스토아학파에서 무정념을 말했다고 해서 현인은 모든 감정이 없는 목석과 같은 상태라고 말한 것은 아니다. 현인들은 '좋은 정념', 즉 희망(boulēsis), 주의(eulabeia), 기쁨(chara)의 감정 외에 여러 감정들을 경험할 수 있다. 특히 기쁨은 덕스러운 행위의 결과로 반드시 반응하여 뒤따라오는 감정이다. 따라서 부정적 감정을 완전히 버렸을 때 얻게 되는 결과는 기쁨으로 충만한 삶이다. 현인은 고통, 비탄, 후회와 같은 부정적 감정이 없이 영혼이 고양되어 계속적으로 기쁜 상태에 있다. 요컨대 스토아 현인은 정서적으로 메마른 사람이 아니라 부적절한 삼성늘을 전혀 갖지 않지만 정서적으로 풍부한 사람이다.[73]

곽상이 말하는 성인(혹은 지인)은 어떠한가? 성인은 정서적으로 메마른 사람인가? 곽상은 분명하게 외부의 사태나 사물에 인지적 가치 태도가 부여되는 것과 관련하여 성인은 좋아함과 싫어함[好惡]을, 지인(至人)은 기쁨[喜]을 갖지 않는다고 말한다. 또한『장자』에서 성인과 관련하여 '호오(好惡)'나 '희(喜)' 등의 글자가 사용된

---

73) 손병석,「무정념: 현인(賢人)에 이르는 스토아적 이상과 실천」, 철학연구회,『철학연구』제80집, 2008, 41~43쪽, 56~59쪽; 강성훈,「스토아 감정 이론에서 감정의 극복」, 박규철·김요한·강성훈·서영식·송대현·김은중·최양식,『고대 그리스철학의 감정 이해』(서울: 동과서, 2010), 85-91쪽.

128 | 감정의 도덕심리학적 고찰

곳을 철저하게 이와 같은 감정을 표현하지 않는 용어로 변경하거나 감정이 아닌 심리적 현상을 표현하는 용어로 쓰거나 심리 상태가 그와 비슷하게 보인 것처럼 주석한다.[74] 대신에 곽상은 성인의 '무심(無心)'을 말한다. 천지자연이 무심하게 운행하듯이, 성인도 무심하게 출사한다.[75] 이로써 추론해볼 때, 곽상의 '무심' 혹은 '무정'의 상태는 자연적 질서에 반하는 길로 나아가게 만드는 시비 판단과 호오 감정, 나아가 근심이나 걱정, 두려움 등이 배제된 심적 상태이다. 하지만 곽상은 여전히 '무위'의 즐거움[樂]을 말하고[76] '희(喜)' 대신 '적(適)'을 쓰며, 이상적인 삶의 방식을 '소요(逍遙)'라고 말한다.[77] 따라서 곽상이 말하고자 하는 '무정'의 상태는 평안한 감각, 심리적 평정 상태로서 만족감, 충족감, 격동하지 않는 즐거움이 있는 상태를 의미한다고 볼 수 있다. 이것은 스토아 현인의 무정념 상태와 유사하다. 스토아 현인과 유사하게 곽상에서 '무정'의 성인은 여전히 부정적 감정이 없이 격동하지 않는 즐거움과 만족감이 충만한 감정 상태에 있다.[78]

---

74) 『莊子』 「大宗師」의 "邪邪乎其似喜乎"에 대한 注. "至人無喜, 暢然和適, 故似喜也."; "喜怒通四時"의 注. "夫體道合變者, 與寒暑同其溫嚴, 而未嘗有心也. 然有溫嚴之貌, 生殺之節, 故寄名於喜怒也."; "受而喜之"의 注. "不問所受者何物, 遇之而無不適也."

75) 『論語』 「陽化」의 "孔子曰: '諾, 吾將仕矣.'"에 대한 郭象 注. "聖人無心, 任與不仕隨世耳."; 『莊子』 「天地」注. "天地亦無心而自動."

76) 『莊子』 「至樂」의 "吾以無爲誠樂矣."에 대한 注. "夫無爲之樂, 無憂而已."

77) 『莊子』 「大宗師」의 "受而喜之"에 대한 注. "不問所受者何物, 遇之而無不適也."

78) 성현영(成玄英)은 이것을 '감정 없는 감정'[無情之情]이라고 풀이한다. 『莊子』 「大宗師」 疏. "莊子所謂無情者, 非木石其懷也, 止言不以好惡緣慮分外, 遂成性而內理其身者也. 何則? 蘊虛照之智, 無情之情也."

5. 위진 현학의 감정 이해에 대한 개괄

이상으로 정시(正始, 240~249) 현학의 대표적인 학자인 하안과 왕필, 원강(元康, 290 전후) 현학의 대표적인 학자인 곽상의 성인유정무정 논의 속에서 그들의 감정 이해를 살펴보았다. 이제 그들의 감정 이해를 기반으로 하여 당시의 여러 현학자들의 논의를 함께 살펴봄으로써 위진 현학의 전체적인 감정 이해를 개괄해보자고 한다. 위진 현학의 감정 이해는 다음과 같이 정리해볼 수 있다.

첫째, 감정은 생명 있는 존재의 보편적 사실이다. 왕필은 기쁨·두려움·슬픔·즐거움 등의 감정 반응은 인간의 자연스러운 경향성이라고 말했다. 비록 하안과 곽상이 '성인무정'을 말했지만, 그러한 주장이 '인간은 보편적으로 감정 표현 능력을 가지고 태어난다'는 사실을 부정한 것은 아니다. 아무리 성인이라고 할지라도 어린아이일 때부터 감정의 적절한 표현이나 무감정의 상태에 도달했다고 말할 수는 없을 것이다. 더욱이 현학자들이 성인을 자연의 이치[道]를 터득한 사람이라고 말한다는 것은 그가 그러한 이치를 깨닫기 이전의 상태가 있다는 것을 반영하며, 결국 감정 반응이 인간의 보편적 사실임을 인정하는 것이다.

이처럼 감정이 생명이 있는 존재의 보편적 사실이라는 것은 위진 명사들의 말 속에서 종종 언급된다.

생명이 있으면 감정이 있고 감정을 따르면 자연스럽게 얻음이 있게 되는데, 만약 [사람이 양생을 위하여] 감정을 끊어 배제한다면 생명이 없는 사물과 같게 됩니다. 그렇다면 생명이 있다는 게 무슨 가치가 있겠습니까?[79]

무릇 기쁨·분노·슬픔·즐거움·사랑·미움·욕망·두려움의 감
정[喜·怒·哀·樂·愛·惡·欲·懼]은 인간이 가지고 있는 것입
니다. 뜻을 이루면 기쁘고, 모욕을 당하면 분노하며, 배신이나 이
별을 당하면 슬프고, 조화로운 음악을 들으면 즐거우며, 태어나서
성장하는 것을 보면 사랑스러운 마음이 생기고, 선함에 반하는 행
위를 보면 미워하는 마음이 생기며, 배고프면 먹고 싶고, 핍박을
받으면 두려워집니다. 이러한 여덟 가지는 가르침을 받지 않아도
잘 드러냅니다. 따라서 만일 이것의 핵심을 말한다면 바로 '자연
스럽다'는 것입니다.[80]

향수(向秀, 227~272)에 따르면 욕망을 포함한 감정의 소유 여부
는 생물과 무생물을 구분하는 필수적인 기준이다. 인간은 태어나면
서부터 감정 표현의 능력을 가지고 있어서 외부의 사태나 사물을
접촉하면 그 대상에 따라 다양한 감정을 표출하는 존재이다. 장숙요
(張邈叔, ?~291)의 말처럼, 인간은 기쁨·분노·슬픔·즐거움·사
랑·미움·두려움 등등의 다양한 감정을 배우거나 누가 가르쳐주
지 않아도 상황에 부딪치면 표출할 수 있다. 이러한 주장은 일찍이
『순자(荀子)』와 『예기(禮記)』에서 제시된 이후로 보편적인 사실로
간주되어 계승한 결과이다.[81] 둘째, 감정은 판단을 함유하고 있다.
곽상은 장자가 '정(情)'에 귀속시켰던 '호오(好惡)'를 '시비(是非)'

---

79) 『嵇康集』「黃門郎向子期難養生論」. "有生則有情, 稱情則自然, 若絕而外之, 則與無生同.
何貴於有生哉?" 戴明揚, 『嵇康集校注』(台北: 河洛圖書出版社, 1978), 162쪽. 국문 번역은
혜강 지음, 한흥섭 옮김, 『혜강집』(서울: 소명출판, 2006)을 참조했다.

80) 『嵇康集』「張邈叔自然好學論」. "夫喜怒哀樂愛惡欲懼, 人之有也. 得意則喜, 見犯則怒, 乖
離則哀, 聽和則樂, 生育則愛, 違好則惡, 饑則欲食, 逼則欲懼. 凡此八者, 不教而能, 若論所
云, 卽自然也." 『嵇康集校注』, 256~257쪽.

81) 『荀子』「天論」. "形具而神生. 好惡喜怒哀樂臧焉, 夫是之謂天情," 王先謙 撰, 『荀子集解』,
北京: 中華書局, 1996, 309쪽; 『禮記』「禮運」. "何謂人情? 喜怒哀懼愛惡欲, 七者弗學而
能." 孫希旦 撰, 『禮記集解』(北京: 中華書局, 1993), 606쪽.

위진 현학의 감정 이해 | 131

로 대체해서 설명했다[以是非爲情]. 비록 곽상이 오늘날의 의미에서 '감정과 판단의 관계'를 면밀하게 생각하지 못했을지라도, 이러한 대체는 좋아함과 싫어함, 슬픔과 즐거움이란 감정 속에는 이미 그 대상에 대한 평가적 판단(evaluative judgment)이 개입되어 있다고 보았기 때문일 것이다. 말하자면, 삶과 죽음, 부귀함과 빈천함, 얻음과 잃음 등등에 대해 '좋은 것이다 혹은 나쁜 것이다'는 판단이 있고 그 판단의 반영이 '좋아함과 싫어함' 혹은 '슬픔과 즐거움'이라는 감정으로 드러난다. 이와 관련해서 혜강(嵇康, 223~262)은 다음과 같이 말한다.

> 비단 옷과 수놓은 옷을 어두운 방에 진열하지 않는 것은 어째서입니까? 이것은 그 물건들을 사람들에게 내보이고 그것들에 대한 나쁨과 좋음의 평가[毁譽]에 따라 기뻐하거나 슬퍼하려는 태도[歡戚]가 아니겠습니까? 따라서 부귀를 바라게 되면 그것을 얻지 못할까 근심[患]하게 되고, 이미 얻었으면 그것을 잃을까 걱정[懼]하게 됩니다."[82]

전형적인 감정 상태는 인지적 요소, 느낌적 요소, 신체적 요소, 신체적 감각, 특정한 형태적 성향이라는 다섯 가지 요소들을 갖는다. '공포'의 감정을 예로 들어보자면 다음과 같다. 만약 누군가가 무더운 여름날에 머리 위의 전신주 변압기에서 불꽃과 연기가 솟아나는 상황을 보았다고 하자. 그는 고압선이 자신에게 떨어질 수 있는 상황이 위험하다는 판단이나 믿음, 흔히 '공포감'이라 부르는 특정 종류의 느낌, 안색이 변하고 침이 마르는 것 같은 (비자발적

---

[82] 『嵇康集』「答難養生論」. "錦衣繡裳, 不陳於闇室者; 何必顧衆, 而動以毁譽爲歡戚也? 夫然, 則欲之患其得, 得之懼其失." 『嵇康集校注』, 172쪽.

인) 신체적 동요, 그에 동반하여 안색이 붉어짐을 느끼고 머리털이 솟는 것을 느끼는 것과 같은 신체적 감각, 회피 형태와 같은 특정한 행태적 성향이나 태도를 보일 것이다.[83] 비록 부끄럽다고 해서 항상 얼굴이 붉어지는 것은 아닌 것처럼 우리의 감정 상태가 이 다섯 가지 요소를 모두 반드시 내포하는 것은 아니지만, 믿음이나 판단과 같은 인지적 요소는 감정 상태와 긴밀한 연관을 갖는다. 오늘날 감정에 관한 인지주의 이론(cognitive theory of emotion)에 따르면 감정은 본질적으로 혹은 부분적으로 그 대상에 대한 믿음(belief), 생각(thought), 판단(judgment), 해석(construal)을 구성요소로 갖는다.[84]

이처럼 감정이 판단을 함유한다는 것은 고대 스토아학파에서뿐만 아니라 『장자』에서 확인할 수 있다. 장자는 자신의 아내가 죽자 처음에는 슬픔의 감정을 느꼈지만 아내의 죽음(혹은 삶)을 사계절의 순환 과정과 마찬가지로 판단함으로써 슬픔에서 벗어나서 노래까지 하였다.[85] 이 사례는 '태어남은 좋은 것이다' 혹은 '죽음은 나쁜 것이다'라는 인지적 판단(cognitive judgment)과 연관되어 감정들이 발생함을 보여준다. 또한 이것은 인지적 태도의 변화가 감정의 변화를 초래할 수 있음을 말한다.[86] 따라서 위진 현학의 감정 이해

---

83) 임일환, 「인식론에서의 감성: 감정과 정서의 이해」, 정대현 외, 『감정의 철학』(서울: 민음사, 1996), 28-29쪽. 한편, 임일환은 전형적인 '정서' 상태의 요소들을 말하고 있고, '신체적 요소'를 '느낌 혹은 감정'이라고 표현했는데, 필자는 논의의 편의와 용어의 통일을 위해 '정서'를 '감정'으로, '느낌 혹은 감정'을 '느낌'으로 변경했다.

84) 예를 들면, 분노는 나에 대한 모욕이 되는 것이 존재한다는 생각이나 판단으로, 슬픔은 큰 상실이라는 믿음이나 해석으로 구성된다. 양선이, 「윌리엄 제임스의 감정이론과 지향성의 문제」, 철학연구회, 『철학연구』 제79집(2007), 108-109쪽.

85) 『莊子』 「至樂」. "莊子妻死, 惠子弔之, 莊子則方箕踞鼓盆而歌. 惠子曰: '與人居, 長者老身死, 不哭, 亦足矣, 又鼓盆而歌, 不亦甚乎!' 莊子曰: '不然. 是其始死也, 我獨何能无槪然! 察其始而本无生, 非徒无生也而本无形, 非徒无形也而本无氣. 雜乎芒芴之間, 變而有氣, 氣變而有形, 形變而有生, 今又變而之死, 是相與爲春秋冬夏四時行也. 人且偃然寢於巨室, 而我噭噭然隨而哭之, 自以爲不通乎命, 故止也.'"

는 『장자』를 비롯하여 고대의 소박한 인지주의적 감정 이해를 계승한 것으로 보인다. 물론 위진 현학자들이 스토아학파의 크리시포스(Chrysippus),[87] 감정에 관한 인지주의의 "표준적인 모델(standard model)"처럼[88] 평가적 판단을 감정의 본질적 요소로 간주했다고 말할 수는 없다. 그렇지만 위진 현학자들은 감정이 평가적 판단을 함유했거나 그와 긴밀한 연관이 있다고 여겼음은 분명하다.

셋째, 감정은 심리-생리학적 손상을 가져올 수 있다. 하안이 기쁨과 분노의 표현에서 보통 사람들은 이치에 위배되지만 안연과 같은 현인은 도에 부합한다고 말하고 성인은 무정하다고 주장한 것은 감정이 몸에 해로운 결과를 초래한다고 보았기 때문일 것이다. 곽상은 분명하게 감정의 지향적 대상[우환의 상황]이 이미 사라진 뒤에도 기쁨과 두려움이 오장 속에 얼음과 재로 결합되어 생명을 손상시킨다고 말했다.

일찍이 『장자』에서는 과도한 감정이 신체의 손상을 가져온다는 점을 지적했다. 인간의 지나친 기쁨과 분노의 표출은 자연계의 양기와 음기를 손상시키고 자연계의 양기와 음기의 손상은 사계절의 질서를 무너뜨리는데, 이러한 계절의 혼란은 다시 인간의 신체를 손상시킨다는 것이다.[89] 이것은 기를 매개로 하여 자연과 인간의

---

86) 크리스 프레이저(Chris Fraser)는 『장자』에서 감정에 관한 논의가 인지적 태도(cognitive attitudes)와 정동적 태도(affective attitudes) 사이의 강한 결합을 가정한다고 말한다. 프레이저에 따르면 『장자』에서 감정이 사물들을 자신의 선호도에 의해 인지-정동적(cognitive-affective)으로 구별하는 평가적 태도에 의해 생겨난다. Chris Fraser, "Emotion and Agency in *Zhuangzi*", p.104.

87) 크리스포스는 정념을 일종의 판단으로 간주한다. 손병석, 앞의 논문, 44쪽.

88) John Deigh, "Concept of Emotions in Modern Philosophy and Psychology" in *The Oxford Handbook of Ethical Theory*, edited by David Copp(Oxford: Oxford University Press, 2005), p.26.

89) 『莊子』「在宥」. "人大喜邪, 毗於陽; 大怒邪, 毗於陰. 陰陽竝毗, 四時不至, 寒暑之和不成, 其反傷人之形乎!"

상관관계 속에서 감정이 신체에 손상을 주는 메커니즘을 설명한 것이다. 이와 달리 『회남자(淮南子)』에서는 한 개인의 몸 안에서 기를 통해 감정과 신체 손상의 직접적 상관성을 설명한다. 만약 사람이 지나치게 분노하거나 기뻐하며 놀라고 두려워하며 근심하고 슬퍼하면, 신체 내부에서 음양의 기가 압박되어 신체적 병이나 정신 이상이 발생할 수 있으며 언어 구사 능력의 상실을 초래한다고 말한다.90) 이처럼 신체의 감각이나 생리적 변화와 심리적 상태로서 감정을 연계시킬 수 있는 것은 기(氣)에 근거한 존재론에서 기반한다. 말하자면 기(氣)를 매개로 한, 신체에서 정신까지 관통하는 일련의 존재론적 스펙트럼 속에서 대상에 대한 판단과 욕구가 반영된 강렬한 감정은 심리적 상태를 혼란스럽게 할 뿐만 아니라 신체에 부정적 영향을 미칠 수 있다.

이와 마찬가지로 혜강도 감정에서 심리-생리학적 변화나 손상을 말했다. 혜강에 따르면, 부끄러운 감정이 생기면 땀이 줄줄 흘러내릴 수 있고 깊은 슬픔에 빠지면 배고픔을 잊으며 분노를 느끼면 얼굴빛이 시뻘겋게 변한다.91) 또한 보통 사람들은 기쁨과 노여움으로 정기(正氣)를 어그러뜨리며 슬픔과 즐거움으로 평온하고 순수한 바탕을 해친다.92) 이러한 설명 방식은 오늘날 감정에 대한 논의에서 보편적으로 인정된다. 왜냐하면 앞서 논의했듯이 전형적인 감정 상태, 특히 기본적 감정은 신체적 동요나 감각을 동반하기 때문이

---

90) 『淮南子』「原道訓」. "人大怒破陰, 大喜墜陽, 薄氣發瘖, 驚怖爲狂; 憂悲多恚, 病乃成積, 好憎繁多, 禍乃相隨." 張雙棣 撰, 『淮南子校釋(上)』(北京: 北京大學出版社, 1997), 94쪽.

91) 『嵇康集』「養生論」. "夫服藥求汗, 或有弗獲, 而愧情一集, 渙然流離, 終朝未餐, 則囂然思食, 而曾子銜哀, 七日不飢, … 壯士之怒, 赫然殊觀, 植髮衝冠." 『嵇康集校注』, 144쪽.

92) 『嵇康集』「養生論」. "(世人)喜怒悖其正氣, 思慮銷其精神, 哀樂殃其平粹." 『嵇康集校注』, 151쪽.

다. 감정은 심리－생리학적 변화를 낳고 그것이 지나치면 질병까지 초래할 수 있다. 예를 들어, 우리는 화(분노)가 나면, 얼굴이 붉으락 푸르락할 뿐만 아니라 온몸의 근육이 긴장되어 종종 주목을 불끈 쥐고 떨며, 교감신경이 흥분되어 호흡이 가빠지고 심장박동이 증가하고 혈압이 상승하며 소화 기능이 일시적으로 마비된다. 이러한 분노를 자주 표출하면 심장병에 더 많이 걸리거나 심지어 분노발작, 분노에 따른 우울증, 간헐적 폭발장애 등의 질병에 시달리게 된다.[93] 요컨대 위진 현학자들은 이전 시대의 감정 논의를 계승하고서 운동선수가 감정적 흥분을 하면 심리－생리학적 조화를 해치듯이, 긍정적이든 부정적이든 강렬한 선호나 감정은 심리－생리학적 상태에 부정적 영향을 미친다고 보았다.

넷째, 좋은 삶을 위해서 감정은 조절되거나 제거되어야 한다. 앞의 논의처럼 감정이 심리－생리학적 상태에 부정적 영향을 미친다면, 당연히 그것은 조절되거나 제거되어야 할 대상으로 간주될 수밖에 없다. 그래서 왕필은 '감정이 이치를 따르기' 혹은 '감정을 본성화하기'를 말했다. 즐거움이 음란함에 이르지 않고 슬픔이 몸을 손상시키는 데까지 이르지 않도록, 즉 이치나 자연성에 부합하도록 조절되어야 한다. 또한, 곽상은 '부여받은 본성에 내맡기기(혹은 본성을 따르기)' 혹은 '합당함에 따르기(혹은 머무르기)'를 통해 감정의 제거를 주장했다. 우리가 정해진 본분의 이치를 깨닫고 그에 부합하게 살아간다면, 그러한 본분을 넘어서고자 하는 것에서 발생하는 감정은 사라지거나 아예 발생하지 않을 것이다.

---

93) 최현석, 『인간의 모든 감정』(서울: 서해문집, 2011), 112-142쪽.

이처럼 욕망을 포함한 감정의 조절이나 제거는 특히 양생(養生)에 관심이 높았던 위진 현학가들에게 매우 중요한 문제였다. 대표적인 사례는 향수와 혜강의 양생론 논쟁이다.

> 슬픔과 즐거움을 절제하고, 기쁨과 분노를 조화로이 하며, 음식을 적당히 섭취하고, 추위와 더위를 조절하는 것은 옛사람들도 했던 일입니다.[94]
> 양생에는 다섯 가지 어려움이 있습니다. 명예와 이익에 대한 욕망이 사라지지 않는 것이 첫 번째 어려움이고, 기뻐하고 분노하는 감정을 없애지 못하는 것이 두 번째 어려움이며 …… 정신이 끊임없이 흩어지는 것이 다섯 번째 어려움입니다. …… 그런데 혹 어떤 사람은 그 행실이 증삼(曾參)이나 민자건(閔子騫)을 능가할 정도로 인의(仁義)를 가슴속 깊이 품고 있고, 그 행동은 늘 중화(中和)의 이치에 따르므로 큰 과실이 없으며, 이로 인해 그는 인(仁)의 이치가 이미 자신에게 이미 갖추어졌다고 여기면서 스스로 뽐내는 경우가 있습니다. 그러나 이런 사람은 기쁨과 분노의 감정을 완전히 씻어내지 못하고 정신이 안정되어 있지 않은 자이니, 이런 사람이 늙지 않고 장수했다는 말을 들어본 적이 없습니다.[95]

향수와 혜강은 모두 양생의 방법에서 감정을 말하지만, 향수는 감정 표출의 자연성을 강조하기 때문에 그것의 절제와 조화가 필요하다고 주장한 반면에, 혜강은 감정의 폐단을 강조하기 때문에 그것의 제거를 주장한다. 말하자면 성인유정설을 주장하든 성인무정설을 주장하든, 유가적 양생설을 주장하든 도가적 양생설을 주장하든, 대부분의 위진 현학자들은 과잉 표출된 감정, 혹은 그로 인해

---

94) 『嵇康集』「黃門郞向子期難養生論」. "節哀樂, 和喜怒." 『嵇康集校注』, 161쪽.

95) 『嵇康集』「答難養生論」. "養生有五難: 名利不滅, 此一難也. 喜怒不除, 此二難也. …… 神慮消散, 此五難也. 然或有行踰曾閔, 服膺仁義, 動由中和, 無甚大之累, 便謂人理已畢, 以此自臧. 而不濾喜怒平神氣, 而欲却老延年者, 未之聞也." 『嵇康集校注』, 191~193쪽.

심리-생리학적인 손상을 가져오는 감정은 조절되거나 제거되어야 한다고 보았다.

그렇다면 이러한 감정의 조절이나 제거에 대한 주장은 감정과 관련된 현대적인 관점에서 볼 때 어떻게 이해할 수 있을까? 앞서 제시했듯이 위진 현학자들은 감정이 판단을 함유하고 있다고 보았기 때문에 소박한 인지주의적 감정 이해를 가지고 있었다. 이러한 감정의 이해는 감정의 조절과 제거의 방법을 이해하는 중요한 단서가 될 수 있다. 만약 감정이 본질적으로 혹은 부분적으로 믿음이나 판단으로 구성되어 있다면 그 감정의 적절성은 그 믿음이나 판단의 적절성과 연결된다. 예를 들어 어떤 사람이 홀로코스트 다큐멘터리를 보고 웃거나 즐거워하고 있다면 우리는 그 감정의 구성요소가 되는, 혹은 원인이 되는 믿음이나 판단(즉, '이 상황이 문제가 없으며 오히려 어떤 의미에서 바람직하다'는 믿음이나 판단)이 올바르지 않음을 지적함으로써[96] 그 감정을 교정하거나 제거할 수 있다. 이깃은 심리치료의 한 부분인 인지치료(cognitive therapy 또는 logo therapy)의 기법으로 설명해볼 수 있다. 인지치료는 "내담자의 왜곡된 정서를 유발하는 잘못된 인지체계를 교정하기 위하여, 내담자와의 상담을 통하여 그릇된 신념의 발견, 정보처리의 과정에서 일어나는 오류의 수정, 그릇된 추론을 조장하는 핵심신념의 수정, 합리적 추론능력의 증진 등과 같은 치료기법"[97]을 말한다. 그

---

96) 이때 감정의 합리성은 그 감정을 유발하는 원인이나 구성요소인 믿음이나 판단의 합리성으로 설명할 수 있다. 김세화, 「퍼즐은 없다-김한승 박사의 "감정에 관한 또 하나의 퍼즐"에 대한 반론」, 『철학적 분석』 제7권(2003), 93-94쪽.

97) Aaron T. Beck, Cognitive Therapy(New York: Penguin Books, 1979), 213-225쪽 참조. 이승환, 「주자 수양론에서 성(性)과 성향: 기질변화설의 성품윤리적 의미」, 한국동양철학회, 『동양철학』 제28집(2007), 161쪽에서 참조함.

러므로 만약 어떤 감정을 발생시키는 인지적 – 평가적 체계를 변화시킨다면 감정은 적절한 방식으로 표출될 수 있고 혹은 부적절한 감정은 소멸될 것이다. 나와 너의 분별을 파기함으로써 옳고 그름의 대립이 사라지면 좋아함과 싫어함의 감정이 발생하지 않을 것이고, 삶과 죽음의 분별을 파기함으로써 좋고 나쁨의 판단이나 그로 인한 기쁨과 슬픔이라는 감정이 소멸하거나 발생하지 않을 것이다. 나아가 자연의 이치를 터득함으로써 원천적으로 인지와 판단의 체계를 변화시키면, 심리 – 생리학적 문제를 발생시키는 감정은 완전히 소멸될 것이다. 요컨대 위진 현학자들이 말하는 감정의 조절이나 제거의 논의는 현대 인지주의 감정 이론에서 말하는 감정의 적절성 평가와 연계하여 이해할 수 있으며, 특히 현대 심리학의 인지치료에서 말하는 인지적 – 평가적 체계(혹은 태도)의 변화를 통해 심리 치료의 일환으로 이해될 수 있다.

6. 결론: 위진 현학의 감정 담론들이 갖는 인격심리학적 – 사회철학적 함의

이상에서 하안·왕필·곽상의 성인유정무정 논의와 함께 위진 현학자들의 감정 담론을 중심으로 그들의 전반적 감정 이해를 살펴보았다. 위진 현학자들은 감정을 다음과 같이 이해했다. 생명이 있는 존재인 인간은 누구나 보편적으로 감정을 갖는다. 그리고 그러한 감정은 판단을 함유하고 있다. 다만 잘못된 인지적 – 평가적 판단이나 과도한 표출로 인해 감정은 종종 심리 – 생리학적인 손상을 가져오므로 좋은 삶을 위해서 감정은 적절하게 조절되거나 제거되어야 한다. 그렇다면 성인유정무정 논쟁과 그들의 감정 담론들은 어떤 이유에서 발생했고 어떤 함의를 지니는가? 이에 대해 인격심리학적 함의와 사회철학적 함의를 말해볼 수 있다.

우선 위진 현학의 감정 담론들은 일차적으로 이상적 인격자로서 성인의 심적 상태를 해명하기 위해 등장한 것이다. 이것은 동양철학의 일반적 특징이듯이 어떤 인격자로 어떤 삶을 살아야 하는지에 대한 고민의 산물이다. 여기서 다룬 하안·왕필·곽상뿐만 아니라 혜강·향수 등등의 현학자들은 어떤 삶이 좋은 삶이고 그러한 삶을 살기 위해 어떤 인격자가 되어야 하는지를 제시하고자 했다. 그들은 모두 성인 혹은 지인, 대인(大人), 진인(眞人) 등을 이상적 인격자로 설정하고 그들의 인격과 정신 경계를 묘사하여 그러한 상태에 도달하도록 해야 한다고 주장했다. 이때의 이상적 인격자로서 성인은 기본적으로 도가적 성인이다. 비록 공자도 성인으로 간주되지만 이때의 공자는 이미 도가화된 공자이다. 그리고 대체로 그 성인의 인격이나 심적 상태는, 위진 현학자들 사이에 다소간의 차이가 있지만, '무심(無心)', '무욕(無欲)', '무사(無私)', '무아(無我)', '허정(虛靜)' 등으로 표현된다. 이러한 인격 혹은 심적 상태를 감정의 측면에서 표현한 것이 하안과 곽상의 '무정(無情)'이며 왕필의 '유정(有情)'이다. 비록 왕필이 '유정'을 말했지만 그때 '이치를 따르는 감정' 혹은 '본성화된 감정'이라면 '무정'의 주장과 그 차이는 그리 크지 않다. 요컨대 위진 현학의 감정 담론은 인격심리학적 측면에서 이상적 전범의 심리 상태에 대한 모색이다.

한편, 위진 현학의 성인유정무정 논의는 현학자들의 사회정치적 관심과 연결되어 있다. 하안과 왕필, 곽상이 살았던 시대는 400여 년 동안 중원을 지배했던 한(漢) 제국의 붕괴로 끊임없이 전쟁이 발발한 시기였다. 이 시기는 이전의 한 제국에 통치 이념을 제공했던 유학의 도덕 질서가 붕괴되었기 때문에 새롭게 현실 제도의 이념적 근거를 제공할 이론의 정립이 절실했다. 이들은 모두 관직에 나아가 현실 정치에 직접적으로 참여했다. 특히 하안은 조씨 정권에서, 곽상은 사마씨 정권에서 고위직을 담당했다. 따라서 이들은 누구보다 더 적극적으로 현실적 도덕 질서[名敎]의 존립 근거를 확보할 이념을 설립하고자 했으며, 그들이 찾은 것은 노장의 입장을 계승하면서 새롭게 재해석한 이상적 자연 질서[自然]였다. 말하자면 이들은 사회정치적 통제 기능을 담당하는 '명교'를 '자연'에 근거하여 통합함으로써 시대적 요청에 부합하는 새로운 현실 질서의 이념을 제공하고자 했다.[98] 그들이 제시한 이상적 통치 형태는 도가적 성인에 의한 무위(無爲) 정치이다.[99] 특히 하안과 왕필, 곽상은 현실의 전제군주제도를 불가피한 사실로 인정할 수밖에 없었기 때문에 그들이 제시한 성인에 의한 무위 정치는 결국 성인의 인격을 갖춘 절대 군주의 무위 정치이다. 이것이 바로 곽상이 말한 '내성외왕(內聖外王)의 도'이다. 이러한 무위의 정치 혹은 내성외왕의 도가 현실에서 실현되기 위해서는 어떠한 사심(私心) 없이 현능한 신하를 선별하여 운용할 수 있는 군주의 능력이 필요하다. 또한 전제군주사회에서 군주의 변덕스러운 감정 변화, 혹은 특정 대상에

98) 원정근, 「위진 현학과 시대정신: 이상과 현실의 충돌과 조화」, 중국철학회, 『중국철학』 제6권 (1999), 103-104쪽.
99) 楊立華, 앞의 책, 165~190쪽.

대한 선호의 감정 표현은 아랫사람들을 피로하게 만들고 나아가 그들이 자신의 직분을 벗어나서 욕망을 추구하게 함으로써 사회적 안정을 파괴한다.[100] 그러므로 군주는 외부의 특정 대상에 얽매임이 없는 감정, 혹은 개인적 가치와 선호로 드러나는 감정이 없는 상태를 갖추어야 한다. 요컨대 위진 현학의 성인유정무정 논의는 자연의 질서를 따르는 이상적 인격을 갖춘 군주와 그를 통해 실현되는 바람직한 현실의 정치를 모색하는 일환이었다.

---

100) 『莊子』 「則陽」 注. "上有所好, 則下不能安其本分."; 「天下」 注. "夫聖人統百姓之大情而因爲之制, 故百姓寄情於所統而自忘其好惡, 故與一世而得淡漠焉.亂則反之, 人恣其近好, 家用典法, 故國異政, 家殊俗."

참고문헌

程樹德, 『論語集釋』, 北京: 中華書局, 1997

樓宇烈, 『老子周易王弼注校釋』, 臺北: 華正書局, 1983

郭慶藩, 『莊子集釋』, 北京: 中華書局, 1982

宣穎 撰, 『莊子經解』, 『(無求備齋)莊子集成(續編: 32)』, 臺北: 藝文印書館, 1972

王叔岷, 『莊子校詮』, 臺灣: 商務印書館, 1988

王先謙 撰, 『荀子集解』, 北京: 中華書局, 1996

孫希旦 撰, 『禮記集解』, 北京: 中華書局, 1993

陳壽 著, 陳乃乾 校點, 『三國志』, 北京: 中華書局, 1964

魏徵 等撰, 『隋書』, 北京: 中華書局, 1982

戴明揚, 『嵇康集校注』, 台北: 河洛圖書出版社, 1978, 혜강 지음, 한흥섭
　　옮김, 『혜강집』, 서울: 소명출판, 2006

劉義慶 著, 劉孝標 注, 余嘉錫 纂疏, 『世說新語纂疏』, 北京: 中華書局, 2011,
　　金長煥 譯注, 『세상의 참신한 이야기(전3권)』, 서울: 신서원, 2008

리우샤오간(劉笑敢), 최진석 옮김, 『莊子哲學』, 서울: 소나무, 1998

林麗眞 지음, 김백희 옮김, 『왕필의 철학』, 서울: 청계, 1999

정세근, 『제도와 본성: 현학이란 무엇인가』, 서울: 철학과 현실사, 2001

정세근 엮음, 『위진현학』, 서울: 예문서원, 2001

최현석, 『인간의 모든 감정』, 서울: 서해문집, 2011

풍우란 지음, 박성규 옮김, 『중국철학사(상·하)』, 서울: 까치, 2012

羅安憲, 『虛靜與逍遙-道家心性論研究』, 北京: 人民出版社, 2005

楊立華 著, 『郭象≪莊子注≫研究』, 北京: 北京大學出版社, 2010

余敦康, 『魏晉玄學史』, 北京: 北京大學出版社, 2005

王葆玹, 『正始玄學』, 山東: 齊魯書社, 1987年 9月

中國社會科學院 哲學研究所 中國哲學史研究室 編, 『中國哲學史資料選
　　輯: 魏晉隋唐之部(上)』, 北京: 中華書局, 1990

湯一介, 『郭象與魏晉玄學』, 湖北: 湖北人民出版社, 1983

賀昌群, 『魏晉清談思想初論』, 北京: 商務印書館, 1999

許杭生・李中華・陳戰國・那薇 著, 『魏晉玄學史』, 陝西: 陝西師範大學
　　出版社, 1989

강성훈, 「스토아 감정 이론에서 감정의 극복」, 박규철・김요한・강성훈・서
　　영식・송대현・김은중・최양식, 『고대 그리스철학의 감정 이해』,
　　서울: 동과서, 2010, pp.63-94

김세화, 「퍼즐은 없다-김한승 박사의 "감정에 관한 또 하나의 퍼즐"에 대한
　　반론」, 『철학적 분석』 제7권(2003), 83-93쪽

김재숙, 「욕망과 사회질서의 관계에 대한 도가의 관점: 위진 현학을 중심으
　　로」, 고려대학교 철학연구소, 『철학연구』 제29집(2005), 269-296쪽

손병석, 「무정념: 현인(賢人)에 이르는 스토아적 이상과 실천」, 철학연구회,
　　『철학연구』 제80집(2008), 41-60쪽

양선이, 「윌리엄 제임스의 감정이론과 지향성의 문제」, 철학연구회, 『철학연
　　구』 제79집(2007), 107-128쪽

원정근, 「위진 현학과 시대정신: 이상과 현실의 충돌과 조화」, 중국철학회,
　　『중국철학』 제6권(1999), 101-126쪽

이승환, 「주자 수양론에서 성(性)과 성향: 기질변화설의 성품윤리적 의미」,
　　한국동양철학회, 『동양철학』 제28집(2007), 139-167쪽

임일환, 「인식론에서의 감성: 감정과 정서의 이해」, 정대현 외, 『감정의 철
　　학』, 서울: 민음사, 1996, pp.21-68

정기돈, 「何晏思想의 性格」, 충남대학교 인문학연구소, 『인문학연구』 11권
　　(1984), 91-123쪽

吳冠宏, 「莊子與郭象＜無情說＞之比較─以≪莊子≫＜莊惠有情無情之辯＞
　　及其郭注爲討論核心」, 東華大學人文社會科學學院, 『東華人民學
　　報』 第二期(2000年 7月), 83-102項

曾春海, 「王弼聖人有情無情論初探」, 『哲學與文化』 第16卷 第9期(1989年
　　9月), 32-39項

湯用彤, 「王弼聖人有情義釋」, 『魏晉玄學論稿及其他』, 北京: 北京大學出
　　版社, 2010, 52-59項

Deigh, John. "Concept of Emotions in Modern Philosophy and Psychology" in
　　The Oxford Handbook of Ethical Theory edited by David Copp, Oxford:
　　Oxford University Press, 2005, pp.17-40

Fraser, Chris. "Emotion and Agency in *Zhuangzi*", *Asian Philosophy*, Vol. 21,
　　No. 1, February 2011, pp.97-121, 크리스 프레이저, 「자유: 정서의
　　통달자」, 정용환 외, 『유교・도교・불교의 감성이론』, 서울: 경인문
　　화사, 2011, pp.101-126

왕양명 철학에서 도덕 감정과 즐거움의 문제

– 왕양명 심체(心體) 사상에 대한 도덕심리학적 고찰

박길수

1. 서론

이 글은 명대(明代)의 대표적인 심학자인 왕수인(王守仁, 1472~ 1529, 호는 陽明)의 도덕 감정과 즐거움에 관한 사상을 도덕심리학 의 관점에서 재조명한 것이다. 주지하는 것처럼, 그는 일찍이 "즐 거움은 심의 본체이다[樂是心之本體]."라는 견해를 제시한다. 전 통적인 송명 성리학의 관점에서 보면, 그의 이러한 견해는 일차적 으로 공안낙처(孔顏樂處)로 대변되는 공부와 경계, 곧 경외(敬畏) 와 쇄락(灑落)의 관계를 어떻게 규정하고 이해할 것인가라는 문제 와 연결되어 있다. 그리고 전통적인 철학적 범주의 측면에서 볼 때, 이 주제는 의심의 여지없이 심성론을 바탕으로 한 도덕철학의 영 역에 속한다.

하지만 감정과 즐거움에 관한 양명의 견해는 이를 넘어서 보다 새로운 사상적 함의와 차별성을 지닌다. 왜냐하면 전통적인 송명의 정주학자들과 달리, 그는 심즉리(心卽理)를 핵심으로 한 새로운 심 본론(心本論)을 제창하고, 그 전제와 토대 위에서 감정과 즐거움의 문제를 보다 새로운 시각에서 재구성하고 있기 때문이다. 그리고 양명의 이러한 독특한 시각과 견해는 본성과 감정, 그리고 심리와 정서를 포괄하는 그의 심성론 일반에 걸쳐 일관되게 나타난다. 다시 말하면, 양명의 감정과 즐거움에 관한 견해들은 단순히 도덕철학적 의미에만 국한되는 것이 아니라, 나아가 일종의 도덕심리학(moral psychology)적 내용과 의의를 지닌다.

따라서 이 글은 도덕철학과 도덕심리학이라는 이중적 입장에서 양명의 도덕 감정과 즐거움에 관한 이론이 갖고 있는 사상적 가치와 의의를 분석하고 해명하고자 한다. 이러한 문제의식과 접근방법은 일차적으로 양명의 도덕감정론이 내포하고 있는 고유한 철학사적 내용과 의의를 보다 분명하게 설명해줄 수 있는 계기를 제공해줄 뿐만 아니라, 또한 전통적인 도덕철학이라는 협애한 영역과 이해 방식을 넘어서 현대의 도덕심리학의 지평으로 연계되고 확장될 수 있는 가능성을 보여줄 것이다.

2. 왕양명의 도덕 감정론을 이해하기 위한 몇 가지 전제들

1) 체용일원(體用一源)에 입각한 인용구체(因用求體)의 공부론

일반적으로 『중용』에 나오는 중화(中和)에 대한 정의는 유학의 가장 이상적인 경계(境界)를 서술한 것으로 잘 알려져 있다. 그에 따르면, 최상의 덕(德)으로서 중용(中庸)은 무엇보다도 감정의 적절한 발생과 실현에 의존하고, 이것이 곧 치세(治世)와 찬천지(贊天地)의 핵심이라고 본다. 이 때문에 송대(宋代)의 유학자들은 모두

이 문제에 관심을 기울였고, 특히 정주(程朱)는 마침내 기존의 이론과는 다른 새로운 심성론과 공부론을 정초한다. 이것이 곧 미발(未發)과 이발(已發) 개념을 중심으로 한 중화(中和) 이론이다.

이 과정에서, 남송의 주희(朱熹, 1130~1200)는 심통성정(心統性情)과 체용(體用) 이론을 바탕으로 심(心)을 미발(未發)과 이발(已發), 그리고 중(中)과 화(和)로 구분하여 설명한다. 그에 따르면, 마음은 미발과 이발로 구분되며 이때 미발과 이발은 각기 본성[性]과 감정[情]에 해당한다. 그리고 미발의 본성은 심의 본체[體]에 해당하고, 이발의 감정은 심의 작용[用]에 해당하므로 양자는 구분된다. 또한 가치와 공부의 측면에서 볼 때 본체로서 본성은 작용으로서 감정에 비해 시간적·논리적으로 선행하고 우선성을 지닌다.[1] 주희의 이러한 관점은 결국 희로애락(喜怒哀樂)과 같은 구체적인 감정이 아직 발생하지 않았을 때 함양(涵養)을 통해 심을 불편불의(不偏不倚)한 상태로 유지하는 미발 공부를 가장 중요한 본령(本領) 공부로 보았으며 이러한 공부가 원만하게 이루어질 경우 이발 시 중절(中節)은 자연스럽게 성취된다고 보았다는 것을을 시사해준다.

하지만 양명의 미발 및 이발, 그리고 공부에 대한 관점은 주희의 견해와 크게 다르다. 그에 따르면, 미발과 이발, 그리고 성(性)과 정(情)은 주희와 마찬가지로 각기 심의 본체와 작용에 해당하며, 또한 이들 사이에는 체용(體用) 관계가 성립한다. 하지만 양명이 말하는

---

1) 천라이(陳來)의 견해에 따르면, 주희가 말한 미발과 이발 개념은 두 가지 의미를 내포하고 있다. 하나는 상이한 심리 활동을 가리키고, 다른 하나는 체용(體用)에 입각한 성정(性情) 개념이 그것이다(이와 관련된 상세한 논의는 陳來 著, 『朱子哲學硏究』, 上海: 華東師範大學出版社, 2000, 174~180쪽 참조). 하지만 이 글에서는 본 논의의 주제와 관련하여 주로 후자(성정에 초점을 맞춘 미발과 이발 개념)만을 다루기로 한다.

체용 관계는 주희와 달리 철저한 즉체즉용(卽體卽用)을 전제로 한 체용일원(體用一源)의 관념으로 실제적으로 본체와 작용이 혼연하여 전혀 구분되거나 차별되지 않는 것을 가리킨다. 이 점에서 그는 『중용』의 미발과 이발에 관한 논의의 주안점이 미발이 아닌 이발, 곧 구체적인 감정들이 발생했을 때 이것들을 중절시키기 위한 공부를 강조하는 데 있다고 강조한다.2) 이를 위해서 주희가 본령 공부로서 미발 시 함양 공부를 강조했던 것과 달리, 그는 인용구체(因用求體)의 논리에 입각하여 이발 시 공부를 더욱 중시한다.3) 다시 말하면, 어떤 사태와 관련하여 구체적인 감정들이 발생했을 때 오직 그 감정을 통해서만 그 안에서 발현되는 본성을 체인(體認)할 수 있고, 감정의 중절을 의미하는 화(和)의 상태에서만 오직 그 본체로서 중(中)을 알 수 있다는 것이다.

이러한 양명의 견해와 논리 이면에는 유학의 이상적인 경계(境界)와 그에 따른 공부 방식은 형이상학적 원리와 그에 따른 실체론적인 접근 방법에 의해서 제인되거나 확증될 수 있는 것이 아니라, 이와 대조적으로 형이하학적 원리와 그에 따른 구체적인 상태의

---

2) 王守仁 撰,『王陽明全集』卷三十二,『補錄·傳習錄拾遺』, 上海:上海古籍出版社, 1992, 1174쪽. 直问: "戒慎恐惧是致知, 还是致中?" 先生曰: "是和上用功." 曰: "≪中庸≫言致中和, 如何不致中, 却来和上用功?" 先生曰: "中和一也. 内无所偏倚, 少间发出, 便自无乖戾. 本体上如何用功? 必就他发处, 才著得力. 致和便是致中. 万物育, 便是天地位." 直未能释然. 先生曰: "不消去文义上泥. 中和是离不得底. 如面前火之本体是中, 火之照物处便是和. 举著火, 其光便自照物. 火与照如何离得? 故中和一也. 近儒亦有以戒惧即是慎独, 非两事者. 然不知此以致和即便以致中也."他日崇一谓直曰: "未发是本体, 本体自是不发底. 如人可怒. 我虽怒他, 然怒不过当, 却也是此本体未发." 后以崇一之说问先生. 先生曰: "如此却是说成功. 子思说发与未发, 正要在发时用功."(이하 이 책에서의 인용은 서명과 쪽수만을 표기하기로 한다.)

3)『王陽明全集』卷四,「答王石潭内翰」, 146~147쪽. "君子之于學也, 因用以求其體." 또한 양명이 체용일원(體用一源)에 근거하여 중화(中和)를 설명하는 부분과 관련해서는 다음의 원문을 참조할 것. "不可謂未發之中常人俱有. 蓋體用一源. 有是體, 即有是用. 有未發之中, 即有發而皆中節之和. 今人未能有發而皆中節之和. 須知是他未發之中亦未能全得."(『王陽明全集』卷1,『傳習錄上』, 17쪽.)

적절성 여부에서 확인되거나 확보된다는 관념이 전제되어 있다. 그러므로 양명의 심학 체계 안에서 감정은 본성에 비해 상대적으로 덜 중요한 부차적인 대상이 아니라, 유학의 이상 인격의 실현과 관련하여 가장 중요한 철학적 대상이자 의의를 갖는다.

2) 신심지학(身心之學)을 토대로 한 지행합일(知行合一) 이론

왕양명은 34세 때 신심지학(身心之學)을 제창하고, 이를 성학(聖學)의 핵심 이념으로 삼는다.[4] 그에 따르면, 한 개체가 성현의 경계에 도달하기 위해서는 오직 심신(心身)을 매개로 구체적인 삶 속에서 성인의 가르침과 이론을 체인(體認)하고 자득(自得)할 때에만 성취할 수 있다. 물론 양명이 이러한 이념을 제창한 이면에는 당시 성학의 쇠퇴라는 시대적 배경이 자리 잡고 있다. 그 가운데 특히 명대(明代) 중기의 사대부들이 대체로 성인의 학문을 주로 사장(辭章)과 기송(記誦), 그리고 훈고(訓詁)와 과거(科擧)를 위한 수단으로 활용하는 것을 비판하는 데 초점이 있다. 양명의 관점에서 이러한 학문들의 근본적인 병폐는 성학의 이념과 실천을 피상적인 언어적 이해 차원에서 규정하고 이해한다는 점이다.[5] 따라서 양명이 이러한 시대적 병폐를 비판하고 치유하기 위해서 새로운 신심지학의 이념을 제창했다는 사실은, 그가 무엇보다도 기존 성학의 이념과 내용을 시대적 상황에 걸맞게 개조하려고 했다는 점을 시사해

---

4) 『王陽明全集』 卷三十三, 『年譜一』, 1224쪽.

5) 이에 대한 상세한 논의로는 다음의 논문을 참조할 것. 박길수, 『명초 정주학파(程朱學派)의 심학화 경향과 사상적 의의』, 韓國東洋哲學會, 『東洋哲學』 제39집, 2013, 37～44쪽 참조.

준다. 그리고 이러한 문제의식이 반영된 것이 곧 그의 성의(誠意) 이론이다.

주희가 그의 학문 체계를 확립하는 것과 관련하여 『대학』의 격물치지(格物致知)를 중시한 것과 달리, 양명은 성의(誠意) 개념에 주목하고 이를 새로운 시각에서 재구성한다. 그리하여 그는 최종적으로 "마음이 움직인 것이 곧 의(意)이다"6)와 "의(意)가 있는 것이 곧 물(物)이다"7)라는 견해를 제시하는데, 이것은 이러한 그의 문제의식과 실천적 관심이 전통적인 심물(心物) 관계에 새롭게 반영된 결과이다. 이러한 관점들은 무엇보다도 마음의 의향 활동을 심의 가장 심층적인 특성으로 간주한 것으로 마음과 사물의 관계를 새롭게 정립하고 통일하고 있다. 그런데 사물의 의미와 의의를 심의 지향 활동 안에서 새롭게 규정하고 이해한다는 것은 결국 모든 사물(事物)이 언제나 의(意)의 지향 활동과 구조를 매개로 해서 심신에 그 존재 의의를 현전한다는 것이므로 이때 모든 사물은 필연적으로 '사태(事態)'의 성격을 띠지 않을 수 없다. 따라서 성의(誠意) 공부 안에서 주체의 심(心)과 신(身), 그리고 지(知)와 행(行)은 서로 결합하고 통일된다. 그러므로 마음에 모종의 의념이나 의도가 발생했다는 것은 곧 심이 지향 활동을 시작했다는 것을 의미하며 이미 마음이 어떤 사태로서 사물과 필연적인 '상관관계(correlative relation)'를 맺었다는 것을 말한다. 그리고 이러한 심(心)과 물(物)의 상관관계는 심신이 곧 외부 사태와 관련된 특정한 정향(定向)을 전개한 것을 의미하므로 이때 주체의 지(知)와 행(行)은 그 자체로 통

---

6)『王陽明全集』卷一,『傳習錄上』, 6쪽. "心之所發便是意."
7) 앞의 책, 같은 곳. "意之所在便是物."

일되어 있으므로 서로 구분되지 않는다. 이것이 양명이 곧 의(意)를 '행위의 시작[行之始]'으로 규정한 본의이다. 실제로 양명의 전체 사상을 일별하면, 그가 용장오도(龍場悟道) 이후 제일 먼저 제창한 사상은 심즉리(心卽理)가 아닌 지행합일(知行合一)[8]이며, 이후 그의 사상이 여러 차례 전변하였는데도 이 사상을 끝내 만년까지 시종일관 견지했던 주요 원인도 다름 아닌 신심지학에 근거한 성학 이념 때문이다.

특히 양명은 외부 사물(사태)을 주로 윤리적 지평에서 바라보았으므로 그가 의(意)와 관련하여 말한 사태들은 일차적으로 도덕적이고 윤리적인 성격을 띠고 드러난다. 따라서 새로운 성학 이념 및 실천과 관련하여 가장 중요한 문제로 대두되는 것은 어떻게 하면 마음의 지향성을 기점으로 상관관계를 갖게 되는 마음과 사태를 인륜적 차원에서 조화시키고 통일시킬 수 있을 것인가라는 문제이다. 이를 위해서 양명은 정주학자들과 달리 '격물(格物)'을 격심(格心), 곧 '마음의 잘못된 점을 바로잡는 것'[9]으로 규정한다. 보다 정확히 말하면, 이때 마음의 잘못된 점이란 의념의 잘못된 지향 활동을 가리킨다. 이 점에서 격심은 최종적으로 '정념(正念)' 공부이고 그 궁극적인 목적은 정심(正心)에 도달하려는 것이다. 이러한 양명의 새로운 성학 이념과 실천방식, 그리고 목적은 그 내용과 특징 면에서 새로운 성정(性情) 사상을 포함할 수밖에 없다.

---

8) 『王陽明全集』卷三十三, 『年譜一』, 1229쪽. "四年己巳, 先生三十八歲, 在貴陽. ...... 是年先生始論知行合一."

9) 『王陽明全集』卷一, 『傳習錄上』, 6쪽. "格物如孟子'大人格君心'之'格'. 是去其心之不正. 以全其本體之正. 但意念所在, 卽要去其不正. 以全其正."

3) 성정(性情)에 대한 새로운 견해

(1) 단일한 본성 관념에 근거한 심체(心體)와 성체(性體)의 통일

주희는 일찍이 심(心)과 성정(性情)의 관계에 대해 수많은 논의를 남겼다. 그럼에도 그의 견해는 몇 가지 공통적인 관점을 피력하고 있다. 그 핵심 내용을 요약하면, 성(性)은 심의 본체로서 형이상(形而上)의 존재이고, 정(情)은 심의 작용으로서 형이하(形而下)의 존재라는 것이다.[10] 또한 성정(性情)과 관련하여 "성이 발하여 정이 된다[性發爲情]"는 견해를 제시하기도 하였다. 이것은 감정의 실질적 원천에 대한 설명으로 미발 시의 본성이 이발 시에 밖으로 드러난 것이 곧 감정이라는 것이다. 그럼에도 양자를 전적으로 동일시할 수 없는데, 그 까닭은 성과 정이 이(理)와 기(氣)의 관계와 마찬가지로 각기 형이상과 형이하의 존재로 엄격하게 구분되기 때문이다. 하지만 양명은 주희와 달리 '성은 하나'라는 전제 아래 성정에 대한 새로운 견해를 제시한다.

> 본성은 하나일 뿐이다. 인의예지는 본성의 본성이고, 총명예지는
> 본성의 자질이며, 희로애락은 본성의 감정이다.[11]

---

10) 黎靖德 編, 『朱子語類』 卷五, 北京: 中華書局, 1999, 97쪽. "問: "性之所以無不善, 以其出
於天也; 才之所以有善不善, 以其出於氣也. 要之, 性出於天, 氣亦出於天, 何故便至於此?"
曰: "性是形而上者, 氣是形而下者. 形而上者全是天理, 形而下者只是那査滓. 至於形, 又是
査滓至濁者也.", 앞의 책, 卷六, 北京:中華書局, 1999, 107쪽. "仁義禮智, 性之大目, 皆是形
而上者, 豈可分也!"

11) 『王陽明全集』 卷二, 『傳習錄中』, 「答陸原靜書」, 68쪽. "性一而已, 仁義禮智, 性之性也; 聰
明睿知, 性之質也; 喜怒哀樂, 性之情也."

양명이 '성일(性一)'이라는 독특한 견해를 제시한 이유는, 기존의 정주학자들이 형이상하의 구도나 체용의 논리에 입각하여 심의 구성 요소들, 곧 성(性)·정(情)·지각(知覺)·의(意)·지(志)·재(才) 등을 서로 구분하여 차별화한 관점을 근본적으로 해체하는 데 있다. 이 때문에, 양명은 인의예지(仁義禮智)와 총명예지(聰明叡智), 그리고 희로애락(喜怒哀樂)을 모두 단일한 본성의 세 가지 다른 양태로 본다. 다시 말해, 기존에 구분해왔던 본성과 감정, 그리고 자질을 동일한 본성의 세 가지 상이한 특성으로 설명하는 것이다. 이와 동시에 양명은 같은 맥락에서 성리(性理)는 본래 안팎으로 구분할 수 없을 뿐만 아니라12), 마음 또한 안팎으로 구분할 수 없다는 독특한 견해를 제시한다.13) 그리고 이를 바탕으로 심즉성(心卽性)의 견해를 제시한다.

> 심(心)이 성(性)이고, 성(性)이 이(理)이니, (이들 사이에) '여(與)' 자
> 를 쓰면, 둘로 나누는 것을 면치 못할 것이다.14)

양명의 관점에서, '심즉성'과 '성즉리'의 관념은 동시에 성립하는 것이므로 최종적으로 '심(心)=성(性)=이(理)'의 논리가 성립한다. 그런데 이러한 도식을 받아들일 경우, 기존에 정주학에서 심과 성리를 구분하기 위해 사용하였던 형이상/형이하, 체/용의 범주와 논

---

12) 『王陽明全集』卷二, 『傳習錄中』, 「答羅整菴少宰書」, 76쪽. "夫理無內外, 性無內外."

13) 『王陽明全集』卷三十二, 『補錄·傳習錄拾遺』, 1173쪽. "人必要說心有內外, 原不曾實見心體. 我今說無內外, 尙恐學者流在有內外上去. 若設有內外, 則內外益判矣. 況心無內外, 亦不自我說. 明道 『定性書』有云 "且以性爲隨物於外, 則當其在外時, 何者爲在內?"此一條最痛快."

14) 『王陽明全集』卷一, 『傳習錄上』, 15쪽. "心卽性, 性卽理, 下一'與'字, 恐未免爲二."

리는 더 이상 적용할 수 없게 되어 양자는 단일한 것이 된다.15) 간단히 말해 기존의 심체(心體)와 성체(性體)의 간극이 해소되는 것이다. 주의할 것은 이때 심체(心體)는 양명의 사상에서 '심의 본체[心之體]'를 가리키는 것이 아니라, 심의 '본래 모습'을 가리키는 것으로 다만 인욕(人欲)과 대비되는 개념이다.16) 따라서 양명의 심성론에서 정주이학의 이분법적 개념과 그에 따른 구분들, 곧 본성과 감정, 체와 용, 형이상과 형이하, 그리고 미발과 이발 범주의 구분은 더 이상 무의미하다. 실제로 양명의 이러한 관점은 사덕(四德)과 사단(四端)에 관한 그의 논의에서 보다 분명하게 확인할 수 있다.

(2) 사덕과 사단, 본연지성과 기질지성의 통일

주지하는 것처럼, 정주성리학에서 사덕(四德:仁義禮智)과 사단(四端:惻隱羞惡辭讓是非)은 각기 성리와 정에 속하는 것이므로 성정을 구분하는 데 사용되었던 이분법적 구도와 논리가 그대로 석

---

15) 형이상과 형이하의 상호관계에 대한 왕양명의 견해는 하학(下學)과 상달(上達)에 대한 그의 견해에 잘 나타나 있다. 그는 다음과 같이 말한다(『王陽明全集』卷一,『傳習錄上』, 12~13쪽. "問上達工夫. 先生曰: 後儒敎人纔涉精微, 便謂上達, 未當學, 且說下學. 是分下學上達爲二也. 夫日可得見, 耳可得聞, 口可得言, 心可得思者, 皆下學也. 日不可得見, 耳不可得聞, 口不可得言, 心不可得思者, 上達也. 如木之栽培灌漑, 是下學也. 至於日夜之所息, 條達暢茂, 乃是上達. 人安能預其力哉? 故凡可用功, 可告語者, 皆下學. 上達只在下學裏. 凡聖人所說, 雖極精微, 俱是下學. 學者只從下學裏用功, 自然上達去. 不必別尋箇上達的工夫.")여기서 그는 하학과 상달을 구분하는 근거로 인간의 감각과 사려에 의거한 학문을 하학으로, 그리고 이러한 기준을 초월하는 것을 상달로 구분하고 있는데, 이것은 결국 그가 전통적인 형이상학과 형이하학의 구분에 근거하여 양자를 구분하고 있다는 점을 잘 보여준다. 하지만 그가 최종적으로 "상달 공부는 다만 하학 공부 가운데 있으므로 별도의 상달 공부를 찾을 필요가 없다"라는 주장을 제시했다는 것은, 기존의 형이상학과 형이하학의 기준과 구분을 전도시켜 결국 하학의 가치와 의의 안에서 형이상학을 자리매김하고 있다는 점을 시사한다. 간단히 말하면, 형이상학은 형이하학과 구별되는 하나의 독립적인 고차원적 영역이 아닌, 자연스럽게 형이하학을 부단히 견지했을 때 그로부터 드러나는 결과이자 효과이다.

16) 만일 전통적인 개념으로 이를 설명한다면, 본심(本心)이나 진심(眞心), 또는 양심(良心)을 말한다.

용된다. 하지만 앞서 말한 것처럼, 양명은 단일한 심성 개념 아래 기존의 이분법적 심성론을 모두 해체하였으므로 사덕과 사단에 대해서도 일관된 견해를 제시한다.

> 육징(陸澄)이 물었다: 인의예지(仁義禮智)라는 명칭은 이발 때문에 생긴 것입니까?
> 대답하였다: 그렇다.
> 다른 날, 육징이 다시 물었다: 측은(惻隱)·수오(羞惡)·사양(辭讓)·시비(是非)가 본성의 표덕(表德)이 아니겠습니까?
> 대답하였다: 인의예지도 또한 표덕이다. 본성은 하나일 뿐이다……(그것을 가리키는) 명칭은 무궁하지만, 단지 하나의 성일 따름이다.[17]

표덕(表德)은 원래 한 사람의 선행(善行)이나 덕행(德行)을 표양(表揚)하는 명칭인데, 양명의 제자인 육징은 이를 혼연한 본성이 외부 사태와 감응을 통해 적절하게 실현된 감정들, 곧 측은·수오·사양·시비에 비유하여 말하고 있다. 그의 견해 이면에는 본성은 본래 혼연한 형이상학적 도리이므로 언어로 명명할 수 없고 오직 사단으로 발현되었을 때에만 파악할 수 있으므로 사단을 곧 본성의 '드러난 덕성[表德]'으로 간주해야 한다는 생각이 전제되어 있다. 그런데 흥미로운 점은, 양명은 사단뿐만 아니라 나아가 사덕 또한 이발의 표덕으로 규정한다는 사실이다. 왜냐하면 일성(一性)은 혼연하여 참으로 언어로 정의하기 어렵지만, 인의예지(仁義禮智)라는 사덕 또한 내용과 특징 면에서 이미 구체화된 덕성을 가리키

---

17) 『王陽明全集』卷一, 『傳習錄上』, 15쪽. "澄问: "仁, 義, 禮, 智之名, 因已发而有?" 曰: "然." 他日, 澄曰: "惻隱, 羞惡, 辭讓, 是非, 是性之表德邪?" 曰: "仁, 義, 禮, 智, 也是表德. 性一而已……名至于无窮, 只一性而已.""

기 때문이다. 이 점에서 양명은 사덕과 사단을 혼연하고도 단일한 심성이 이미 어떤 사태와 관련하여 조리(條理)적 활동을 전개한 후에 성립된 동실이명(同實異名)의 덕성으로 간주한다. 또한 양명은 동일한 맥락에서 본연지성(本然之性)과 기질지성(氣質之性)도 동일시한다.

> 부자(夫子, 공자)는 "본성은 서로 비슷하다"고 말했으니, 이것은 곧 맹자가 말한 "인간의 본성은 선하다"에 해당한다. 그러므로 전적으로 기질의 측면에서만 말할 수는 없다. 만약 기질을 말할 것 같으면, 마치 강(剛)과 유(柔)가 대비되는 것과 같을 것이니 어떻게 서로 비슷할 수가 있겠는가? 오직 본성이 선하기 때문에 같을 수 있을 따름이다.[18]

> 측은지심이 기질지성이다. 형색(形色)과 천성(天性)은 완전히 하나이지 둘이 아니다. 다만 진성(盡性)의 측면에서 말하자면, 성(性)이 곧 기(氣)이고, 천형(踐形)의 측면에서 말하자면, 기가 곧 성이다.[19]

주희는 일찍이 공자가 말한 '성상근(性相近)'과 맹자가 제시한 '성선(性善)'을 각기 기질지성(氣質之性)과 본연지성(本然之性)으로 여겼는데, 이와 달리 양명은 양자가 모두 성선을 가리키는 것으로 보았다. 그가 이러한 견해를 피력한 까닭은 무엇보다도 성선을 기(氣)로부터 추상화된 본원(本原)을 의미하는 어떤 형이상학적 대상으로 정당화하기보다는 오히려 구체적인 기나 기질 안에서 정당

---

18) 『王陽明全集』卷三, 『傳習錄下』, 123쪽. "夫子說'性相近', 卽孟子說'性善', 不可專在氣質上說. 若說氣質, 如剛與柔對, 如何相近得? 惟性善則同耳."

19) 『王陽明全集』 卷四十一, 『言行錄彙集上』, 杭州: 浙江古籍出版社, 2010, 1626~1627쪽. "惻隱之心, 氣質之性也. 形色天性, 通一無二. 以盡性而言, 性卽是氣; 以踐形而言, 氣卽是性."(이하 이 책에서의 인용은 서명과 쪽수만을 표기하기로 한다.)

화하려고 했기 때문이다.[20] 만일 기존의 전통적인 성론에서 말하자면, 이것은 본연지성과 기질지성을 완전히 하나로 통일한 것이다. 이 점은 그가 앞서 측은지심을 기질지성으로 규정한 부분에서도 분명하게 확인할 수 있다. 왜냐하면 측은지심은 그 내용과 특징 면에서 볼 때 비록 인(仁)의 덕성이 발동한 것임에도 그것이 이미 정(情)의 형태를 띠고 있는 점을 감안할 때 최종적으로 이기(理氣)의 결합체임을 부정할 수 없기 때문이다. 이 점에서 사덕과 사단을 모두 기질지성이라고 말할 수 있다.[21] 양명은 이러한 그의 이기론과 심성론을 종합하여 '성즉기(性卽氣)'[22] 사상을 제시한다.

이상의 내용을 종합하면, 양명의 심성론에서 심과 본성, 본성과 감정, 사덕과 사단, 본연지성과 기질지성, 성리와 기는 본래부터 근본적으로 통일되어 있어 구분되거나 차별화되지 않는다. 그리고 바로 이러한 전제와 토대 위에서 양명은 기존의 정주학의 공부 논리와 체계를 철저하게 전복시킨다. 그리하여 그는 본성을 온전히 체인하고 실현하여 성인의 경계에 도달하려면 오히려 각 개체가 지닌 구체적인 기질이나 의념, 또는 감정과 같은 심의 활동의 적실

---

20) 추수익(鄒守益, 1491~1562)은 훗날 이러한 양명의 관점을 "성(性) 자는 심(心) 자와 생(生) 자로부터 나왔으니 (이는 마치) 어린아이가 부모를 사랑할 줄 알고, 어른을 공경할 줄 아는 것(과 같으니) 어찌 일찍이 기질을 떠나서 따로 천지의 성선(性善)을 구할 수 있겠는가?"라고 부연하고 있다. "孟子道性善, 正是大学明德, 中庸率性修道一派源流. 性字從心從生, 孩提知愛, 及長知敬, 何嘗离得氣質, 別可求天地之性善乎?先師之訓曰: "惻隱之心, 氣質之性也. 形色天性, 通一无二. 以盡性而言, 性即是氣; 以踐形而言, 氣即是性."(董平 編校整理, 『鄒守益集』卷十六, 『答問類二』, 「復古答劉甫問四條」, 南京:鳳凰出版社, 2007, 766쪽.)

21) 『王陽明全集』卷二, 『傳習錄中』, 「啓問道通書」, 61쪽. "氣即是性, …… 惻隱・羞惡・辭讓・是非即是氣. …… 氣即是性, 性即是氣, 原無性氣之可分也."

22) 『王陽明全集』卷二, 『傳習錄中』, 「啓問道通書」, 61쪽. "'生之謂性', '生'字即是'氣'字, 猶言氣即是性也. 氣即是性, 人生而靜以上不容說, 才說氣即是性即已落在一邊, 不是性之本原矣. 孟子性善, 是從本原上說. 然性善之端須在氣上始見得, 若無氣亦無可見矣. 惻隱・羞惡・辭讓・是非即是氣, 程子謂'論性不論氣不備, 論氣不論性不明', 亦是為學者各認一邊, 只得如此說. 若見得自性明白時, 氣即是性, 性即是氣, 原無性氣之可分也."

여부에 대한 부단한 점검과 실천적 자각이 더 본질적이라고 말한다. 간단히 말해 양명의 본성에 관한 논의를 보다 적실하게 이해하려면 그의 감정론에 대한 선행적 분석과 고찰이 필수적이다.

3. 심의 본체로서 즐거움의 도덕심리학적 의의

1) 새로운 본체(本體) 개념의 등장과 특징

앞서 서술한 것처럼, 양명은 심체(心體)와 성체(性體)를 단일한 범주로 통일하여 기존의 양자 사이의 간극을 해소한다. 그런데 철학사의 관점에서 보면, 그가 이처럼 기존의 성과 심 개념을 통일할 수 있었던 배경에는 무엇보다도 생의(生意)를 성의 범주에 도입했기 때문이다.[23] 실제로 그는 천지의 본질을 무엇보다도 생생불이(生生不二)의 활동체로 파악했으며, 또한 인간의 본성은 이것을 품수 받고 태어났다고 여겼다.[24]

그럼 생을 본질로 삼는 심성은 어떤 특성을 갖는가? 그것은 잠시도 멈추지 않는 부단한 유행(流行)이다. 심지어 양명은 계신공구(戒愼恐懼) 공부를 설명하는 곳에서 "이것(계신공구)은 하늘의 기틀이 멈추지 않는 것이니 이른바 '아 하늘의 명(命)이 밝게 빛나 그치지

---

23) 이 점은 그가 여러 곳에서 고자(告子)의 '생지위성(生之謂性)'을 새롭게 긍정하는 구절들에서도 확인할 수 있다.

24) 『王陽明全集』卷一,『傳習錄上』, 30쪽. "天地氣機, 元無一息之停. 然有箇主宰. 故不先不後, 不急不緩. 雖千變萬化, 而主宰常定. 人得此而生.",『王陽明全集』卷七,「自得齋說」, 265쪽. "夫率性之謂道, 道, 吾性也; 性, 吾生也."

않는구나!'를 말하는 것이니 한 번이라도 멈추면 곧 죽는다"25)라고 말한다. 이처럼 새로운 심체와 그에 따른 공부는 부단한 생의(生意)의 발현을 본질과 작용으로 삼으므로 기존의 미발과 이발의 구분법은 더 이상 무의미하며 오직 부단한 감응(感應) 가운데 명각(明覺) 활동의 유무만이 본성 실현의 관건이 된다. 또한 이처럼 심체 개념이 생의를 본질로 삼는 한, 그것은 더 이상 초월적이고 정태적인 형이상의 도리나 법칙이 아닌 인간이 기를 품부 받고 태어날 때 선천적으로 갖고 있는 심의 약동성과 생동감을 가리키게 된다. 이 때문에 양명은 '생지위성'을 『예기』에서 말한 천성(天性)26)과 동일시하는 동시에 그 근본적인 상태와 속성으로 '고요함[靜]'과 '무선무악(無善無惡)'을 든다. 다시 말하면, 생득적인 심성은 본래 고요한 상태를 본질로 하며 이때 그 특성은 아직 경험 차원에서의 선악 개념으로 규정할 수 없으므로 상대적인 선악 개념을 초월한다는 것이다. 물론 양명이 말하는 정(靜) 개념은 동정(動靜)과 같이 활동성을 결여한 정태적인 상태를 가리키는 것이 아니라, 심의 활동이 순리무욕(順理無欲)할 때 자연스럽게 유출되는 '안정[定]'이나 '편안함과 안정[寧定]'을 가리킨다.27)

---

25) 『王陽明全集』 卷三, 『傳習錄下』, 91쪽. "戒懼之念, 是活潑潑地, 此是天機不息處, 所謂 『維天之命, 於穆不已』 一息便是死, 非本體之念即是私念." 이 밖에 양명은 다른 곳에서 천지와 인심의 부단한 유행과 관련하여 다음과 같이 지적한다. "인심은 본래 쉬지 않는다. 비록 잠을 자더라도 이 마음은 또한 유동한다. 예를 들면, 천지의 조화는 본래 단 한 번도 멈춘 적이 없다. …… 하지만 잠을 잘 때조차도 또한 지각이 있으니 그런 까닭에 꿈을 꿀 수 있고, 한 번 부르면 곧 잠에서 깨는 것이다. 마른나무와 죽은 재는 지각이 없으므로 곧 깨어나지 못하는 것이다."("人心自是不息. 雖在睡夢, 此心亦是流動. 如天地之化, 本無一息之停. …… 然瞌睡也有知覺, 故能做夢, 故一喚便醒. 槁木死灰, 無知覺, 便不醒矣." 『王陽明全集』 卷三十二, 『傳習錄拾遺』, 1173~1174쪽.) 이러한 견해들은 심의 감각과 지각의 연원을 설명한 것으로 생의(生意)의 부단한 유행과 발현이 곧 개체의 감각과 지각임을 설명하고 있다.

26) 『禮記』 卷三十八, 「樂記」, "人生而靜, 天之性也."

27) 『王陽明全集』 卷三, 『傳習錄下』, 91쪽. "九川問: "近年因厭泛濫之學, 每要靜坐, 求屏息念

이상의 논의를 종합해 볼 때, 양명이 새롭게 제시한 심체는 일차적으로 부단한 생의의 자연스러운 유행을 핵심으로 한 무체성(無滯性)을 가장 근본적인 특징으로 갖는다. 그리고 가치의 측면에서 보면, 이러한 무체성은 무선무악이나 순리무욕에 따른 심적 편안함과 안정으로 구현된다. 실제로 무체성은 양명의 사상에서 이중적 의미를 포함한다. 본체의 차원에서는 심의 본체가 정태적이지 않고 부단히 유행하는 것을 가리키는 반면, 공부의 차원에서는 주체가 주관적이고 인위적인 사의(私意)나 사욕(私欲)을 공부 과정에 개입시키거나 점착시키지 않고 본체의 무체성을 온전히 구현하는 것을 말한다. 이와 반대로, 만일 주체가 어떤 형태로든 그의 사의나 사욕을 공부 과정에 투여할 경우 그 결과로 심체의 무체성은 질곡(桎梏)되거나 손상되어 고요함과 안정, 그리고 편안함으로 구현될 수 없다. 주체의 입장에서 이러한 심체의 은폐나 왜곡을 말한다면, 자발적이고 자유로운 심의 유행이 울결(鬱結)되어 발생하는 부정적 현상에 해당하므로 일종의 심리적 외상(外傷, complex)으로 정의할 수 있다. 이 점들을 고려할 때, 양명이 생의 관념을 중심으로 기존의 성체와 심체를 통일하여 새롭게 제시한 본체 개념은 필연적으로 새로운 심성론과 공부론을 요청하며, 그 논의의 중심은 자연스럽게 심의 무체성을 어떻게 규정하고 이해할 것인가와, 또한 그 부정적 현상으로서 무체성의 질곡이나 손상을 어떻게 파악하고 실제

慮, 非惟不能, 愈覺擾擾, 如何?" 先生曰: "念如何可息? 只是要正." 曰: "當自有無念時否?" 先生曰: "實無無念時." 曰: "如此卻如何言靜?" 曰: "靜未嘗不動, 動未嘗不靜. 戒謹恐懼卽是念, 何分動靜?" 曰: "周子何以言'定之以中正仁義而主靜'?" 曰: "'無欲故靜', 是'靜亦定, 動亦定'的'定'字, 主其本體也. 戒懼之念是活潑潑地. 此是天機不息處, 所謂'維天之命, 於穆不已', 一息便是死, 非本體之念, 卽是私念." 이 밖에, 양명은 또한 다른 곳에서 심(心)과 정(定)의 관계와 관련하여 안정은 심의 본체라는 견해를 피력한다(『王陽明全集』卷一, 『傳習錄上』, 16쪽. "定者心之本體").

로 제거할 것인가의 문제로 귀착된다.

2) 심의 본체로서 즐거움과 감정의 관계

송명 이학의 본체론에서 양명의 사상이 기타 유학자들과 확연히 구분되는 것은, 그가 처음으로 "즐거움이 심의 본체이다"[28]라고 규정했다는 사실이다. 그리고 심의 본체를 즐거움으로 규정한 이상 심의 본체는 감정과 밀접한 연관성을 갖지 않을 수 없다.[29]

실제로 양명은 희(喜)·노(怒)·애(愛)·구(懼)·애(愛)·오(惡)·욕(欲)과 같은 칠정(七情)은 인간이라면 누구나 갖고 태어나는 보편적 감정으로 설명하고 있을 뿐만 아니라,[30] 또한 즐거움과 칠정의 상호 관계에 대해 "즐거움은 심의 본체로서 칠정에서 비롯되는 즐거움과 동일하지는 않지만, 또한 칠정의 즐거움에서 벗어나지도 않는다. 비록 성현에게는 별도로 참된 즐거움이 있지만, 일반 사람들도 이를 공유한다."[31]고 말한다. 이것은 본체의 즐거움과 칠정에서 비롯되는 즐거움의 상호관계를 설명한 것으로 본체에서 비롯된 즐거움이 비록 전적으로 칠정의 즐거움으로 환원되지는 않는다고 하더라도, 본체의 즐거움이 칠정의 즐거움을 떠나 독립적으로 실현

---

28) 『王陽明全集』 卷五, 『文錄二』, 「與黃勉之」, 194쪽. "樂是心之本體".

29) 사실, 송명성리학에서 정(情) 개념은 현대 철학에서 이성(reason)과 대비시켜 한정적으로 말하는 감정(emotion)과 달리 매우 다양하고도 포괄적인 의미를 갖고 있다. 그것은 일차적으로 본성의 발현으로서 사단(四端)과 칠정(七情)을 아우를 뿐만 아니라, 나아가 느낌(feeling)과 지각(perception), 그리고 일반적인감수성(sensibility) 등을 포괄한다(이찬, 『東洋哲學』 제39집, 韓國東洋哲學會, 2013, 86쪽). 필자는 기본적으로 이러한 견해에 동의하며, 이 글에서의 감정에 관한 논의는 이러한 관점을 바탕으로 진행함을 밝힌다.

30) 『王陽明全集』 卷三, 『傳習錄下』, 111쪽. "喜怒愛懼愛惡欲, 謂之七情. 七者俱是人心合有的."

31) 『王陽明全集』 卷二, 『傳習錄中』, 「答陸原靜書」, 70쪽. "樂是心之本體, 雖不同於七情之樂, 而亦不外於七情之樂. 雖則聖賢別有眞樂, 而亦常人之所同有."

되는 것이 아니라는 것이다.32) 이 점에서 그는 또한 역설적으로 "즐거움이 심의 본체이다. 즐거워할 것을 얻으면 기쁘고, 즐거워할 것에 반하면 분노하며 즐거워할 것을 잃으면 슬퍼하게 된다. 기뻐하지 않고 분노하지 않으며 슬퍼하지 않는 것, 이것이 참된 즐거움이다"33)라고 말한다. 다시 말하면, 칠정으로 대변되는 감정 일반의 준거는 심의 본체로서 즐거움이며 오직 이 즐거움에 근거하여 감정이 발생했을 때 그 감정들은 적절하다는 것이다. 그런데 양명은 또다시 이러한 기쁨이나 분노, 또는 슬픔 등과 같은 감정들을 느끼지 않을 때 비로소 참된 즐거움을 누릴 수 있다고 역설한다. 일견 모순된 이 두 가지 관점을 어떻게 이해해야 하는가?

결론부터 말하면, 이것은 심체의 무체성을 바탕으로 즐거움과 감정의 관계를 설명한 것이다. 감정은 마음이 어떤 구체적인 사태에 직면했을 때 발생하는 것인 반면, 심의 본체로서 즐거움은 이러한 감정들과 달리 훨씬 근원적이며 본질적인 정감으로서 마치 하이데거(M. Heidegger)가 인간 현존재의 존재론적 토대로서 말한 일종의 '근본 정서(Grundstimmung)'와 같다. 이 점에서 즐거움은 그 실현 방식에서 감정들과 체용 관계에 있으면서도 동시에 존재 방식에서는 감정들과 구분되므로 감정 일반으로 환원되지 않는 것이다.34)

---

32) 이 점에서 양꾸워롱(楊國榮)은 양명이 성인의 진락(眞樂)으로서 말하는 즐거움이 비록 감성적 쾌감보다 정신적 희열에 가까운 것이 사실이지만, 그럼에도 그 이면에는 여전히 감성적 차원의 즐거움이 투영되어 있다는 점은 부인할 수 없다고 지적한다. 이에 관한 자세한 논의는 楊國榮 著, 『心學之思』, 三聯書店, 1997, 75~76쪽 참조.

33) 『王陽明全集』(新編本) 卷四十, 『稽山承語』, 1610~1611쪽. "問: "喜怒哀樂". 陽明老師曰: "樂者心之本體也, 得所樂則喜, 反所樂則怒, 失所樂則哀, 不喜不怒不哀時, 此真樂也."

34) 이 점은 양명의 미발이발 사상을 살펴보면 보다 분명해진다. 그의 견해에 따르면, 미발지중은 심의 본체로서 아직 구체적인 감정들이 드러나지 않은 상태를 가리키고, 반면 이발은 칠정이 어떤 사태와 관련하여 구체적으로 드러난 상태를 가리키기 때문이다. 따라서 본체의 즐거움은 미발지중의 즐거움을 의미하므로 칠정의 즐거움과 동일시될 수 없다. 또한 앞서 지적한 것

그러므로 즐거움은 감정이 구체적인 외부 사태에 따라 발생할 때 그 감정으로 변용되어 구현되지만, 동시에 무체성을 그 본질적 속성으로 삼으므로 시시각각 발생하는 감정들에 의해 한정되거나 정체되지 않는다. 이상의 논의를 종합하면, 양명의 관점에서 참된 즐거움은 칠정이 발생했을 때 그 칠정을 적절하게 실현하면서도 동시에 그 감정들을 매개로 구현되는 본체로서 즐거움의 무체성을 자각하고 실현할 때 획득된다. 그러면 심의 본체로서 즐거움은 구체적으로 무엇을 의미하는가?

> 물었다: 즐거움이 심의 본체라고 말씀하셨습니다. 잘 모르겠습니다만 부모님의 상을 당해 슬피 통곡할 때에도 이 즐거움은 여전히 존재합니까?
> 선생께서 대답하셨다: 반드시 한 차례 크게 통곡해야만 비로소 즐거우니, 통곡하지 않으면 곧 즐겁지 않다. 비록 통곡할지라도 이 마음이 편안한 것이 곧 즐거움이다. 그러므로 (이때에도) 본체는 일찍이 동요된 적이 없다.[35]

앞의 인용문은 심의 본체로서 즐거움이 일반적인 기쁨이나 슬픔과 같은 감정과 구분된다는 점을 잘 보여준다. 여기서 통곡으로 대변되는 고통과 슬픔은 부모의 상(喪)에서 발생할 수 있는 가장 자연스러운 감정이다. 따라서 이러한 감정을 억누르거나, 또는 다른 감정이 발생할 경우 그것은 심체의 본질과 속성의 구현을 저해한

처럼, 양명은 미발이발의 공부와 관련하여 인용구체(因用求體)의 공부 방법을 제시하였으므로 본체의 즐거움 자체를 대상으로 삼아 공부할 수는 없기 때문에 본체가 작용으로 드러난 지점, 곧 칠정에서 즐거움을 체인하는 공부를 해야 한다는 논리를 제시한 것으로 보인다.

35) 『王陽明全集』 卷三, 『傳習錄下』, 112쪽. "問: 樂是心之本體, 不知遇大故於哀哭時, 此樂還在否?" 先生曰: "須是大哭一番了方樂, 不哭便不樂矣. 雖哭, 此心安處, 卽是樂也; 本體未嘗有動."

다. 이 때문에 양명은 한바탕 대성통곡을 한 후에야 비로소 마음이 슬픔에서 비롯되는 불안감을 넘어서 안정되고 편안해지며 이것이 곧 본체인 즐거움이 제대로 구현된 것이라고 역설한다. 이 점에서 양명은 일관되게 애통(哀慟)과 '안처(安處)'를 구분한다.

만일 심리학의 관점에서 보자면, 이때의 즐거움은 부모의 상에 직면하여 마음에 나타나는 일종의 회한과 참담함 때문에 발생한 울결(鬱結)을 한 차례 대성통곡을 통해 해소함으로써 그 반대급부로 구현되는 '후련하고 시원한' 감정일 것이다. 여기서 분명한 것은 이때에도 후련한 느낌과 감정은 애통한 감정과 동일시할 수 없으며, 그것은 오히려 상심으로부터 발생하는 애통함이 통곡을 통해 점차 해소되면서 그 효과로 구현되는 심의 본체라고 보는 것이 더 타당하다. 실제로 어떤 사태와 관련하여 발생한 고통이나 불안의 강도가 점차 후련함과 안정으로 이행하는 과정은 양명이 즐거움을 심의 가장 근원적이고 심층적인 근본 정서로 삼은 것과 일치한다.

하지만 사싱직인 관점에서 볼 때 양명의 견해는 분명 매우 중요한 의의를 함축하고 있다. 그것은 부모의 상이 상징하는 유학의 인륜성이다. 특히 유학에서 부자자효(父慈子孝)는 천륜(天倫)으로서 삼강오륜(三綱五倫) 가운데 가장 근본적인 윤리적 덕목으로 강조된다. 따라서 자녀가 부모의 상을 당하여 느끼는 비통한 감정은 일반적인 신체적·심리적 고통과 달리 그 자체가 도덕성과 윤리성의 표징으로 여겨진다. 따라서 이때 고통과 그에 따른 감정의 표현은 유학의 인륜적 장에서 자연스러운 본성의 발현으로 간주된다. 그러므로 이러한 배경과 맥락에서 고찰하면, 애통함은 단순히 즐거움을 실현하기 위한 반대급부의 조건이 아니라, 오히려 그 자체가 이미 인륜성의 개시로서 심의 본체로서 즐거움이 전개되는 것으로 간주할 수 있다. 그리고 이 점에서 즐거움과 애통한 감정은 서로 충돌하거나 모순되지 않는다. 이때 양자는 오히려 심의 본래 모습과 상태가 가장 적절한 형태로 구현되는 과정을 상징한다. 이 때문은 양명은 다른 곳에서 즐거움과 슬픔의 관계와 관련하여 "즐거움이 심의 본체이다. 본체를 따르면 선이고, 본체를 거스르면 악이다. 가령 슬퍼하는 것이 그 실정에 부합하면, 슬픔이 본체를 얻게 되어 또한 즐겁게 된다"[36]고 말한다. 그러면 어떤 사태와 관련하여 즐거움을 적절한 감정으로 실현하기 위한 공부 방법과 목적은 무엇인가?

> 내(육징)가 홍려사(鴻臚寺)에 잠시 머물 때 갑자기 집에서 편지를 보내왔는데 아이의 병이 위급하다고 알려 왔다. 그러자 나의 마음은 아주 근심과 번민으로 가득 차 감당할 수 없었다.
> 선생께서 말씀하셨다: 이때가 바로 공부해야 할 때이다. 만일 이 때를 놓친다면, 한가할 때 하는 강학이 무슨 소용이 있겠는가? 사람은 바로 이러한 때에 연마해야 한다. 아버지가 자식을 사랑하는 것은 참으로 지극한 정이다. 하지만 천리에는 또한 본래 중화(中和)의 차원이 있으니 이에서 지나치면 곧 사의(私意)가 된다. 사람들은 이러한 상황에서 대부분 당연히 근심하는 것이 천리라고 여겨서 줄곧 "근심하고 괴로워하여 이미 근심하고 걱정하는 것이 있으면, 그 올바름을 얻지 못한다"라는 사실을 모른다. 대개 칠정의 감통은 지나친 경우가 대부분이고, 못 미치는 경우는 적다. 지나치자마자 곧 심의 본체가 아니니 반드시 조절하여 중절케 해야 한다. 가령 부모의 상을 당했을 경우 자식으로서 어찌 한바탕 죽도록 통곡하여 마음이 통쾌(후련)해지기를 바라지 않겠는가? 하지만 (『효경』에서) 오히려 "슬퍼하여 몸을 상하는 것이 목숨을 해치는

---

36) 『王陽明全集』(新編本) 卷四十, 『陽明先生遺言錄下』, 1605쪽. "樂是心之本體. 順本體是善, 逆本體是惡. 如哀當其情, 則哀得本體, 亦是樂."

데까지 이르러서는 안 된다"라고 했으니, 이러한 법도는 성인께서 억지로 제정한 것이 아니라, 천리의 본체에 본래 일정한 한도가 있어서 지나쳐서는 안 되기 때문이다. 사람이 다만 심체를 묵식한 다면, 자연히 조금도 더하거나 빼지 못할 것이다."[37]

여기서 양명은 천리의 본질에 입각하여 감정 표현의 중절(中節) 의 중요성을 강조한다. 그에 따르면, 천리의 본질 자체가 중화를 지 니고 있으므로 이를 품수 받아 형성된 인간의 마음과 감정도 본래 중절(中節)의 화(和)를 내포하고 있다는 것이다.[38] 그러므로 부모의 상 때 통곡하는 것은 본래 심성의 자연스러운 발로이지만, 정작 문 제는 그러나 감정이 발생할 때 나타나는 과부족이며, 그 원인으로 양명은 그 원인으로서 의식적·무의식적인 집착을 든다. 이러한 언 급들을 감안할 때, 공부의 실제 대상은 과불급의 감정이고, 그 목적 은 과불급의 감정을 적절하게 조절하여 중절에 이르는 것이다.

특히 여기서 이목을 끄는 점은 양명이 중화를 성취하는 공부 방 법으로 다름 아닌 구체적인 사태에서 실제로 발생하는 감정의 과 부족을 든다는 점이다. 이러한 공부법은 송명의 심학자들이 전통적 으로 강조해온 사상마련(事上磨鍊)의 공부법을 가리키는 것으로 새삼스러울 것은 없다. 다만, 양명이 기타 심학자들과 다른 점은,

---

37) 『王陽明全集』卷一, 『傳習錄上』, 17쪽. "澄在鴻臚寺倉居, 忽家信至, 言兒病危. 澄心甚憂 悶不能堪. 先生曰: "此時正宜用功. 若此時放過, 閒時講學何用? 人正要在此等時磨鍊. 父之 愛子, 自是至情. 然天理亦自有箇中和處, 過即是私意. 人於此處多認做天理當憂, 則一向憂 苦, 不知己是有所憂患, 不得其正. 大抵七情所感, 多只是過, 少不及者. 才過, 便非心之本 體, 必須調停適中始得. 就如父母之喪, 人子豈不欲一哭便死, 方快於心. 然却曰:'毀不滅性', 非聖人强制之也, 天理本體自有分限, 不可過也. 人但要識得心體,自然增減分毫不得."

38) 예를 들면, 양명은 중화와 희로애락의 관계에 대해 다음과 같이 말한다. "희로애락의 본 모습 은 본래 중화의 상태이다. 자신의 생각을 거기에 개입시키자마자 곧 과불급이 발생하여 사사 롭게 된다."(『王陽明全集』卷一, 『傳習錄上』, 19쪽. "喜怒哀樂, 本體自是中和的. 纔自家着 些意思, 便過不及, 便是私.")

168 | 감정의 도덕심리학적 고찰

치중화(致中和)의 이상적인 경계를 실현하는 공부 대상으로 무엇보다도 감정을 제시하고, 그 실제적인 내용과 목적을 감정의 과불급의 교정에 둔다는 것이다. 이것은 앞서 지적했던 체용일원을 전제한 인용구체(因用求體)의 공부 논리와 취지를 그대로 반영한 것으로 감정의 과불급에 대한 교정이 곧 중화의 실현이라는 취지를 명시한다. 실제로 논리적인 측면에서 볼 때, 이미 중절되어 조화로운 감정 상태에서는 더 이상 공부가 필요하지 않으므로 공부를 말할 여지가 없다. 오히려 공부는 중화에 도달하지 못한 감정에 대해서만 그 존재 가치와 의의를 지닌다. 또한 이상적인 중화의 상태는 추상적인 논리와 사유를 전제로 한 이론적 작업을 통해서 성취할 수 없으며, 오직 실제로 과불급한 감정에 직면하여 그것을 실천적으로 바로잡을 때에만 체득할 수 있다. 이것이 곧 양명이 마음의 이상적인 경계로서 중화와 관련하여 제시한 감정론과 공부론의 가장 독창적인 의의이다.39)

---

39) 예를 들면, 남송(南宋)의 심학자인 양간(楊簡, 1140~1225)은 일찍이 양명의 본체론 및 감정론과 매우 유사한 사상을 제시한다. 그는 심체와 애통한 감정의 관계에 대한 신묘한 자각을 다음과 같이 서술한 적이 있다. "어머니의 상례를 치르면서 애통함이 이루 말할 수 없었다. 이윽고 오랜 시간 지난 후에 돌이켜보니, 이전에 애통할 때에도 또한 (심체는) 고요하여 움직이지 않았는데도 그것이 자연스러워 스스로 이를 알아차리지 못했다. 이에 이르러서야 비로소 공자가 안연이 죽었을 때 슬퍼하는 것이 통곡하는 지경에 이르렀는데도 스스로 알지 못한 까닭이 바로 사려와 행위가 없는 신묘함에 부합했기 때문이라는 점을 깨달았다. 이를 계기로 나의 마음에 이러한 묘용이 갖춰져 있다는 것을 더욱 확신하게 되었다."(楊簡 撰,『慈湖遺書』卷7, 欽定四庫全書本, 集部, 別集類. "居妣氏喪, 哀慟切痛, 不可云喻. 既久慧省察, 巽正哀慟時, 乃亦寂然不動, 自然不自知, 方悟孔子哭顏淵至於慟矣而不自知, 正合無思無爲之妙, 益信吾心有如此妙用.") 여기서 양간은 모친상에서 비롯된 애통한 감정으로 인해 대성통곡을 하는 과정에서도 정작 심체가 적연부동(寂然不動)하고 동시에 자연스럽게 묘용(妙用)하는 것에 대해 기술하고 있다. 이때 적연부동은 양명이 말한 고요함[靜]에 해당되는 범주로서 마음의 의식 활동이나 감정이 없는 상태를 묘사했다기보다 심리적 안정과 편안한 상태를 가리킨다(진래 지음, 안재호 옮김,『송명성리학』, 예문서원, 1997, 305~306쪽). 또한 양간은 심체의 묘용과 일반적인 심리 활동을 구분하기 위한 기준으로 '무사무위(無思無爲)'를 든다. 이 것은 모친에 죽음에 대한 애통함과 통곡이 어떤 인위적인 안배와 의도에 의해 촉발되었다기보다 즉각적이고 자연스럽게 발현되었다는 것을 시사해준다. 그럼에도 양간과 양명 사이에는 결정적인 차이점이 존재한다. 동일한 체험에서 양간은 의도와 감정을 초월하는 심체 자체의

4. 실제적인 감정의 중절(中節)을 위한 전제와 공부, 그리고 목적

1) 감정과 양지의 관계

감정은 양명의 사상에서 마음이 이미 어떤 사태와 감응한 상태를 의미하므로 중절을 성취하는 문제는 곧 공부론의 주요 내용과 목적을 구성한다.[40] 논의의 핵심은 이러한 감정들이 두 종류로 구분된다는 데 있다. 하나는 사단(四端)과 칠정(七情)처럼 선천적으로 타고나는 것으로 간주되는 일차적·자연적 감정들이고, 다른 하나는 근심과 걱정 등과 같은 이차적이고 파생적인 감정들이다. 실제로 양명은 후자와 같은 부정적인 감정의 대표적인 전형들로서『상서』에 나오는 호오(好惡)[41]와,『대학』에서 정심(正心)에 위배되는 감정들로 제시하고 있는 분치(忿懥)·공구(恐懼)·호락(好樂)·우환(憂患)[42] 등을 든다. 이러한 감정들이 일차적이고 자연적인 감정

본질과 속성을 체득할 것을 강조한 반면, 양명은 구체적인 감정의 차원에서 구현되는 심체의 본질과 속성을 체득할 것을 강조한다는 점이다. 이 때문에 양간이 본체의 본질과 속성을 적연부동과 무사무위, 묘용이라는 형이상학적 범주들로 규정한 것과 달리, 양명은 본체의 본질과 속성을 즐거움과 감정의 중화라는 보다 형이하학적인 범주들로 설명한다. 이들 사이에 나타나는 이러한 사상적 지향의 차이점에는 심체에 대한 그들의 상이한 이해가 전제되어 있다. 하지만, 이에 관한 논의는 별도의 전문적인 서술을 필요로 하므로 지면의 제약 상 더 이상 구체적인 논의는 생략한다.

40)『王陽明全集』卷四,『文錄一』,「與王純甫」, 154～155쪽. "天下事雖萬變, 吾所以應之, 不出乎喜怒哀樂四者. 此爲學之要, 而爲政亦在其中矣."

41)『尙書』卷六,『周書·洪範』의 원문은 다음과 같다. "無有作好, 尊王之道. 無有作惡, 尊王之路."

42)『大學』. "所謂脩身在正其心者, 身有所忿懥, 則不得其正; 有所恐懼, 則不得其正; 有所好樂, 則不得其正; 有所憂患, 則不得其正. 心不在焉, 視而不見, 聽而不聞, 食而不知其味.此謂脩身在正其心." 한편, 이러한 부정적 감정들 외에도, 또한 부정적인 심적 상태를 발생시키는 대표적인 것으로는 '여색을 밝히는 것[好色]', '이익을 밝히는 것[好利]', '명예를 밝히는 것[好名]', '재물을 밝히는 것[好貨]' 등이 있다. 부정적 감정들과 달리, 이러한 심적 경향들은 주로 사의

들과 서로 다른 까닭은, 일차적인 감정들이 어떤 사태에 직면하여 자발적이고 자연스럽게 발생하여 활동하는 데 반해, 이차적인 감정들은 주관적이고 인위적인 사의(私意)와 사욕(私欲)이 일차적인 감정에 점착되어 발생하기 때문에 외부 사태와 중절하지 못한다는 데 있다. 더욱 심각한 것은, 이렇게 발생한 이차적 감정들은 이후 외부 사태의 추이와 무관하게 일정기간 주체의 심중에 지속적으로 잔류하며 마음에 영향을 끼친다는 것이다. 심리학의 측면에서 보자면, 이러한 감정들은 외부 사태의 추이에 따라 변동하지 않는다는 점에서 더 이상 감정으로 볼 수 없으며 오히려 부정적 정서에 가깝다. 그리고 마음이 이러한 상태에 함몰되면, 곧 마음의 불균형인 '편의(偏倚)'가 발생한다.

여기서 심상 공부와 관련하여 한 가지 중요한 문제가 대두된다. 만일 양명의 말처럼, 자연적 감정조차도 그 특징상 일반적으로 과도한 경향을 띨 뿐만 아니라, 또한 그 변화 과정에서 주체의 사의나 사욕 때문에 인위적이고 파생적인 감정이나 정서로 쉽게 변질된다면 이것을 제어하여 다시 중절의 상태에 도달하게 하는 능력과 활동은 어디로부터 연원하는 것일까? 그것은 감정 자체로부터 나오는 것인가? 아니면 감정 외에 근거하는가? 만일 그러한 능력과 활동이 감정 자체에 기인하는 것이라면, 이때 감정은 적어도 어떤 형태로든 가치 지향적 판단력과 회복 능력을 필연적으로 갖고 있어

(私意)와 사욕(私欲), 곧 주관적인 의념이나 욕구를 주요 원인으로 삼아 발생한다는 점에서 감정과는 구분된다(『王陽明全集』卷一, 『傳習錄上』, 22쪽. "好色, 好利, 好名等心, 固是私欲", 『王陽明全集』卷三, 『傳習錄下』). 이러한 사의 및 사욕과 그것의 지속은 부정적 감정과 마찬가지로 불편불의(不偏不倚)한 본체로서 미발지중이 중화(中和)를 상징하는 확연대공(廓然大公)으로 드러나는 과정을 왜곡시키거나 손상시킨다는 점에서는 동일하다. 이 점에 대해서는 장차 본론에서 상론할 것이다.

야 한다. 하지만 이 경우 왜 감정에서 쉽게 과부족이 발생되며 나아가 사의와 사욕이 개입될 때 이를 사전에 차단하지 못하는지에 대해 설명하기 어렵다. 이와 대조적으로, 가치 지향적 판단력과 활동이 감정 안에 존재하면서 사의나 사욕이 감정에 점착되어 과부족을 발생시킬 가능성을 제어하면서도 동시에 감정과는 구별된다고 한다면, 앞의 문제점을 해소할 수 있다. 양명은 이 가운데 후자의 방안을 선택한 것으로 보인다. 실제로 그의 양지(良知)와 미발지중(未發之中)에 관한 논의는 이러한 관점과 논지를 잘 보여준다.43) 그는 일찍이 양지와 감정의 관계에 대해 다음과 같이 말한다.

> 기쁨·분노·슬픔·두려움·사랑·미움·욕구를 칠정(七情)이라고 한다. 이 칠정은 모두 사람의 마음이 본래 갖고 있는 것이다. 하지만 양지(良知)를 분명하게 알아야 한다. (양지는) 비유하자면 햇빛과 같아서 그것이 존재하는 장소를 지적할 수 없다. 마치 조그만 틈을 통해서 (주변이) 밝아져도 모두 햇빛이 존재하는 것과 같다. 비록 운무가 사방에 가득 차 있더라도 태허(太虛) 안에서 색깔과 형상을 구분할 수 있는데, 이것은 또한 햇빛이 그치지 않았기 때문이다. 구름이 해를 가린다고 해서 하늘로 하여금 구름을 생성하지 못하게 할 수는 없다. 칠정이 스스로 그러한 바의 유행을 따르면 모두 양지의 작용이 되므로, (칠정 자체를) 선악으로 구분하여 말할 수는 없다. 하지만 집착해서는 안 된다. 칠정에 집착하는 바가 있으면 모두 그것을 가리켜 인욕이라고 하니, 이것은 모두 양지를 가린다. 그렇지만 집착하자마자 양지는 또한 저절로 이것을 자각할 수 있다. 자각하면 곧 가린 것이 제거되어 그 본래

---

43) 여기서는 지면의 제약 상 양지(良知) 개념을 중심으로 논의하고자 한다. 참고로 미발지중이 본래 갖고 있는 감정과 행위의 과불급에 대한 선천적이고 자발적인 인식 및 조절 능력에 대해서 양명은 일찍이 안연(顏淵)의 예를 들어 설명하고 있다("안자가 자신의 분노를 남에게 옮기지 않았고, 두 번 다시 같은 실수를 반복하지 않은 것은 또한 미발지중이 있기 때문에 가능하였다." 『王陽明全集』卷一, 『傳習錄上』, 32쪽. "顏子不遷怒, 不貳過, 亦是有未發之中, 始能.").

의 모습을 회복하게 된다. 이 점을 분명하게 인식해야만 비로소
간이하고 투철한 공부이다.[44]

인용문에 따르면, 칠정은 인심(人心)이 본래 갖고 있으므로 인욕
이나 선악으로 규정할 수 없다. 그리고 칠정이 구체적인 사태에 따
라 자연스럽게 발현되어 유행할 때에는 곧 양지의 작용으로 볼 수
있고, 이와 반대로 개인의 사의나 사욕이 칠정의 유행에 점착되면,
칠정에 과부족이 발생하여 마침내 인욕으로 전화(轉化)된다. 여기
서 집착은 어떤 사태와 관련하여 발생한 칠정을 이후 감정의 자연
스러운 변화와 무관하게 특정 감정을 인위적으로 지속해나가는 것
을 가리킨다. 그런데 이처럼 자연적 감정이 인욕으로 변질될 때 이
를 즉각적으로 자각하고 주재하는 능력과 활동을 갖춘 것은 감정
이 아니라 양지이다. 주지하는 것처럼, 양명의 철학에서 양지는 도
덕 본체로서 지선지악(知善知惡)과 위선거악(爲善去惡)의 능력을
갖는다. 그러므로 양지가 감정을 인욕으로 변질시키는 사의와 사욕
을 자각하고 제어한 순간 이러한 부정적 요소들은 자연스럽게 소
멸되고 칠정은 다시 원래 상태를 회복하여 도덕 본체인 양지의 작
용을 구현한다. 이 때문에 양명은 또 다른 곳에서 그의 문인 육징
(陸澄)과 양지와 감정의 관계, 그리고 중화에 대해 토론할 때에
도 양지는 희(喜)·노(怒)·우(憂)·구(懼)와 같은 감정에 내재하
고 있으면서도 동시에 이들 감정에 의해 정체되지 않는다는 도

---

44) 『王陽明全集』卷三, 『傳習錄下』, 111쪽. "先生曰: "喜怒哀懼愛惡欲謂之七情. 七者俱是人
心合有的, 但要認得良知明白. 比如日光, 亦不可指着方所; 一隙通明, 皆是日光所在, 雖雲
霧四塞, 太虛中色象可辨, 亦是日光不滅處, 不可以雲能蔽日, 教天不要生雲. 七情順其自然
之流行, 皆是良知之用, 不可分別善惡, 但不可有所着; 七情有着, 俱謂之欲, 俱爲良知之蔽;
然才有着時, 良知亦自會覺, 覺即蔽去, 復其休矣! 此處能勘得破, 方是簡易透徹透功夫.""

리를 분명하게 자각하는 것이 곧 중화를 체득하는 관문임을 역
설한다.[45]

　이상의 논의를 요약하면, 감정의 과부족과 또한 감정을 부정적
정서로 변형시키는 원인으로서 사의와 사욕을 자각하고 제어하여
감정을 중절에 이르게 하는 능력과 활동은 양지의 능력과 활동에
의해 가능한 것이며 이때 양지는 선천적인 도덕 판단 능력과 활동
을 본질로 삼은 도덕 본체로서 칠정 안에 내재되어 있으면서도 동
시에 칠정과 구분되는 것이다.[46]

2) 감정과 안처(安處)

　앞서 감정의 중절을 최종적으로 제어하는 것이 다름 아닌 도덕
본체인 양지라는 점을 다루었다. 따라서 양지에 의해 중절된 감정
은 곧 양지의 구현을 뜻한다. 양명은 양지의 작용이 반영된 감정의
대표적인 표징으로 감정에 수반되는 '편안함[安處]'을 든다. 그런
데 문제는 이때의 편안함이 과연 중절로부터 비롯된 것인지 아니
면 개인의 사사로운 쾌락에서 연유한 것인지를 구분하는 것이 쉽

---

45) 양명은 양지와 감정의 관계에 대해 다음과 같이 말한다. "來書云: 嘗試於心, 喜怒憂懼之感發
也, 雖動氣之極, 而吾心良知一覺, 卽罔然消阻, 或遏於初, 或制於中, 或悔於後. 然則良知常
若居優閒無事之地而爲之主, 於喜怒憂懼若不與焉者, 何歟? 知此, 則知未發之中, 寂然不動
之體, 而有發而中節之和, 感而遂通之妙矣.......蓋良知雖不滯於喜怒憂懼, 而喜怒憂懼亦不
外於良知也."(『王陽明全集』卷二,『傳習錄中』,「答陸原靜書」, 65쪽) 이 밖에, 그는 다른 곳에
서도 "양지는 희로애락의 밖에 있는 것이 아니니, 이는 마치 천도(天道)가 원형이정(元亨利貞)
의 밖에 있지 않은 것과 같다. ...... 희로애락을 제거하면 어떻게 양지를 볼 것인가?"라고 말한
다(『王陽明全集』(新編本) 卷四十,『陽明先生遺言下』, 1605쪽. "良知不外喜怒哀樂, 猶天道
不外元亨利貞. ...... 除却喜怒哀樂, 何以見良知? 除了 元亨利貞, 何以見天道?") 이와 관련된
보다 상세한 논의는 김세정 지음,『왕양명의 생명철학』, 청계, 2006, 325∼329쪽 참조할 것.

46)『王陽明全集』卷三,『傳習錄下』, 114쪽. "問: "良知原是中和的, 如何却有過不及?" 先生曰:
"知得過不及處, 就是中和.""

지 않다는 것이다. 이 문제는 또한 앞서 지적했던 참된 즐거움과 칠정의 즐거움을 구분하는 것과도 연결된다. 양명은 이에 대해 그의 문인과 다음과 같이 논의하고 있다.

> 물었다: 인심(人心)의 앎에 의거할 경우 인욕을 이(理)로 오인하거나, 또는 도적을 아들로 인식하는 경우가 많습니다. 그런데 어디에서 곧 양지를 볼 수 있습니까?
> 선생께서 대답하셨다: 너는 어떻게 생각하느냐?
> 대답하였다: 마음이 편안한 지점에 이르러야 비로소 양지라고 할 수 있습니다.
> 말씀하셨다: 참으로 옳다. 하지만 성찰해야 하니, 평안히 여길 것이 아닌데도 평안히 여길까 두렵다.[47]

앞의 내용은 중절된 감정뿐만 아니라 인욕도 동일한 사태와 관련하여 편안함을 수반할 수 있다는 점을 잘 보여준다. 따라서 편안함은 적절한 감정 실현의 필요조건이므로 비록 마음에서 편안함을 느꼈다고 하더라도 그것이 진정한 즐거움인지는 양지에 의해 검증되어야 한다. 이 때문에 양명은 다른 문인이 『대학』의 "마음에 분노하는 바가 있으면 (마음의) 바름을 얻지 못하며, 두려워하는 바가 있으면 그 바름을 얻지 못하며, 좋아하고 즐거워하는 바가 있으면 그 바름을 얻지 못하며, 근심하는 바가 있으면 그 바름을 얻지 못한다"라는 구절에 대해 물었을 때에도 다음과 같이 대답한다.

분노·두려움·좋아함·즐거워함·근심과 같은 감정들이 어찌 사

---

47) 『王陽明全集』卷三十二,『補錄·傳習錄拾遺』, 1169쪽. "問: "据人心所知, 多有誤欲作理, 認賊作子處. 何處乃見良知?" 先生曰: "尔以爲何如?" 曰: "心所安處, 才是良知." 曰: "固是, 但要省察, 恐有非所安而安者."

람의 마음에 없을 수 있겠는가? 다만 지니고 있어서는 안 될 뿐이
다. 사람이 분노할 때 조금이라도 자신의 생각을 더하면, 곧 분노
함이 지나치게 될 것이니, 이러한 상태는 확연대공(廓然大公)의 본
모습이 아니다. 그러므로 분노하는 바가 있으면, 곧 마음의 바른
상태를 얻지 못할 것이다. 예를 들면, 이제 분노와 같은 감정에 있
어서 다만 어떤 사물이 다가오면 이에 순응하여 조금이라도 자신
의 생각을 보태지 않는다면, 곧 심체(心體)가 확연대공하게 되어
그 본체의 바름을 얻게 될 것이다. 가령 밖에 나갔다가 사람들이
서로 싸우는 것을 보게 되었을 때, 그중에 잘못한 상대방을 보면
내 마음에도 분노가 인다. 하지만 비록 분노할지라도 이 마음은
확 트여서 조금도 기운에 의해 동요된 적이 없다. 이처럼 다른 사
람에게 노여워하는 것은 또한 이와 같아야 비로소 바르게 된다.48)

　인용문에서 양명은 일관되게 부정적 감정과 정서의 발생 원인으
로 주관적 사의의 개입과 집착을 든다. 이러한 감정이나 정서의 가
장 큰 문제점은 심체(心體)를 질곡시켜 마음이 확연대공(廓然大公)
의 경계에 이르는 것을 저해한다는 것이다. 양명의 관점에서 확연
대공은 '마음이 탁 트여 중정(中正)한 상태'를 가리키는 것으로 심
의 본체와 경계를 모두 포괄한다. 이 때문에 확연대공은 다시 통명
성(通明性)과 무체성(無滯性)으로 설명할 수 있는데, 통명성은 심
체가 허령명각(虛靈明覺)을 본질로 삼는 것을 말하고,49) 무체성은
심체가 어떠한 지체성(遲滯性)이나 고착성(固着性)도 없음을 말한

---

48) 『王陽明全集』卷三, 『傳習錄下』, 98～99쪽. "問: "有所忿懥"一條. 先生曰: "忿懥幾件, 人
　　心怎能無得? 只是不可有耳. 凡人忿懥, 著了一分意思, 便怒得過當, 非廓然大公之體了. 故
　　有所忿懥, 便不得其正也. 如今於凡忿懥等件, 只是箇物來順應, 不要著一分意思, 便心體廓
　　然大公, 得其本體之正了. 且如出外見人相鬪, 其不是的, 我心亦怒. 然雖怒, 却此心廓然, 不
　　曾動些子氣. 如今怒人亦得如此, 方繼是正.""
49) 양명은 이러한 본체의 특징을 자주 거울에 비유하는데, 특히 미발지중을 거울의 '전체영철(全
　　體瑩徹)'로 설명한다(『王陽明全集』卷一, 『傳習錄上』, 23쪽. "'天理何以謂之中'? 曰: '無所
　　偏倚'. 曰: '無所偏倚, 是何等氣象'? 曰: '如明鏡然. 全體瑩徹, 略無纖塵染著.")

다. 특히 후자는 확연대공이 사실상 무체성과 동의어로서 모두 심체의 부단한 유행을 가리킨다는 점을 보여준다. 이 때문에 양명은 본체의 회복 및 실현과 관련하여 사의와 사견은 말할 것도 없고 심지어 좋은 의념조차도 심체에 잔류(留滯)시켜서는 안 되며, 만약 이것들이 심체에 지속적으로 잔류할 경우 심의 무체성을 질곡(桎梏)시킨다고 역설한다.[50]

이러한 견해들을 종합해보면, 결국 사의와 사욕에 의한 감정의 변질이 발생시키는 부정적인 영향과 효과는 심체의 무체성(확연대공)을 저해한다는 점에 있다. 그리고 이것은 심체가 특정 사태의 추이와 무관하게 일정한 지점에 고착되는 결과를 초래하여 이후 심체가 시시각각 발생하는 외부 사태에 자연스럽고 능동적으로 적절하게 대응하지 못하게 되는 것이다. 이러한 상태는 결국 본체로서의 확연대공이 온전한 경계로 실현되지 못하는 것을 의미한다. 그러므로 주체가 어떤 외부 사태의 추이와 무관하게 마음에 어떤 형태로든 지속적인 근심이나 불안감을 갖고 있다면, 그것은 곧 심의 본체로서 즐거움이 여전히 회복되거나 실현되지 못했다는 사실을 반증해준다. 이 점에서 양명은 일찍이 그의 제자인 황간(黃侃)이 자주 후회를 하는 것과 관련하여 다음과 같이 충고한다.

황간이 후회를 많이 하였다. 그러자 선생께서 말씀하셨다: "후회

---

50) 예를 들면, 양명은 그의 제자 육징과 중화(中和)에 대해 토론하는 과정에서 사념(私念)을 철저하게 제거해서 조금도 마음에 머물게 하지 않아야 이 마음 전체가 확연대공하게 된다고 지적한다(『王陽明全集』卷一, 『傳習錄上』, 23쪽. "須是平日好色好利好名等項一應私心, 掃除蕩滌, 無復纖毫留滯. 而此心全體廓然, 純是天理. 方可謂之喜怒哀樂未發之中. 方是天下之大本.", 『王陽明全集』卷三, 『傳習錄下』, 124쪽. "心體上著不得一念留滯, 就如眼著不得些子塵沙, 些子能得幾多? 滿眼便昏天黑地了." 又曰: "這一念不但是私念, 便好的念頭, 亦著不得些子. 如眼中放些金玉屑, 眼亦開不得了.")

는 병폐를 제거하는 약이니 개과천선하는 것을 으뜸으로 삼는다.
(그런데도) 만일 (이 후회하는 마음이) 심중에 오랫동안 잔류한다
면, 또한 이 약 때문에 병이 발생하게 될 것이다."[51]

한 친구가 선생을 모시고 있었는데 미간에 근심하는 기색이 역력
했다. 선생께서 그 친구를 돌아보시고 말씀하셨다. "양지는 본디
천지를 꿰뚫는다. 가깝게는 일신을 관통하니, 사람의 일신이 불쾌
하게 되는 것은 그다지 큰일을 요구하지 않는다. 단지 한 올의 머
리카락만 늘어져도 온몸이 곧 불쾌하게 된다. 이러한 상태에서 어
떤 것이라도 받아들일 수 있을까?[52]

앞의 인용문들은 양명이 왜 즐거움을 심의 본체로 삼고 그에 따
른 새로운 공부론을 제시했는지를 잘 설명해준다. 후회는 본래 양
지와 중화를 본체로 하는 심의 고유한 성찰 활동의 산물로서 주체
의 개과천선(改過遷善)을 위한 필수요건이다.[53] 그런데 문제는 주
체가 이러한 후회의 감정을 지속적으로 갖고 있을 때이다. 다시 말
하면, 후회감이 발생한 후에 마음은 단지 이것에 계속 사로잡혀 있
어서 오히려 개관천선의 실천 행위로 자연스럽게 나아가지 못했을
때 이 긍정적 감정은 이후 점차 내면으로 침잠되고 변질되어 부정
적이고 수동적인 정서 형태로 잠복한다. 그리고 이것은 이후 일정

---

51) 『王陽明全集』 卷一, 『傳習錄上』, 31쪽. "侃多悔. 先生曰: "悔悟是去病之藥, 以改之爲貴.
若留滯於中, 則又因藥發病."

52) 『王陽明全集』 卷三十二, 『補錄・傳習錄拾遺』, 1171쪽. "一友侍, 眉間有憂思, 先生顧謂他
友曰: "良知固徹天徹地. 近徹一身, 人一身不爽, 不須許大事. 第頭上一發下垂, 渾身即是爲
不快. 此中那容得一物耶?"

53) 이 점은 그가 육징과 학문을 토론하는 과정에서 '능히 계신공구할 수 있는 것이 양지'라고 말
한 부분과, 구양숭일에게 '양지는 언제나 자각하고 (거울처럼) 비춘다'고 말한 대목에서도 확
인된다. (『王陽明全集』 卷二, 『傳習錄中』, 「答陸原靜書」, 65쪽. "能戒愼恐懼者, 是良知
也.", 『王陽明全集』 卷二, 「答歐陽崇一」, 74쪽. "良知常覺, 常照: 常覺, 常照則如明鏡之懸,
而物之來者自不能遁其姸媸矣.")

한 조건과 계기가 주어지면, 더 이상 즐거움이나 편안함, 또는 안정과 같은 긍정적 정서가 아닌 우울함이나 근심과 같은 부정적 정서로 표출되는 것을 반복한다. 이 경우 마음이 생래적으로 갖고 있는 생의와 생동감, 그리고 그 자연스러운 유행은 부지불식간에 울결(鬱結)되어 마침내 침울함과 같은 심적 히스테리나 외상으로 변질될 수밖에 없다. 그리고 이러한 상태는 결과적으로 심체의 통명성과 무체성을 왜곡시켜서 주체가 부단히 변화하는 외부 사태에 적절하게 대응할 수 있는 유연성과 균형감각을 저하시킨다. 따라서 양명이 감정의 중절 여부의 기준으로 즐거움과 안락함을 제시한 가장 근본적인 동인과 목적은 주체의 심신이 언제나 개방성과 균형 감각을 자연스럽게 유지하게 하여 시시각각 발생하는 외부 사태를 대응하는 과정에서 과불급이 없는 상태, 곧 중화를 성취하도록 하는 데 있다.

3) 순리위락(順理爲樂): 도덕 감정과 심리적 즐거움의 통일

서론에서 지적한 것처럼, 유학사의 관점에서 볼 때 양명의 즐거움이 심의 본체라는 양명의 사상은 전통적인 공안낙처(孔顔樂處)의 문제와 연결되어 있다. 특히 주돈이가 이정(二程)에게 이 문제를 정식으로 제기한 이래 이 문제는 유학의 중심 과제가 된다.[54]

---

54) 程顥·程頤 著, 『二程集』 卷二, 『二程遺書』, 北京: 中華書局, 2006, 16쪽. "昔受學於周茂叔, 每令尋顔子仲尼樂處, 所樂何事." 비록 이와 동일한 구절이 현존하는 주돈이의 저작에 직접 등장하지는 않지만, 이하의 구절들은 공안낙처의 사상이 주돈이에게 있었음을 증명해준다. 『元公朱先生濂溪集』 卷四, 『通書』, 「志學第十」, 長沙: 岳麓書社, 2006, 59쪽. "學顔子之所學.", 앞의 책, 「顔子第二十三」, 64~65쪽. "顔子 '一簞食, 一瓢飮, 在陋巷, 人不堪其憂, 而不改其樂.' 夫富貴, 人所愛也. 顔子不愛不求, 而樂乎貧者, 獨何心哉? 天地間有至貴至愛可求而異乎彼者, 見其大而忘其小焉爾. 見其大則心泰, 心泰則無不足. 無不足則富貴貧賤處

하지만 이 문제의 기원은 선진(先秦)으로 소급된다. 특히 근래에 새롭게 발굴된 『곽점초간(郭店楚簡)』은 이러한 사실을 입증해준다. 예를 들면, 『성자명출(性自命出)』에서는 본성과 기쁨의 상호 관계에 대해 "무릇 본성을 움직이는 것은 사물이고, 본성으로 하여금 사물을 맞이하게 하는 것은 기쁨이다. …… 무릇 보이는 것을 사물이라 하고, 자기 안에서 유쾌한 것을 기쁨이라고 한다"[55]라고 기록하고 있으며, 또한 『오행(五行)』에서는 "군자가 심중에 우환이 없으면 심중에 지혜가 없게 되고, 심중에 지혜가 없게 되면 심중에 기쁨이 없게 되며, 심중에 기쁨이 없게 되면 불안하게 되고, 불안해지면 즐겁게 않게 되고, 즐겁지 않게 되면 덕이 없어진다"[56]라고 지적하고 있다. 이러한 내용들은 이미 선진 유학에서도 심성의 범주와 관련하여 기쁨이나 유쾌함이 본질적인 역할을 중시했으며 또한 덕성의 실현과 관련하여 기쁨과 편안함, 그리고 즐거움의 수반이 무엇보다도 중요하다는 것을 강조한다. 따라서 양명이 심의 본체 및 감정과 관련하여 즐거움을 논의한 내용은 이러한 유구한 유학의 사상적 전통과 의의를 계승하고 발전시킨 것이라고 평가할 수 있다.

이 주제와 관련하여 논의의 중점은 다음과 같다. 양명이 말한 감정의 내용과 범위는 일차적으로 심리적이고 도덕적인 감정 일반을 포괄한다. 그럼에도 그가 감정의 이상적인 상태를 가리키는 중절의

之一也. 處之一則能化而齊, 故顏子亞聖." 공안낙처의 본의와 그 사상사적 의의에 대해서는 진래 지음, 안재호 옮김, 『송명성리학』, 예문서원, 1997, 79~85쪽 참조.

55) "凡動性者, 物也; 逢性者, 悅也. …… 凡見者之謂物, 快於己者之謂悅."(郭海燕 著, 『性自命出』, 103쪽. 丁原植 主編 『新出簡帛文獻注釋論說』, 臺灣書房出版有限公司, 2008. 이하 저와 서명과 쪽수만 표기)

56) "君子亡中心之憂則亡中心之智, 亡中心之智則亡中心之悅. 亡中心之悅則不安, 不安則不樂, 不樂則亡德."(李燕 著, 『五行』, 2쪽. 丁原植 主編 『新出簡帛文獻注釋論說』)

최종 심급으로서 양지를 제시한 것이나, 공부의 구체적인 대상과 내용으로 감정의 과부족과 그에 따른 사의나 사욕의 조절을 통한 정심(正心)의 획득을 제시한 점을 감안하면, 결국 그의 감정론과 공부론의 궁극적인 목적은 다름 아닌 도덕 감정의 온전한 실현을 통한 도덕성과 인륜성의 완성에 있다는 점을 확인할 수 있다. 그런데 이러한 관점과 견해는 심리적 즐거움과 도덕적 본성의 조화와 통일이라는 도덕철학의 심각한 과제에 직면한다. 예를 들어, 공안 낙처의 문제는 두 가지 이해방식으로 접근이 가능하다. 구체적으로 말하면, 마음의 즐거움 때문에 도를 추구하는 것인가? 아니면 도를 추구하기 때문에 마음이 즐거운 것인가? 전자는 심리학의 문제로부터 도덕철학의 방향으로 나아가는 것이고, 이와 달리 후자는 도덕철학의 문제로부터 심리학의 방향으로 나아가는 것이므로 양자는 동일한 문제가 아니다.

양명은 이 문제를 '순리위락(順理爲樂)'의 주제 안에서 다룬다. 순리위락은 두 부분으로 나누어 살펴볼 수 있다. 하나는 양명이 말한 즐거움의 의미와 특징에 대한 논의이고, 다른 하나는 이 즐거움을 실현하는 구체적인 공부 방법과 내용이다. 먼저 즐거움에 대한 양명의 논의를 살펴보자. 그는 문인 황면지(黃勉之)와 『논어』의 첫장의 의미에 대해 토론하는 과정에서 다음과 같이 말한다.

> 즐거움은 심의 본체이다. 인자(仁者)의 마음은 천지만물을 일체로 여겨 흔연히 화합하고 화창(和暢)하므로 원래 간격이 없다. 그대가 보낸 편지에서 "사람의 생리(生理)는 본래 절로 조화를 이루어 화창하니 본래 즐거워하지 않은 것이 없습니다. 다만 객기(客氣)와 물욕(物欲) 때문에 이 조화롭고 화창한 기운이 어지럽혀져서 서로

간에 간단(間斷)이 발생하여 즐겁지 않게 됩니다"라고 말한 것이 그것이다. 그러므로 수시로 익히는 것은 이러한 마음의 본체를 구하여 회복하려는 것이다. 기뻐하면 할수록 본체가 점점 회복된다. 벗이 찾아오면 본체의 흔연히 화합하고 화창함이 충만해지고 두루 퍼져 간극이 없게 된다. 본체가 흔연하게 화합하고 화창하게 되는 것은 본래 이러한 것으로, 처음부터 밖으로부터 더해진 적이 없다.[57)]

여기서 양명은 일관되게 '열(悅)'과 '낙(樂)'을 심의 본체의 관점에서 설명하고, 시습(時習)의 과정에서 점차 드러나는 기쁨의 감정을 심의 본체가 회복되는 표징으로 간주한다.[58)] 나아가 이처럼 본체가 회복되는 효과를 주체가 타자와 서로 간의 간극을 넘어서 흔연하게 화합하고 화평하게 감통해가는 인(仁)의 경계와 작용으로 설명한다.[59)] 그리고 즐거움이 이처럼 점차 기쁨과 화합, 그리고 화

---

57) "樂是心之本體. 仁人之心, 以天地萬物爲一體, 欣合和暢, 原無間隔. 來書謂"人之生理, 本自和暢, 本無不樂, 但爲客氣物欲擾此和暢之氣, 始有間斷不樂"是也. 時習者, 求復此心之本體也. 悅悅本體漸復矣. 朋來則本體之欣合和暢, 充周無間. 本體之欣合和暢, 木來如是, 初未嘗有所增也."(『王陽明全集』卷五, 『文錄二』, 「與黃勉之」, 194쪽)

58) 참고로, 주희는 양명과 달리 『논어』 수장에 나오는 열락(悅樂)을 심의 본체로 설명하기보다 오히려 시습(時習)의 결과에 수반되는 기쁨이나 즐거움으로 규정하고, 이때 기쁨은 전적으로 내적인 것으로, 그리고 즐거움은 이러한 기쁨이 밖으로 드러난 감정으로 설명한다("'學而時習之', 須是自己時習, 然後知心裏說處.", "或問'不亦說乎'. 曰: "不但只是學道有說處. 今人學寫字, 初間寫不好, 到後來一旦寫得好時, 豈不歡喜! 又如人習射, 初間都射不中, 到後來射得中時, 豈不歡喜! 大抵學到說時, 已是進一進了. 只說後, 便自住不得. 且如人過險處, 過不得, 得人扶持將過. 纔過得險處了, 見一條平坦路, 便自歡喜行將去矣.", "問: '集注謂'中心喜悅, 其進自不能已'." 曰: "所以欲諸公將文字熟讀, 方始經心, 方始謂之習. 習是常常去習. 今人所以或作或輟者, 只緣是不曾到說處. 若到說處, 自住不得. 看來夫子只用說'學而時習'一句, 下面事自節節可見."(이상 인용문은 모두 黎靖德 編,『朱子語類』卷二十, 北京:中華書局, 1999, 450쪽 참조.), "'說在心, 樂主發散在外.', 說是中心自喜說, 樂便是說之發於外者.", "說是感於外而發於內, 樂則充於中而溢於外."(이상의 원문은 앞의 책, 453쪽)

59) 한편, 이러한 사상은 이미 선진 시대까지 소급해 간다. 예를 들어,『곽점초간』의『예생어정(禮生於情)』에서는 "사랑은 본성에서 나오고, 친히 여김은 사랑에서 나온다. …… 기쁨은 본성에서 나오고, 즐거움은 기쁨에서 나온다."(途宗流·劉祖信 著,『郭店楚簡先秦儒家逸書校釋』,『禮生於情』, 臺北:萬卷樓, 2001, 294쪽. "愛生於性, 親生於愛. …… 喜生於性, 樂生於喜.")라고 기록하고 있고, 이 밖에『오행(五行)』편에서는 "안색과 용모가 온화하면 변한다. 진심으로 남과 교류하면 기쁨이 충만하고, 심중의 기쁨을 형제에게 옮기면 친근해지고, 서로

창(和暢)으로 확장되지 못하는 주요 원인으로 개체의 혈기(血氣)나 의기(意氣), 또는 물욕(物欲)에서 비롯되는 사의와 사욕을 든다. 따라서 본체 실현과 관련된 공부의 일차적인 목적은 개체 중심의 사의와 사욕을 철저하게 제거하는 것이고, 이때 공부의 적실성 여부는 본체 회복 과정에서 점진적으로 증대되는 기쁨의 감정과 화창(和暢)한 기상에 대한 체인(體認)이다. 왜냐하면 기쁨과 화창함이 공부 과정에서 증진된다는 것은 다름 아닌 본체의 정체(停滯)가 점차 해소되면서 마음의 근본 정감인 즐거움이 자연스럽게 유출된다는 것을 의미하기 때문이다. 이 때문에 양명은 황면지가 '희열은 즐거움의 맹아(萌芽)'[60]라고 말했을 때 이 의견에 공감하여 "점차 희열을 느끼면 본체가 점차 회복된다"고 대답한다. 이 밖에 그는 또 다른 문인인 진구천(陳九川)이 와병에서 공부의 어려움에 대해 토로했을 때, 병과 상관없이 언제나 쾌활한 것이 공부의 본질이라고 충고하기도 한다.[61]

다음으로 공부의 대상과 특징에 대해 살펴보면, 그 일차적인 대상은 자연적 감정이 아니라, 이러한 감정들의 변형으로 인해 형성된 이차적 감정이나 정서이다. 엄밀히 말해 이러한 부정적 감정들이나 정서들은 자연적 감정들 및 주관적이고 인위적인 사의와 사

친근해져서 신뢰하게 되면 친하게 된다. 친하게 되어 돈독해지면 사랑하게 된다. 부모를 사랑하는 마음을 미루어 남을 사랑하면 인(仁)이다."라고 말하고 있다("顏色容貌溫, 變也. 以其中心與人交, 悅也. 中心悅旃遷於兄弟, 戚也. 戚而信之, 親也. 親而篤之, 愛也. 愛父, 其繼愛人, 仁也." 李零 著, 『郭店楚簡校讀記』, 北京: 中國人民大學出版社, 2007, 220~221쪽. 李燕 著, 『五行』, 4쪽. 丁原植 主編, 『新出簡帛文獻注釋論說』). 비록 양명은 생존 시에 『곽점초간』을 보지는 못했지만, 이러한 선진의 사상적 맹아를 무의식적으로 발전시키고 있다는 점에서 뛰어난 사상적 예광을 지녔다고 평가하지 않을 수 없다.

60) 『王陽明全集』 卷五, 「文錄二」, 「與黃勉之」, 194쪽. "悅則樂之萌矣."

61) 『王陽明全集』 卷三, 「傳習錄下」, 94쪽. "九川臥病虔州. 先生云:'病物亦難格, 覺得如何?' 對曰: '功夫甚難.' 先生曰:'常快活便是功夫.'"

욕이 결합하여 발생하므로 실제적인 공부의 대상은 바로 객기(客氣)나 물욕(物欲)이다. 그러므로 공부의 목적은 감정 자체의 제거에 있는 것이 아니라, 감정의 정화와 순화에 있다.

이 때문에 양명은 정심을 통한 중화의 실현을 설명할 때 대부분 성의(誠意) 공부를 통한 순리(循理)를 든다. 그에 따르면, 의(意)에는 본래 성의와 사의(私意)가 있으며 이를 구분하는 기준은 각기 순리와 종욕(從欲)이다. 만일 의념이 철저하게 천리를 따르면, 이때 의념은 성의로서 감정과 통일되어 지향하는 사태와 자연스럽게 중절된다. 양명은 이처럼 성의와 감정이 조화를 이룬 주관적이고 인위적인 부정적 정감을 넘어서 확연대공한 본체를 실현한 상태를 정심으로 규정한다.[62]

이 밖에 본체의 즐거움을 실현하는 공부와 관련하여 또 다른 주목할 점은 양명이 마음의 이상적인 상태를 '호호색(好好色)'·'오악취(惡惡臭)'와 동일시한다는 것이다.

> 이른바 그 뜻을 참되게 한다는 것은 스스로를 속이지 않는 것이니, 이는 마치 악취를 싫어하는 것처럼, 미인을 좋아하는 것처럼 하는 것으로 이를 가리켜 '자겸(自慊)'이라고 한다.[63]

---

62) 이러한 왕양명의 견해는 그의 저서에서 자주 등장하므로 여기서는 논의의 전개상 일일이 지적하지 않는다. 다만 그 가운데 비교적 상세하면서도 대표적인 예를 들면, 『王陽明全集』卷一, 『傳習錄上』101조목에 나오는 양명과 설간(薛侃)의 대화(『王陽明全集』卷一, 『傳習錄上』, 29∼30쪽)와 119조목에 나오는 양명과 수형(守衡)의 대화가 있다(앞의 책, 34쪽). 또한 왕양명의 심성론에서 성의(誠意)는 본래 정심(正心)과 매우 밀접한 관련이 있지만, 그럼에도 양자는 내용과 범주 상에서 동일하지 않으며 양자 사이에는 본체론에 근거한 차이점이 존재한다. 하지만 이 논의는 이 글의 주제와 무관하므로 자세한 논의는 후일을 기약한다. 또한 양명의 이러한 관점은 다음의 구절에서도 분명하게 확인할 수 있다. 『王陽明全集』卷二, 『傳習錄中』, 「答畢文蔚(二)」, 83쪽. "無一毫意必固我 便是'正心'."

63) 『大學』. "所謂誠其意者, 毋自欺也, 如惡惡臭, 如好好色, 此之謂自慊."

호오(好惡)는 구체적인 사태에 따른 개별적인 감정들인 칠정과 달리 인간이 본래 갖고 있는 보다 근본적이고 원초적인 이원적 감정이나 성향을 가리킨다고 볼 수 있다. 다시 말하면, 호오는 칠정과 같은 개별적인 감정을 가리킨다기보다 오히려 칠정이 외부 사태와 관련하여 각기 그에 합당한 감정으로 드러나도록 주재하는 일종의 토대 감정이나 성향이라고 말할 수 있다. 따라서 호오는 그 내용과 특징상 단순히 인간의 생리적인 쾌감이나 불쾌감, 또는 본능적인 오감(五感)에 따른 감각적인 욕구와 경향성을 가리키는 것이 아니라, 인간이 선천적으로 갖고 태어나는 근본적인 도덕적 감수성을 총칭한다.[64] 실제로 양명은 이러한 견해를 보다 발전시켜 다음과 같이 말한다.[65]

> 양지는 다만 하나의 시비지심일 뿐이고, 시비는 다만 하나의 호오일 따름이다. 그러므로 다만 호오하면 곧 시비를 다할 것이니, 다만 시비를 다하면 만사와 만변을 다할 것이다.[66]
> (맹자가) "시비지심은 사람마다 모두 갖고 있다."고 했으니 밖에서 구할 필요가 없다. 강론을 통해 구하는 것 역시 다만 자신의 마음에서 드러나는 것을 체인하면 되니, 마음 밖에서 별도로 볼 것을

---

64) 이러한 사상적 경향은 『곽점초간』에도 보인다. 예를 들면 "호오(好惡)는 성(性)이고, 호오의 대상은 물(物)이다."라는 정의가 그것이다(郭海燕 著, 『性自命出』, 102쪽. "好惡, 性也. 所好所惡, 物也."). 이것은 호오를 본성의 차원에서 설명한 것으로, 호오가 본성의 직접적이고 근본적인 경향성이며 이 경향성의 대상이 외부 사물임을 지적하고 있다.

65) 호오(好惡)는 심의 원초적인 성향으로 이해할 수 있다. 이 점은 양명이 호오를 논의할 때 대체로 성의(誠意)를 설명하는 측면에서 논의하는 점을 보아도 알 수 있다. 수지하는 섯처럼, 양명의 사상에서 성의는 참된 의념을 의미하며 이때 의념은 단순히 인식론적 의도나 생각을 가리키는 것이 아니라, 마음의 본질로서 근본적인 지향성이나 지향 활동을 가리킨다. 따라서 양명이 성의 공부를 호오에 비유하여 설명했다는 점은 적어도 호오가 단순히 구체적인 감정을 의미한다기보다 일종의 선천적이고 근본적인 심적 지향이나 성향을 가리킨다는 것을 알 수 있다.

66) 『王陽明全集』 卷三, 『傳習錄下』, 111쪽. "良知只是箇是非之心, 是非只是箇好惡. 只好惡就盡了是非, 只是非就盡了萬事萬變."

찾아서는 안 된다.[67]

사람은 단지 선을 좋아하기를 미인을 좋아하는 것처럼 하고, 악을 미워하기를 악취를 미워하는 것처럼 한다면, 곧 성인(聖人)이다.[68]

앞의 내용들을 종합하면, 선천적이고 보편적인 도덕 본체로서 양지는 선천적인 시비지심(是非之心)을 가리키며, 이는 다시 호오로 대변되는 선천적인 도덕적 감수성으로 수렴된다. 따라서 이러한 호오를 온전히 발휘한다는 것은 모든 사태에서 그에 따른 의도와 감정을 적절하게 실현시킨다는 것을 뜻한다. 양명은 바로 이러한 사람을 곧 성인이라고 본다.

이 밖에 본 논의와 관련하여 주목을 끄는 점은 양명이 이처럼 도덕 본체를 실현하여 성인에 도달하는 과정을 최종적으로 무자기(毋自欺)에 근거한 자겸(自慊)으로 설명한다는 사실이다. 만일 현대의 도덕철학과 도덕심리학의 관점에서 규정하자면, 무자기는 양심에, 그리고 자겸은 자기만족(self-satisfaction)에 해당하므로 결국 성의 공부는 타고난 양심을 회복하는 것이며 그 궁극적인 목적은 자기만족에 이르는 것이다. 이러한 견해에는 매우 중요한 도덕심리학적 논리와 의의가 내포되어 있다. 곧 자기만족이라는 심리적 만족감은 도덕 본체인 양심과 서로 상충하는 것이 아니라 상호 통합될 수 있으며, 더 나아가 진정한 도덕성과 인륜성의 배양과 확충은 오직 심리적 즐거움과 안정, 그리고 자기만족을 수반할 때에만 비로소 완

---

67) 『王陽明全集』 卷一, 『傳習錄上』, 27쪽. "'是非之心, 人皆有之', 不假外求. 講求亦只是體當自心所見, 不成去心外別有簡見."
68) 『王陽明全集』 卷三, 『傳習錄下』, 97쪽. "先生嘗謂人但得好善如好好色, 惡惡如惡惡臭, 便是聖人."

성될 수 있다는 생각이 전제되어 있다.[69] 이 점에서 양명은 또한 구양숭일(歐陽崇一)에게 "군자가 온갖 변화에 대응하는 방식은 마땅히 행해야 할 때 행하고, 마땅히 멈춰야 할 때 멈추며, 마땅히 살아야 할 때 살고, 마땅히 죽어야 할 때 죽는 것이니, 헤아리고 조정하는 것은 모두 이 양지를 온전히 발휘하여 스스로 만족함을 구하는 것이 아님이 없다"[70]고 말한다. 요약하면 양명은 호선오악(好善惡惡)의 성의 공부를 통해 도덕 본체를 자기만족이 감수되는 극한까지 실현하는 것을 가장 이상적인 도덕성과 인륜성의 실현으로 간주한 것이다. 이것이 곧 순리위락(順理爲樂) 사상의 핵심이다.

이상의 논의를 개괄하면, 심의 본체로서 즐거움은 어떤 사태에 직면했을 때 먼저 가장 근원적인 도덕적 감수성을 대변하는 호오로 표출되고 이것이 사태와 적절하게 부합할 경우 도덕 본체인 양지가 양심으로 드러난 것으로 간주할 수 있다. 그리고 이 과정에서 주체는 행위 과정에서 본능적이고 감각적인 쾌락과는 구분되는 보다 근원적이고 심층적인 긍정적 정감을 체험한다는 것이다. 그리고 이러한 체험은 단순히 일회성에 머무는 것이 아니라, 주체의 심신에 지속적인 영향을 주어 이후 주체가 즐거움과 기쁨을 바탕으로 보다 자발적이고 능동적인 도덕적 행위를 통해 자기만족을 추구하도록 촉진하는 동인으로 작용한다는 것이다.

양명이 이처럼 마음의 본체 실현과 관련하여 도덕성과 즐거움이

---

69) 동일한 맥락에서 천라이(陳來)는 양지와 자겸의 관계에 대해 논의하면서 사의(私意)가 개입했을 때 주체는 스스로 불안한 느낌을 체험하게 되므로 마음의 안정과 불안은 양지 작용의 표현 방식이므로 양지를 검증하면서 시비를 판단할 수 있는 한 기준이라고 지적한다. 陳來 지음, 전병욱 옮김, 『양명철학』, 예문서원, 2003, 306~307쪽.

70) 『王陽明全集』 卷二, 「傳習錄中」, 「答歐陽崇一」, 73쪽. "君子之酬酢萬變, 當行則行, 當止則止, 當生則生, 當死則死, 斟酌調停, 無非是致其良知, 以求自慊而已."

라는 이중적인 관점에서 지속적으로 논의하는 까닭은, 주체의 도덕적 동기와 행위를 주체의 자발적이고 자율적인 요소와 동기로 설명하려는 데 있다. 실제로 양명도 이 문제의 중요성을 분명하게 인식하고 있었다. 그는 도덕적 동기 및 행위와 관련하여 '부득이(不得已)'와 '불능이(不能已)'를 분명하게 구분한다.

> '부득이(不得已)'의 뜻은 "스스로 그칠 수 없다[自有不能已]"는 의미와 여전히 한 층의 차이가 있다. 정자는 일찍이 "앎이 지극해지면 도리를 따르는 것이 즐겁고, 도리를 따르지 않는 것은 즐겁지 않다"고 말했다. "스스로 그칠 수 없다"는 말은 도리를 따르는 것을 즐거워한다는 것이다. 참으로 제대로 본성을 아는 자가 아니면 쉽게 이 단계에 이르지 못할 것이니, 본성을 알면 인(仁)을 알게 된다.71)

여기서 양명은 이정의 순리위락 사상을 발전시켜 독창적인 견해를 제시한다.72) 그에 따르면, '부득이'는 '마지못해', 또는 '어쩔 수 없이'를 뜻하는 것으로 곧 주체의 도덕적 동기와 행위가 자발적이고 자율적인 내면의 양심에 의한 것이 아닌, 타율적인 동기나 강제적인 규범에 의해 형성되는 것을 시사한다. 이와 반대로, "스스로

---

71) 『王陽明全集』卷四, 『文錄一』, 「答王虎谷」, 148쪽. "'不得已'之意, 與'自有不能已'者, 尙隔一層. 程子云'知之而至, 則循理爲樂, 不循理爲不樂.' '自有不能已'者, 循理爲樂者也. 非眞能知性者未易及此. 知性則知仁矣." 참고로 이정의 말은 『대학혹문』에 보인다(朱熹 撰, 『大學或問』, 20쪽. 『四書或問』, 上海: 上海古籍出版社, 2001. "知之而至, 則循理爲樂, 不循理爲不樂, 何苦而不循理, 以害吾樂耶!")

72) 이정은 일찍이 순리위락과 관련하여 다음과 같이 말하고 있다: '옛 사람들은 즐겁게 도리에 따르는 사람을 가리켜 군자라고 했다. 만약 억지로 애쓸 것 같으면, 다만 순리(順理)만을 아는 것이지 즐거워하는 것은 아니다. 비로소 즐거워하는 데 이르렀을 때, 곧 도리를 따르는 것이 즐겁게 되고, 도리를 따르지 않는 것이 즐겁지 않게 되니, 어찌 애써 도리를 따르지 않겠는가? 그러므로 본래 억지로 애쓸 필요가 없는 것이다. 만일 성인이 억지로 애쓰지 않아도 중절하고, 억지로 생각하지 않아도 얻는 것으로 말할 것 같으면, 이것은 또한 상등(上等)의 일이다."(『二程集』卷十八, 『二程遺書』, 186쪽. "古人言樂循理之謂君子, 若勉强, 只是知循理, 非是樂也. 纔到樂時, 便是循理爲樂, 不循理爲不樂, 何苦而不循理? 自不須勉强也. 若夫聖人不勉而中, 不思而得, 此又上一等事.")

그칠 수 없다"는 스스로 그치려 해도 그칠 수 없는 지속의 상태를 가리키는 것으로 주체의 도덕적 동기와 행위가 무엇보다도 본체의 자연스러운 생의와 그것의 유행에 근거하고 있어서 언제나 즐거움과 기쁨이 수반되어 부지불식간에 그러한 상태에 몰입해 있는 것을 묘사한 것이다. 칸트(I. Kant)의 용어로 말하면, 이때 주체의 동기는 그 자체로 선의지의 구현으로서 자발적이고 자율적이며 무조건적이라고 말할 수 있다. 다만 양명이 칸트와 다른 점은 주체의 도덕적 동기와 행위가 정언적/가언적, 자율적/타율적, 자발적/수동적인지를 판별하는 최고의 준칙으로 심적 즐거움과 자기만족 개념을 제시하고 있다는 점이다.

5. 결론

지금까지 양명의 철학에서 심의 본체로서 즐거움과 그것이 도덕 감정론에서 갖는 내용과 의의를 살펴보았다. 앞서 지적한 것처럼, 전통적인 송명성리학사의 시각에서 보면, 즐거움을 심의 본체로 규정한 양명의 사상은 무엇보다도 공안낙처와 직결된다. 특히 신유학의 비조인 주렴계(周濂溪)가 이정 형제에게 이 문제를 공부의 목표로 제시한 이래 정호(程顥, 1032~1085)와 정이(程頤, 1033~1107)는 공부 방법에서 서로 상이한 길로 나아간다. 정호가 본체의 실현 공부로 성경(誠敬) 공부를 제시하고 그 전제로서 마음의 안락(安樂)과 화락(和樂)을 중시했던 반면, 정이는 화락(和樂)을 단지 주경(主敬) 공부의 효과로 여긴다.[73] 다시 말하면, 정호는 쇄락(灑落)을 경외(敬畏)를 위한 전제조건으로 여긴데 반해, 정이는 경외를 쇄락의 선결요건으로 간주한 것이다. 이후 주희(朱熹)는 대체로 정이의 견해를 계승하여 발전시킨다.

철학사의 시각에서 볼 때, 양명이 즐거움을 심의 본체로 간주하는 동시에 순리위락 사상을 제시한 궁극적인 목적은 이처럼 오랫동안 지속되어온 공안낙처의 문제를 보다 근본적으로 해소하기 위한 것이다. 그의 독창적인 관점과 견해는 이 문제와 관련하여 기존의 정주 성리학의 관점이 갖고 있는 편향된 시각을 전복시키고 바로잡는 데 있다고 평가할 수 있다. 곧 기존의 정주학이 도덕적 본체(본성)와 감정을 이원화하고 상대적으로 성리(性理)의 내용과 가치를 더 중시했던 것과 달리, 양명은 본성과 감정을 단일한 범주로 통일하는 동시에 더 나아가 심의 본체의 실현과 관련하여 감정의 요소와 기능을 더 중시한다. 그 결과로 양명의 사상에서 경외와 쇄락의 대립적인 요소와 특징은 해소되고, 양자의 관계에서도 쇄락이 오히려 경외의 근거와 바탕이 된다.74)

하지만 양명이 즐거움을 마음의 본체로 간주하고, 또한 이를 바탕으로 도덕성의 실현 문제를 논의한 배경에는 보다 심층적인 의미가 함축되어 있다. 곧 그것은 어떻게 하면 일신(一身)을 단위로 하는 개체성의 간극을 넘어서 모든 타자와 소통을 통해 진정으로 합일할 수 있는가 하는 것이다. 주지하는 것처럼 양명은 인(仁)을 이상적인 만물일체(萬物一體)의 근거로 제시한다. 그리고 그 공부

---

73) 『二程集』 卷二上, 『二程遺書』, 31쪽. "中心斯須不和不樂, 則鄙詐之心入之矣. 此與'敬以直內'同理. 謂敬爲和樂則不可, 然敬須和樂, 只是中心沒事也."

74) 『王陽明全集』 卷五, 『文錄二』, 「答舒國用」, 190쪽. "灑落爲吾心之體, 敬畏爲灑落之功." 이 사상의 구체적인 내용과 의의에 대해서는 陳來 지음, 전병욱 옮김, 『유무지경』, 420～425쪽 참조.

방법으로 본체의 생의(生意)와 유행(流行)을 전제로 한 치양지를 제시하는 한편, 그 구체적인 내용으로는 타자와 시비(是非)와 호오(好惡)를 공유할 것을 제시하고 이것이 곧 가장 크고 참된 즐거움이라고 강조한다.[75] 이 점에서 볼 때, 양명이 즐거움의 개념에 근거하여 새로운 본체 개념을 제시하고, 또한 그것이 칠정으로 드러나는 과정에서 수반되는 기쁨과 편안함, 그리고 안정을 중시한 까닭은, 한 주체의 도덕적 동기와 행위는 오직 긍정적인 심리적 상태를 매개로해서만 일신을 존재의 단위로 여기는데서 비롯되는 타자와의 간극을 넘어서 점차 기타 모든 존재들과 자연스럽게 합일할 수 있다는 것을 자각했기 때문이다.

양명의 이러한 새로운 관점과 견해는 기존의 도덕철학의 편향된 연구방향과 관련하여 중요한 시사점을 제공해준다. 현대적 관점에서 보면, 그가 도덕성과 감정, 그리고 심리의 범주를 상호 결합한 것은 도덕철학과 도덕심리학의 전제와 개념들을 통일했다는 것을 의미한다. 그 의의는 인간의 도덕성과 동기, 그리고 실천을 보다 전체적으로 고찰하고 이해하려면 무엇보다도 도덕심리학적 시각과 연구과 병행되어야 한다는 점을 환기시킨 데 있다. 양명의 이러한 논지와 통찰은 일견 설득력이 있다. 가령 감정이 조화로울 때 주체가 체험할 수 있는 심리적 기쁨이나 평안, 또는 안정을 만일 심의 본체로부터 파생되는 것으로 여기지 않고 단지 도덕적 본체가 구

---

75) 『王陽明全集』卷二, 『傳習錄中』, 「答聶文蔚」, 79쪽. "夫人者, 天地之心, 天地萬物本吾一體者也. 生民之困苦荼毒, 孰非疾痛之切於吾身者乎? 不知吾身之疾痛, 無是非之心者也. 是非之心, 不慮而知, 不學而能, 所謂'良知'也. 良知之在人心, 無間於聖愚, 天下古今之所同也, 世之君子惟務其良知, 則自能公是非, 同好惡, 視人猶己, 視國猶家, 而以天地萬物爲一體, 求天下無冶, 不可得矣.", 『王陽明全集』卷三, 『傳習錄下』, 104쪽. "先生曰: '良知是造化的精靈, 這些精靈, 生天生地, 成鬼成帝, 皆從此出, 眞是與物無對. 人若復得他完完全全, 無少虧欠, 自不覺手舞足蹈, 不知天地間更有何樂可代.'"

현된 후에 부대적으로 수반되는 별도의 감정이나 정서로 간주한다면, 이때 마음의 즐거움은 더 이상 도덕성의 필수적인 요소가 되지 못하고 어떤 형태로든 결국 마음의 본질로부터 분리되어 소외될 수밖에 없다. 이러한 경우 주체의 도덕적 동기와 행위는 더 이상 '즐거워서 자발적으로 행하는 것'이 아닌, 장차 '즐겁기 위해서 의무적으로 행하는 것'으로 전락하게 된다. 그런데, 양명은 즐거움과 호오(好惡)를 각기 새로운 심체(心體)와 도덕 본체의 본질로 간주함으로써 이러한 도덕철학의 주요 문제점을 넘어서는 동시에 윤리적 주체의 자발성과 능동성을 극대화하고 있다. 바로 이 점이 양명의 새로운 심의 본체론과 도덕 감정론이 내포한 가장 큰 철학적 의의이다.

참고문헌

『尙書』
『論語』
『中庸』
『大學』
『禮記』
丁原植 主編, 『新出簡帛文獻注釋論說』, 臺灣書房出版有限公司, 2008
途宗流·劉祖信, 郭店楚簡先秦儒家逸書校釋, 『禮生於情』, 臺北:萬卷樓, 2001
李零, 『郭店楚簡校讀記』, 北京: 中國人民大學出版社, 2007
李學勤 主編, 『十三經註疏』, 北京: 北京大學出版社, 1999
周敦頤, 『元公朱先生濂溪集』, 長沙: 岳麓書社, 2006
程顥·程頤, 『二程集』, 北京: 中華書局, 2006
朱熹 撰, 『四書章句集注』, 北京: 中華書局, 2006
_____, 『四書或問』, 上海: 上海古籍出版社, 2001
_____, 『朱子語類』, 北京:中華書局, 1999
楊簡 撰, 『慈湖遺書』, 欽定四庫全書本
王守仁 撰, 『王陽明全集』, 上海:上海古籍出版社, 1992
_____, 『王陽明全集』, 杭州: 浙江古籍出版社, 2010
董平 編校整理, 『鄒守益集』, 南京:鳳凰出版社, 2007
김세정, 『왕양명의 생명철학』, 청계, 2006
楊國榮, 『心學之思』, 三聯書店, 1997
李煌明, 『宋明理學中的『孔顏之樂』問題』, 昆明: 雲南人民出版社, 2006
정인재, 『양명학의 정신』, 세창출판사, 2014
진래, 안재호 옮김, 『송명성리학』, 예문서원, 1997
陳來, 『朱子哲學研究』, 上海: 華東師範大學出版社, 2000
陣來, 전병욱 옮김, 『양명철학』, 예문서원, 2003
박길수, 『명초 정주학파(程朱學派)의 심학화 경향과 사상적 의의』, 韓國東

洋哲學會, 『東洋哲學』 제39집, 2013
이찬, 「유표성 이론을 통한 인지주의와 비인지주의의 재해석」, 韓國東洋哲
學會, 『東洋哲學』 제39집, 2013

공감과 공감의 윤리적 확장에 관하여
- 흄과 막스 셸러를 중심으로

소병일

1. 들어가며

최근 국내에 한 사회의 대립과 갈등을 넘어 환경오염, 자원고갈, 전쟁 등 전 지구적 차원의 위기를 해결할 수 있는 방안으로 공감능력을 강조하는 책자들과 논문들이 소개되고 있다. 이러한 시대적 분위기를 잘 보여주는 것이 『공감의 시대』라는 제목으로 번역된 제러미 리프킨의 방대한 저서일 것이다.[1] 이 책은 심리학·신경생물학·진화생물학·뇌과학 등을 비롯한 경험과학들은 물론이고 사회학, 철학 등 인문학을 논거로 삼아 인류가 서로 공감할 수 있는 시대에 접어들었다고 전망한다. 현 사회의 위기가 오히려 기회를 만들어낸다는 논조의 이 책은 단순히 공감의 필요성을 강조하는 것을 넘어 공감을 시대적 필연성으로까지 제시한다.[2] 도대체 인간의 공감능력이 무엇이기에 인류가 처한 다양한 위기를 극복할 수

---

[1] 이 책은 원제목은 The Empathic Civilization이다.

[2] 제러미 러프킨은 스스로 공감(empathy)을 엄밀하게 정의하지는 않지만 '수동적인 입장을 의미하는 동정(sympathy)와 달리 적극적인 참여를, 그리고 관찰자가 기꺼이 다른 사람의 경험의 일부가 되어 그들의 경험을 공유한다'는 의미로 사용하는 것으로 보인다. 제러미 리프킨(2010), p.20 참조.

있는 동력으로 설정될 수 있는가? 『공감의 시대』와 같은 책들은 공감을 타인의 경험에 대한 능동적이고 적극적인 이해방식으로까지 확장시킴으로써 인류에게 희망을 부여하고자 한다. 그러나 800쪽이 넘는 이 저서는 공감에 관한 다양한 입장을 나열하는 수준에 머물 뿐, '공감'이 과연 어떤 능력이기에 인류에게 희망을 부여할 수 있는지 심도 있게 논의하지 않는다.

본 논문은 현대 사회에서 공감의 중요성이 부각되고는 있지만, 공감은 여전히 모호한 개념이며 그 이론적 규정이나 실천적 적용에 있어 해명해야만 하는 난제를 가지고 있다는 문제의식에서 출발한다.[3] 이에 본 논문은 우선 현대 사회에서 공감이 어떻게 논의되고 있는지 간략히 개괄해 볼 것이다. 그리고 두 번째로 공감이론의 선구자라고 말할 수 있는 흄과 막스 셸러의 입장을 살펴볼 것이다. 이 과정에서 공감에 관한 현대의 논의구도가 철학적으로 흄과 막스 셸러의 문제의식이나 이론구도에서 크게 벗어나지 못했으며, 기존의 문제들을 여전히 반복하고 있음을 보여줄 것이다. 그리고

---

3) 감정과 관련된 다른 철학적 개념들이 그러하듯이 공감도 그 정의가 그리 명확한 개념이 아니다. 현대 사회에서 논의되고 있는 공감의 철학적 이해를 위해서라도 용어 규정이 선행될 필요가 있다. 일상적으로 '공감(共感)'은 '동감(同感)'과 '동정(同情)'과 혼용되어 사용된다. 그러나 국어사전적으로는 각 단어들은 명확한 차이를 가진다. 공감의 경우, 타인의 '감정을 함께 느끼는 것'이라면, 동감은 타인의 '의견에 따르는 것'을 의미한다. 그리고 동정은 타인은 '가엾게 여기는 것'을 의미한다. 영어의 공감에 상응하는 단어는 sympathy와 empathy이다. 영어사전에 따르면 sympathy는 공감과 동정의 국어사전적 의미를 함께 함축한다. 그리고 empathy는 감정이입과 공감의 의미를 함축한다. 한편 compathy나 appreciation도 공감으로 번역될 수 있다. 독어로 공감에 상응하는 말은 Mitgefühl과 Sympathie가 있으며, Mitleid는 동정, 연민의 의미를 가진다. 사전적 정의에서 나타나듯이 국어의 공감 개념은 특정한 외국어의 번역어가 되기 어렵다. 나아가 공감 개념의 다의성이나 번역상의 문제는 다른 학문들이 용어 사용 방식에 의해 더욱 복잡해진다. 정리하자면 sympathy나 empathy가 타인과 감정을 함께 느끼는 것이라고 의미한다면 국어사전적으로 공감으로 번역될 수도 있고, 타인을 이해한다는 것이라는 의미라면 동감으로도 번역될 수 있다. 본 논문에서는 타인과 감정을 공유한다는 측면에 집중하여 empathy나 sympathy, Mitgefühl의 번역어로 공감을 사용할 것이다. 공감에 관한 사전적 정의는 다음의 온라인 사전을 참조. 국립국어원 표준국어사전(http://stdweb2.korean.go.kr/main.jsp); Oxford English Dictionary(http://www.oxforddictionaries.com); Duden Wörterbuch(http://www.duden.de).

마지막으로 공감을 통해 현 사회의 문제점을 해결하려는 시도들이 고려해야 할 문제를 공유하고, 이후의 연구방향을 간략하나마 제시해 보고자 한다.

2. 공감(empathy)의 현대적 논의 지형

20세기 이후 현대 사회에서 공감에 관한 논의는 주도하는 분야는 심리학·신경생물학 등 경험과학 분야와 교육 분야이다.[4] 그리고 그들이 주로 논의하는 공감은 영어의 'sympathy'가 아니라 'empathy'에 해당한다.

개념사적으로 'empathy'라는 용어 사용은 미국의 심리학자 E. B 티치너(Titchener)가 독일의 미학자 테오도르 립스(Theodor Lipps)의 'Einfühlung(감정이입)' 개념을 영어로 'empathy'로 번역한 것에서 그 기원을 찾을 수 있다. 립스는 'Einfühlung' 개념을 '다른 사람이나 그의 행동들에 공명(resonance)하는 현상들 또는 그것들을 내적 또는 심적(metal)으로 모방'하는 현상을 설명하기 위해 사용하였다. 그런데 미국의 심리학자 티치너는 이 개념을 미학적 체험을 넘어 심리학적으로 '다른 사람이 겪는 고통의 정서적 상태로 들어가 그들의 고통을 자신의 고통인 것처럼 느끼는 현상'을 지시하기 위해 사용한다.[5] 이후 'empathy'로서의 공감은 심리학으로 중심으로 논

---

4) 학술연구정보서비스(Riss)의 검색에 따르면 국내에서도 공감에 관한 수 천편의 논문이 발표되었는데, 대부분의 논문들은 심리학과 교육학에 집중되어 있다.

5) 한편 테오도르 립에게 영향을 끼친 독일의 미학자 로베르트 비셔는 Einfühlung을 다른 사람의 입장이 되어 그들이 어떻게 느끼고 생각하고 이해하는 것'이라고 정의한다. empathy 개념의 미

의되지만 일상적으로 넓은 의미에서 '타인의 감정을 함께 느끼는 상태 혹은 능력'을 가리키는 용어로 사용되기 시작한다. 그렇다면 공감에 관한 현대적인 논의의 특징은 무엇인가?

첫 번째 특징은 경험과학적인 발견과 실험 등을 통해, 과학적으로 공감능력을 인간의 본성으로 규정하려는 시도들에서 찾을 수 있다. 여기서 빼놓을 수 없는 사건은 1996년 '거울뉴런'의 발견이다. 거울뉴런은 인간이 타인의 행위와 감정에 대해 동일한 반응을 하는 뇌의 신경세포를 일컫는다. 이후 거울뉴런은 다양한 분야의 논문들에서 인간이 선천적으로 타인의 행위를 모방하거나 타인의 감정을 공유할 수 능력을 본성으로 타고 났음을 증명하는 과학적 증거로 자주 활용된다.[6]

공감을 인간의 선천적 능력 혹은 본성으로 정립하려는 시도는 현대 사회에서 크게 발전한 (진화)생물학자에서도 나타난다. 예를 들어 『공감의 진화』에서 폴 에얼릭과 로버트 온스타인은 공감을 '다른 사람의 기분과 경험을 감정적으로 이해하는 능력'이라고 규정한다.[7] 이들에 따르면 인간이 자기 스스로 건사할 능력이 없는 존재로 태어났기에 태어나 성장하기 위해 다른 동물보다 집단적인 보호와 노력이 더 필요한 존재이다. 즉, 인간은 진화론적으로 공감능력을 발달시킬 수밖에 없었던 존재라는 것이다.

현대 공감담론에 나타나는 또 다른 특징은 공감에 관한 경험과

국 심리학 내 수용과 의미 확장에 관한 간단한 소개는, Karsten Stueber(2013), pp.1607-1608; 제러미 러프킨(2010), pp.19-21 참조.

6) 자코모 리촐라티(Giacomo Rizzolatti)를 중심으로 한 이탈리아 신경생리학자들이 발견하였다. 거울 뉴런의 발견과 그 기능에 관해서는 요아힘 바우어(2012), pp.28-33 참조. 거울뉴런을 통해 도덕성을 해명하려는 국내의 논문으로는 정진우(2012) 참조.

7) 폴 에얼릭・로버트 온스타인(2012), p.9 참조.

학적 연구성과들을 현대 사회의 제문제를 해결할 수 있는 실마리로 활용하려는 시도들에서 나타난다. 그 논리적 구도는 간단하다. 과학적으로 증명된 인간의 본성인 공감능력을 올바르게 이해하고 적용한다면 인류의 조화와 공존에 크게 기여를 할 수 있다는 것이다. 이처럼 공감능력이 선천적인 것이라면 현대 사회에서 공감이 부재한 이유는 무엇인가? 이에 대한 대답은 몇 가지로 유형화된다. 그중 하나는 뇌에 선천적인 혹은 후천적인 장애에서 찾는 것이다.[8] 다른 하나는 유아기 시기 부모, 특히 사랑과 배려의 주체로서 어머니의 역할이 축소되는 양육환경 혹은 가정의 붕괴, 폭력과 경쟁을 부추기는 사회·문화적 환경 그리고 교육에서 그 이유를 찾는 것이다.[9] 그래서 그들은 부모나 교육과정 그리고 확장하자면 방송과 같은 매체들이 윤리적으로 건전한 삶의 모습을 보여준다면 인간은 본성상 윤리적으로 건전하게 살아갈 가능성이 높아진다고 주장한다. 이러한 논리는 진화생물학적으로 공감을 강조하는 입장들에서도 유사하게 반복된다. 진화론적으로 인간은 생존하기 위해 가족으로 상징되는 사랑과 연대, 배려 등이 필요한 존재인데, 현대 사회의 개인들은 그 가족의 기능을 상실하였다. 따라서 현대 사회에 만연한 대립과 갈등은 모두가 가족이 되려는 노력을 통해서 해결될 수 있는 것이다. 또 다른 답변은 가장 전통적이지만 식상한 답변으로 공감 부재의 원인을 이성능력을 제대로 사용하지 못한 것에서 찾는 것이다.[10]

---

8) 예를 들어, 거울 뉴런이 있는 전두엽이 손상된 사람의 경우 공감능력이 떨어져 다른 사람과 대화하거나 의사결정하는 데 장애를 보인다.

9) 폴 에얼릭·로버트 온스타인(2012), pp.200-204; 요하임 바우어(2012), pp.130-137 참조.

10) 요하임 바우어(2012), p.35참조.

이러한 공감 담론은 현대의 경험과학의 연구성과들을 실천적인 차원으로 확장한다는 측면에서 긍정적이고 유용해 보인다. 그러나 그 담론들은 상식적인 것처럼 보이나 이론적으로나 실천적으로 일정한 한계를 가진다는 사실을 부정할 수 없다. 뒤에서 구체적으로 다시 다루겠지만 공감을 어떻게 규정할 것이냐는 문제에서부터 윤리적으로 정당화시키려는 시도까지 현대 공감 담론은 해명하거나 해결해야 할 많은 과제를 안고 있다. 이러한 현대 공감담론의 한계는 이미 공감에 주목하고 윤리적 차원에서 공감을 강조했던 철학적 논의들에서 예견된 것이기도 하다. 현대 공감담론에서 보이는 문제점을 정확히 파악하기 위해서라도 철학적으로 공감이 어떻게 논의되었는지 검토할 필요가 있다.

3. 흄과 막스 셸러를 중심으로 본 공감의 철학적 논의 지형

현대 사회에서 공감(empathy)에 관한 논의는 경험과학이 주도한다면 철학적으로 공감(sympathy)에 관한 논의는 윤리학적 관점에서 시작되었다. 쇼펜하우어 등 공감을 언급한 철학자는 많지만, 본 논문에서는 공감을 철학의 중심 주제로 다루었던 데이비드 흄(David Hume)과 막스 셸러(Max Scheler)의 입장에 집중하고자 한다. 물론 흄과 셸러는 시대적 차이가 있고 서로 다른 철학적 전통에 놓여 있기 때문에 공감에 입장도 상이하다. 이러한 양자의 입장 차이는 공감의 규정이나 공감을 윤리학적으로 정립하려는 시도가 가질 수밖에 없는 논쟁점들과 이론적 한계지점을 풍부하게 검토할 수 있는 기회를 제공할 것이다.

1) 흄

선천적이고 보편타당한 이성의 역할을 거부하는 흄은 개인 상호 간의 윤리적 관계를 유지할 수 있는 능력을 이성이 아닌 공감에서 찾고자 하였다. 그에 따르면 '인간의 본성에는 타인의 경향과 감정을 수용할 수 있는 공감능력이 있다'.[11] 그리고 그는 공감능력을 더 이상 증명이 불필요한 경험의 사실이라고 주장한다.

> 실제로 우리가 다른 사람의 정념과 감정(sentiment)을 공감할 때, 이런 과정은 우선 우리의 마음(mind)에 오직 관념으로 나타나고 우리가 다른 어떤 사실 문제를 표상할 때처럼 다른 사람에게 속한 사실로 여겨진다는 점은 명백하다. 그리고 다른 사람의 감정에 대한 **관념**은 그 관념이 재현하는 실제 **인상**으로 전환되며, 정념은 우리가 그 정념에 대해 형성한 심상과 어울리도록 발생한다는 것도 명백하다. 이 모든 것이 가장 분명한 경험적 사실이며 철학의 어떤 가설에도 좌우되지 않는다.[12]

그의 용어를 사용하자면 공감은 일차적으로 타인에 대한 '관념'이 나에게 감정, 즉 '인상'을 일으키는 것이다. 그러나 이러한 공감은 직접적으로 발생하는 것이 아니라 '상상력'을 매개로 한다.[13]

---

11) David Hume(1978), p.316 참조. 인용은 국내 번역본 [데이비드 흄(1996), 『정념에 관하여』, 이준호 옮김, 서광사]을 따르나 번역에 있어 입장 차이가 있을 경우 수정함.

12) David Hume(1978), pp.319-320.

13) 흄의 철학에서 공감이란 매개된 것이 아니라 타인의 감정에 대한 직접적인 경험이나 모방을

풀어서 말하면 흄에게 공감이란 내가 특정한 상황 속에서 타인의 그러할 것이라고 상상한 것이고, 그러한 상상이 나에게 타인과 동일한 감정을 일으키는 과정이다. 흄의 철학에서 공감은 직관이나 직접적인 느낌 혹은 단순한 모방이 아니라 지각의 활동 혹은 직접성에서 벗어난다는 의미에서 반성의 결과물이다.[14] 그렇다면 어떻게 나는 타인이 느끼는 그 감정을 상상할 수 있는가? 흄은 그 이유를 인간들 사이의 '유사성(resemblance)'에서 찾는다.

> 자연은 모든 인간이라는 창조물들 사이에서 유사성을 유지해 왔으며, 우리는 우리 자신에게서 발견할 수 없는 정념이나 원리를, 어느 정도 차이가 있고 다르겠지만, 다른 사람에게서 발견할 수 없다. 이는 신체의 유기적 구조(fabric)뿐만 아니라 정신의 유기적 구조에 있어서도 마찬가지다. 부분들이 형태나 크기에 있어서 다를 수 있지만, 그것들의 구조(construction)나 구성(composition)은 일반적으로 동일하다. 각 부분들의 모든 다양성 함께 유지되는 매우 주목할 만한 유사성이 있다. 그리고 이 유사성은 타인의 감정(sentiment)들을 함께하고 그 감정들을 즐겁고 수월하게 받아들이는 데 기여함에 틀림없다.[15]

흄은 모든 인간은 약간의 차이가 있을 수 있지만 기본적으로 육

포함한다는 주장도 있다. Russell Hardin(2007), pp. 42-43; Henrik Bohlin(2009), p.148 참조. 이러한 해석들은 흄이 종종 이러한 해석을 할 수 있는 언급들을 한다는 점에서 전적으로 틀렸다고 말하기는 어려울 것이다. 그런데 이러한 해석들은 흄 자신이 공감이란 '상상력에 의해 관념이 인상으로 전환된 것'이라고 자주 단언할 때, 정확한 흄의 입장을 대변한다고 보기 어려워 보인다. David Hume(1978), p.427 참조.

14) 흄은 이 순간이 아무리 짧더라도 이 과정은 의식의 활동이 개입되어 있음을 강조한다. David Hume(1978), p.317 참조. R. W. Altmann은 흄 철학에서 공감은 감각 인상에서 나오는 것이 아니라 '근원적으로 상상력의 기능'이라고 주장한다. R. W. Altmann(1980), p.130 참조.

15) 인용은 국내 번역본 [데이비드 흄(1998), 『도덕에 관하여』, 이준호 옮김, 서광사]을 따르나 번역에 있어 입장 차이가 있을 경우 수정함. David Hume(1978) p.318 p.427 참조.

체적으로나 정신적으로 유사하며 따라서 유사한 감정을 갖게 된다고 믿는다. 그에 따르면 인간은 자신이 특정한 상황에 처했을 때 느낀 특정한 감정을 타인도 그 상황에 처했을 때 동일하게 느끼는 존재이다. 이러한 유사성 때문에 인간은 타인의 표정이나 행위를 관찰하거나 혹은 그가 처한 상황을 상상하는 것으로 그의 감정이 무엇인지 알 수 있고 공감하게 되는 것이다.

그렇다면 공감은 어떻게 인간들 사이의 윤리적 관계를 보장하는가? 주지하다시피 흄은 선과 악을 가르는 궁극적 기준을 쾌락과 고통에서 찾는다. 그리고 쾌락을 추구하고 고통을 피하는 것이 인간의 본성이다.[16] 그런데 쾌락은 단순한 감각적인 흥분에 머무는 것이 아니라 정의와 같은 덕스러운 행위, 즉 공동체와 타인을 이롭게 하는 행위들을 포괄하며,[17] 악은 이에 반하는 행위들을 의미한다. 그리고 인간들은 추구해야 할 쾌락과 거부해야 할 고통을, 즉 선과 악을 서로 공유할 수 있는 공감능력을 본성으로 가지고 있다. 따라서 인간은 서로에게 쾌락을 주는 유용한 삶, 즉 윤리적 관계를 형성할 수 있는 것이다.

쾌락과 고통이 유사한 감정을 불러일으키고 이러한 감정들을 공감하는 것이 인간의 본성이라는 흄의 주장은 크게 틀린 것으로 보이지 않는다. 일상의 경험에서 우리가 쉽게 이러한 현상을 접할 수 있기 때문이다. 그러나 공감능력을 윤리적 관계의 기초로 삼을 때 나타날 수 있는 문제점에 대해 흄은 크게 고민하지 않는 것으로 보

---

16) 흄에 따르면 도덕의 일차적 기준은 '만족'과 '불만족'이라는 감정이다. David Hume(1978), p.471 참조.

17) 흄은 본래 인간은 공익에 도움이 되는 사람에게서 즐거움을 느끼며, 인류의 복지에 관심을 갖는다고 주장한다. David Hume(1978), p.584 참조.

인다. 그 문제는 본 논문의 주제인 공감에 집중하자면, 결국 타인의 감정에 대한 진정한 공감이 가능하냐는 물음으로 압축된다. 공감능력은 타인에 대한 직·간접인 배려와 이를 통한 상호 조화라는 윤리적 삶의 가능성을 보여주기는 하지만, 동시에 해명되어야 할 난제를 포함하고 있기 때문이다. 우선 흄이 전제한 것처럼 나와 타인이 '동일'한 것이 아니라 '유사'하다는 점에서 양자 사이의 공감의 내용 또한 타인도 그러할 것이라는 개연성만을 가진다고 말할 수 있다. 특히 공감이 상상을 매개로 한다고 할 때, 비록 일정한 규칙 속에서 작동한다고 해도 그 상상력은 절대적인 혹은 객관적인 인식을 보장하지 않기에, 타인에 대한 공감은 주관적이고 자의적인 판단에서 완전히 자유로울 수 없다. 그리고 흄 자신도 인정하였듯이 공감은 '관계, 친숙, 유사성'의 영향을 받는다.[18] 달리 말하면 공감은 거리와 시간의 영향을 받는다.[19] 즉, 공감은 자신과 관계가 먼 사람들이 아니라 가까운 사이, 즉 혈연관계나 친구 사이에 더 잘 작동하며, 시간적으로 최근에 것에 더 잘 작동한다. 결국 이러한 공감능력의 한계는 흄이 공감을 통해 제시하려는 윤리적 관계가 상황과 조건에 의존할 수밖에 없다는 것을 보여준다. 이는 공감에 의한 윤리적 관계란 가족이나 직접적으로 나의 이익과 연관된 타인들 사이의 관계로 좁혀진다는 것을 의미한다. 달리 말해 흄은 현실적으로 공감능력은 나와 관계가 없거나 다른 환경의 타인들과의 윤리적 관계를 보장하기 어렵다는 것을 경험적 사실로 인정하는 것이다.

물론 흄이 이런 공감의 제약성과 한계를 고려하고 있었고 이러

---

18) David Hume(1978), p.354 참조.
19) David Hume(1978), pp.317-318, p.427 참조.

한 문제를 해결하기 위해 '일반적 관점(general point of view)'과 같은 것이 있다고 주장한다.[20] 공감은 개인 속한 문화나 지역에 따라 상이하고 일시적이며 편협할 수 있다는 반박에 대해 흄은 인간이라면 어떤 식으로든 따를 만한 혹은 인정할 만한 '공통의 관점(common point of view)'[21]이나 '불변적인 일반 기준'[22], 즉 사회적 관습과 규약 같은 것이 있다고 답한다. 일반적 관점은 이성을 통해 보편적 윤리학을 제시하려는 입장과 거리가 있지만 일종의 반성능력을 그 내용으로 한다. 흄은 인간이 언어를 통해, 즉 대화를 통해 자신의 자기중심적인 본성과 공감의 한계를 '반성'하고 교정할 수 있는 존재라고 주장한다.[23]

이처럼 흄의 공감 능력의 한계를 '일반적인 관점'을 통해 보완하고자 하는데, 그 '일반적 관점' 또한 모두 인간은 자기중심성을 넘어 공적인 이익을 추구할 수 있는 존재라고 선언하거나 낙관적으로 기대하는 수준에서 크게 벗어나지 않는다. 왜냐하면 그 일반적 관점이란 한 개인이 속한 특정한 정치, 경제, 문화 등의 조건의 산물이기에 공감의 한계를 완전히 보완하거나 극복할 수 있는 기준이나 조건이라고 말하기 어렵기 때문이다. 이러한 문제는 흄이 이성의 기능은 아닐 지라도 언어나 반성을 통한 교정을 언급할 때도

---

20) '일반적 관점'과 공감에 있어 그것의 역할은 다음의 논문을 참조. Charlotte R. Brown(2008), pp.234-235 참조.

21) David Hume(1978), p.591 참조.

22) David Hume(1978), p.603 참조.

23) 타인의 구체적인 상황을 고려할 수 있다면 그리고 대화를 통해 협소하고 고정된 감정을 교정할 수 있다고 본다. David Hume(1978), pp.581-582 참조. 그리고 여기서 말하는 흄의 반성능력은 이성주의자들이 말하는 논증적 추론이 아니라 감정이나 느낌에 관한 2차적 반추능력이다. 이와 같은 반성을 통해 감정은 훈련되고 세련되어 진다. 이에 관해서는 양선이(2011), pp.172-173 참조.

반복된다. 흄은 소위 교양 있는 인간들이라면 사회적으로 유용한 가치를 추구하며, 타인과 윤리적인 관계를 맺으며 살아가는 것이 상식이라고 말하는 수준에 머문다. 흄은 공감능력이라는 본성이 한 개인이 맺는 제반의 사회적 관계 속에서 변화되거나 왜곡될 수 있다는 경험적 사실을 고려하지 않는 것은 아니나, 상식의 차원에서 해결할 수 있는 사소한 문제로 치부한다. 이 경우, 즉 공감의 대상과 내용이 상대적일 수 있다면, 흄의 공감윤리학은 타인에 대한 실질적인 이해와 배려의 산물로서의 윤리적 관계를 보장하기에는 계속 불안정한 내용을 가질 수밖에 없다.

2) 막스 셸러

이제 흄과 달리 공감을 보편적 윤리의 근거로 삼을 수 있다고 믿었던 막스 셸러의 입장을 검토해보자. 막스 셸러의 기획은 주관주의와 상대주의에 빠지지 않는 보편적 공감 윤리학을 정립하는 것이었다.24) 이 기획의 성공 여부를 떠나서 막스 셸러는 흄이 충분히 다루지 못한 문제, 즉 다양한 공감의 형태를 섬세하게 구분함으로써 보편적 윤리학의 근거가 될 수 있는 '실질적 혹은 진정한' 공감의 가능성을 적극적으로 타진하고자 한다.

셸러는 흄처럼 공감을 타자를 이해하고 함께 느끼는 인간의 선천적 능력으로 규정한다.25) 그러나 그는 『동감의 본질과 형태』에

---

24) 공감 윤리학이 보편성을 담지할 수 있으려면 공감은 보편적 원리에 따라 작동해야 한다. 셸러에게 공감은 단순한 감정이 아니라 고유한 원리를 가진 정신능력의 실현이다, 셸러의 철학 체계 내에서 공감의 의미와 그 윤리학적 함의에 대한 설명은 금교영(1999)의 논문을 참조.

25) 물론 막스 셸러는 흄처럼 인식의 출발점을 인상과 같은 감각에서 찾지 않는다. 막스 셸러에

서 나타나듯이 진정한 공감과 그와 유사한 다른 심리적 현상들과 구분함으로써 기존의 공감에 관한 논의를 심화시키고 세분화시킨다.[26] 흥미롭게도 그는 현대 심리학자들이나 흄이 고려하고 있는 공감능력은 '감정전염(Ansteckung)'이나 '감정이입(Einsfühlung)'과 같은 것으로 이는 윤리의 기초가 될 수 있는 진정한 공감이 아니라고 비판한다.

막스 셸러에 따르면 감정전염이란 슬픈 기분의 사람이 술집의 즐거운 분위기 속에서 다른 사람들과 함께 즐거움을 느끼는 상황과 같은 것이다. 이러한 감정전염은 타인의 감정에 대한 체험을 반드시 필요로 하지 않는다. 그것은 '비자의적이며 무의식적'일 뿐이다.[27] 다른 예로 고통에 대한 공감에서도 사정은 마찬가지이다. 막스 셸러는 고통이 전염되는 경우에도 진정한 공감은 있을 수 없다고 말한다.[28] 왜냐하면 이러한 고통의 전염은 더 이상 타인의 고통이 아닌, 나 자신의 고통으로 주어지기 때문이다. 이 경우 나는 그 고통스러운 이미지를 회피함으로써 고통을 없애려고 노력하게 되고, 이 상태에서 그 고통을 느끼게 만든 공감의 대상, 즉 타인이 사라지고 만다.

'감정이입' 역시 진정한 공감이 될 수 없다. 막스 셸러가 보기에 감정이입은 타인의 감정을 나의 감정과 타인의 자아를 나의 자아

따르면 감각이 받아들여지는 구조 즉 '정신적, 지적, 그리고 감정적 구조(constitution)'가 감각 경험 이전에 존재한다. 흄과 막스 셸러의 인식론적 차이에 관한 설명은 Eugene Kelly(1997), pp.27-28 참조.

26) Max Schele(2009), 1장 참조. 국내 번역본은 막스 셸러/조정옥, 『동감의 본질과 형태』, 아카넷, 2006으로 이후 번역은 한국어 번역본을 따르되, 번역에 있어 입장 차이가 있을 경우 원문과 비교하여 수정.

27) Max Scheler(2009), S. 25-26.

28) Max Scheler(2009), SS. 28-29.

와 동일시하는 것일 뿐이다. 감정이입은 곡예사와 그것을 관찰하는 관객들의 관계에서 찾을 수 있는데, 이것 또한 감정이입처럼 비자의적일 뿐만 아니라 무의식적으로 타인과 나를 동일시하는 현상일 뿐이다.29) 셸러가 보기에 타인의 감정에 휩쓸리거나 동일하게 반응하는 상태로서 공감은 진정한 공감이 될 수도 없을뿐더러 윤리의 토대가 될 수도 없다. 왜냐하면 이 상태에서도 윤리적 고려의 대상이 되어야 하는 타인의 실제적인 체험(Erlebnis) 혹은 삶이 드러나지 않기 때문이다.

막스 셸러가 따르면 윤리의 기초가 될 수 있는 진정한 공감은 각 개인의 고유성과 독립성이 인정되면서도 동시에 더 높은 가치 속에서 조화를 이루는 것이어야 한다. 그렇다면 셸러가 제시하고자 하는 진정한 동감은 무엇일까?

> (진정한) 공감은 타인의 느낌을 느끼는 것이지만 느낌에 대한 단순한 앎이 아니며 그가 그 감정을 갖고 있다는 단순한 판단도 아니다.30)

공감은 '뒤따라 느낌(Nachgefühl)'을 기반으로 한다. 뒤따라 느낌은 말 그대로 누군가의 감정을 따라서 느끼는 것이다.31) 그런데 진정한 공감은 단순한 뒤따라 느낌이 아니다. 타인의 자아 존재와 타

---

29) Max Scheler(2009), SS. 28-29.

30) Max Scheler(2009), S. 20. 괄호는 필자.

31) 진정한 동감은 타인의 체험에 실제적으로 '참여'하는 것이다. 셸러는 이를 '뒤따라 느낌' 속에 주어진 타인의 느낌이라는 사실과 그 느낌이 가지는 가치 태도(Wertverhalten)의 사실(Tatbestand)에 대하여 반응하는 것이라고 설명한다. 그런데 이 '뒤따라 느낌'은 동감 없이도 일어날 수 있고, 뒤따라 느낌에 의해 동감에 정반대되는 것이 나타날 수 있다. 달리 말해 '뒤따라 느낌'은 공감이 발생하는 조건이긴 하지만 필수적으로 (진정한) 공감을 형성하는 것은 아니다. 이러한 예로 셸러는 타인의 고통에서 기쁨을 느끼는 잔인함을 든다.

인에 대한 체험(Erlebnis)으로서 진정한 공감은 (유비)추리를 통해서 일어나는 것이 아니며, 투사적인 감정이입과 모방충동을 통해서 일어나는 것도 아니다. 셸러에 따르면 우리가 흔히 공감이라고 부르는 현상들은 타인에 대한 이해를 불러일으키는 것이 아니라, 이해한다는 착각을 불러일으킬 뿐이다. 진정한 공감은 타인의 체험에 실제적으로 '참여'하는 것이어야 한다.

셸러가 제시하는 진정한 공감은 느낌이나 판단으로 환원되지 않고, 타자의 실제적인 삶에 대한 참여, 즉 타자를 있는 그대로 받아들이는 것이다.[32) 그렇다면 진정한 공감, 즉 타자의 실제적인 삶에 어떻게 참여할 수 있는가? 만약 이러한 공감이 가능하다면 셸러는 흄의 한계를 넘어 공감을 보편적 윤리의 기초로 정립할 수 있게 된다. 셸러는 진정한 공감이 가능한 이유를 공감의 생성과정과 그 구조에서 찾는다.

셸러는 공감이 '뒤따라 느낌'을 통해 형성되긴 하지만, 그전에 공감이 가능한 원천적인 토대가 이미 존재한다고 주장한다. 타인에 대한 체험은 추리 이전에 이미 표현 현상들 속에 원본적인 지각의 형태로 직접적으로 주어지는 것이다. 그 예로 셸러는 인간은 타인의 '붉어진 얼굴에서 수치심을 웃음에서 기쁨을' 직접 지각할 수 있다고 말한다.[33) 그러나 그 이전에 자아가 타자를 체험하는 것은 단순히 타인의 표정에 대한 관찰에서 오는 것이 아니다. 그에 따르

---

32) Max Scheler(2009), SS. 50-51. Kelly는 막스 셸러가 생각하는 진정한 공감은 네 가지 특성을 가진다고 주장한다. 첫째 내가 공감하는 감정은 내 감정이 아니라 타인의 감정으로 주어져야만 한다. 둘째 이것이 공감 내내 유지되어야 한다. 셋째, 그럼에도 불구하는 나는 타인에게 자유롭게 다가설 수 있어야 한다. 넷째 진정한 공감 행위는 인지적 행위이며, 이는 타인의 감정적 상태들에 관한 것이다. Eugene Kelly (2007), pp.147-148 참조.

33) Max Scheler(2009), S. 21 참조.

면 자아와 타자의 체험 사이에는 이미 '직관적인 본질 관계'가 놓여 있다.[34] 즉, 공감은 단순히 우연적인 개별적인 타인의 표정이나 동작을 지각하는 과정이 아니다. 공감이 근본적으로 가능한 이유는 인간의 체험과 표현은 인간 특유의 표정이나 동작에 국한되지 않는 기초적 연관토대를 가지기 때문이다. 셸러는 표정이나 표현을 통해 타인을 이해할 수 있는 것은 그 표현들이 '보편적인 문법'이 있다고 주장한다. 그리고 그 문법은 생명을 따라하는 모든 종류의 흉내와 팬터마임을 이해하는 최상위의 토대를 이룬다.[35] 타인에 대한 관찰과 상상을 통해 공감이 형성되지만, 관찰과 상상은 이미 보편적인 문법의 구조 속에 이미 놓여 있기 때문에 주관적이고 자의적인 것이 아니다.

여기서 잠시 셸러와 흄의 입장을 비교해보자면, 공감을 감정이입이나 감정전염으로 보고, 그 근거를 유사성에서 찾는 흄의 입장은 셸러가 보기에 타인을 있는 그대로 받아들이지 못하는 것이며, 윤리적인 삶을 감정의 일치로 환원하는 것이다. 셸러는 흄과 달리 쾌락과 고통으로 단순히 환원되지 않는 고유한 도덕적 가치가 존재하며 존재론적으로 인간은 공감을 통해 각각의 개별성을 인정하면서 동시에 보편적인 도덕적 가치를 실현할 수 있는 구조가 존재한다고 본다.

이제 셸러가 진정한 공감이 가능하다고 보는 인간학적·형이상학적 전제들을 좀 더 구체적으로 살펴보자. 그의 전제들은 다음과 같다. 첫째, 인간은 본래 타자의 체험에 참여하고 타자를 이해할 수

---

34) Max Scheler(2009), S. 20 참조.
35) Max Scheler(2009), S. 22 참조.

있는 선천적 능력을 가지고 있다. 셸러는 이러한 사실을 '원본적인 지각'의 형태로 알 수 있다고 주장한다.[36] 두 번째로 생명체의 본능에 따른 행동은 생리적 과정과 심리적 과정을 그대로 표현한다.[37] 이 때문에 인간은 타인의 신체 변화를 지각하면서 그의 심리를 투명하게 파악할 수 있다. 셋째로 진정한 공감이 가능한 이유는 인간에게는 '정신(Geist)'[38]과 '사랑'[39]이라는 고유한 능력이 있으며, 이것들의 전개를 통해 인간은 주어진 신체성과 환경에서 벗어날 수 있기 때문이다. 여기서 셸러가 말하는 정신은 그 자체로 활동하며 고귀한 가치를 추구하는 능력으로, 사랑은 우주의 질서와 가치를 실현하는 원리이자 동력이다. 이러한 정신과 사랑이 있기 때문에 인간은 공감을 통해 타인과의 단순한 감정적 결합을 넘어 공존과 조화라는 보편적 가치를 고양시킬 수 있다. 간단히 정리하자면 인간은 존재론적으로 서로의 감정을 있는 그대로 파악할 수

---

36) Max Scheler(2009), S. 21 참조.

37) 생명체의 행동으로 나타나는 '본능'의 특징은 다음과 같다. 첫째 그것은 의미(논리)에 알맞은 것이어야만 한다. 그 행동은 생명체의 그 자체의 전체를 위해, 즉 그 생명체의 영양과 번식을 위해서나 다른 생명체의 전체를 위해서 목적 지향적이어야만 한다. 즉, 본능은 개체가 아닌 종에 봉사한다. 둘째 본능적인 행동은 어떤 확고하고 불변적인 리듬에 따라 진행된다. 이러한 본능적인 행동은 항상 내면상태를 표현한다. 직접적이건 간접적이건 행동으로 표현되지 않는 내면적이고 심적인 것은 존재하지 않는다. Max Scheler(1975), SS. 18-24, S. 78 참조. 국내 번역본은 막스 셸러/진교훈, 『우주에서 인간의 지위』, 아카넷, 2001이며, 인용은 번역본을 따르되, 번역에 입장 차이가 있을 경우 원문과 비교하여 수정함.

38) 셸러에 따르면 인간은 정신능력을 통해 주어진 현실을 부정하고, 그것의 선천적 본질에 다다를 수 있다. 공감과 관련하여 보자면, 정신은 공감하는 대상의 내면적 가치를 이해할 수 있는 인간의 고유한 능력이라고 말할 수 있다. 바꾸어 말하면 공감은 정신을 통해 타자에 대한 단순한 느낌이나 체험을 넘어 타자에 대한 실질적 이해로 나아갈 수 있다. '정신은 근원현상과 본질내용들을 직관하는 것이면서, 선의 사랑, 후회, 경외, 정신적 경탄, 축복과 절망, 자유로운 결단과 같은 의지적이고 정서적인 활동을 포괄'한다. 셸러의 정신 개념과 그 특성에 관해서는 Max Scheler(1975), SS. 36-71 참조.

39) 셸러에 따르면 사랑은 인간이 세계를 받아들이는 형이상학적 원리이자 힘이다. 사랑은 세계의 대상들에 대한 참여와 관여의 모든 정신 작용들의 근원이다. 셸러의 사랑 개념에 관한 간단한 정리는 M. S. 프링스(2003), pp. 69-84 참조.

있는 질서 속에 놓여 있고 이 사실을 인식할 수 있을 뿐만 아니라 더 높은 가치로 고양시킬 수 있는 능력을 타고난 존재이기 때문에 진정한 공감에 도달할 수 있다는 것이다.

셸러는 흄이 엄밀하게 구분하지 못한 다양한 공감의 상태를 분류하고 타자의 고유성을 환기시킴으로써 윤리가 기초가 될 수 있는 진정한 공감의 내용이 무엇인지 반성하게 만든다. 그리고 공감을 통해 보편적인 윤리학을 제시할 수 있다고 본 점에서 흄의 한계를 넘어서는 것처럼 보인다. 그러나 셸러의 공감윤리학이 공감의 제약성을 넘어 과연 보편성을 획득할 수 있는지는 의문이다.

공감이 윤리적인 삶의 근거가 되기 위해서는 분명 셸러가 생각한 것처럼 공감은 타인의 구체적인 삶을 받아들이는 것이어야만 한다. 그러나 이러한 논의구도는 흄과 다른 차원의 문제를 노출한다. 그 문제는 셸러가 논거로 삼았던 자신 인간학적·형이상학적 전제 자체 놓여 있다. 진정한 공감을 논하기 위해 요구되는 첫 번째 공감이 타인에 대한 선천적 이해이며 이는 '본질직관'을 통해 알 수 있다는 셸러의 주장은 그의 현상학적 관점과 방법을 고려하지 않더라도 흄처럼 경험의 사실로 일단 인정할 수 있을 것이다.[40] 문제는 두 번째 전제부터 나타난다. 즉, 인간의 생리적 과정과 심리적 과정이 일치한다는 주장은 이에 대한 현대 심리학의 반론에서도 그러하지만 쉽게 받아들이기 어렵다. 이 전제는 논리적으로 인간은 타인을 있는 그대로 이해할 수 있다고 주장하기 위해 꼭 필요

---

40) 셸러는 그는 현상학적 환원을 통해 '모든 구체적 우연적 경험에 앞서 기초가 되는 본질성과 가치 혹은 연관을 탐구'할 수 있다고 보았다. 셸러의 철학에서 현상학적 환원의 의미는 김종현(1998)의 논문 참조.

한 조건이지만 증명이 불가능한 선언이나 요청에 가깝다고 말할 수 있다. 마지막으로 셸러의 주장 중에서도 가장 난해하고 받아들이기 어려운 부분은 '정신'의 발전과 '사랑'의 힘의 절대성에 관한 부분일 것이다. 이 부분은 셸러의 형이상학적 입장, 특히 그의 종교적 믿음과 태도를 전제로 한다.[41] 다른 종교와 성향을 가지거나 형이상학을 거부하는 입장에서 보자면 셸러의 전제는 받아들이기 어려울 것이다. 셸러가 제기하는 진정한 공감은 궁극적으로 이러한 형이상학적 전제를 받아들일 때 보편성을 획득할 수 있다는 점에서 비현실적이라는 비판을 받기 쉽다. 이러한 문제점은 셸러가 진정한 공감의 사례를 '부처의 회심'[42]에서 찾을 때에도 잘 나타난다.

셸러의 형이상학적 전제들은 경험에서도 도출되는 것이 아니기에, 즉 경험을 넘어선 것이기에 경험적인 증명의 대상이 아니다. 경험주의적 입장에서 보자면 보편주의 공감윤리학을 정립하려는 그의 기획이 공허하다고 비판할 수는 있지만 원천적으로 불가능하다고도 말할 수 없다. 그러나 그의 형이상학적 전제를 사실로 수용한다고 해도 보편적 공감윤리학의 가능성은 그리 낙관적인 것으로 보이지 않는다. 그의 주장처럼 인간이 제대로 파악하지 못했을 뿐 '정신'과 '사랑'의 능력이 실지로 존재한다고 가정해 보자. 보편성과 절대성의 문제와 분리될 수 없는 셸러의 형이상학적 전제들은

---

41) Max Scheler(1980), S. 86 참조. 셸러는 종교적 태도, 즉 탈육체화, 탈세계화를 통해 본질에 도달할 수 있다고 본다. 셸러 철학에서 카톨릭이 차지하는 역할이 그의 전체 철학 체계에서 일관되게 유지되었다고 보기는 어렵다. 그러나 그는 절대자를 종교적으로 추구하는 태도를 보인다는 점은 의문의 여지가 없어 보인다. 셸러와 카톨릭의 관계에 관해서는 진교훈(2004)의 논문 참조.
42) 셸러는 진정한 공감이나 인간 정신의 발현의 사례로 부처를 자주 언급한다. Max Scheler(2009), S. 61, 71; Max Scheler(1975), S. 50, 58 참조.

구체적인 개인의 삶을 설명하는 데 일정한 한계를 가진다. 이 문제를 공감과 관련된 단순한 질문으로 대체해 보자. 즉, 보편적인 문법 구조와 사랑과 정신이라는 보편적인 힘이 존재한다면 인류의 역사는 물론이고 개인의 삶에서 끊임없이 반복되었던 공감의 부재와 그에 따른 비윤리적 상황은 어떻게 설명해야 하는가? 셀러는 그 원인을 일차적으로 인간에 대한 그릇된 이해와 문명의 발달에서 찾는다. 그에 따르면 문명이 발달할수록 기계론적 혹은 자연주의적 입장들이 발전한다.[43] 그리고 이러한 입장들은 인간을 영혼이 아닌 신체로 제한하여 이해하기에 진정한 공감에 도달할 수 없다. 이에 셀러는 공감능력을 실현하기 위해 영혼의 눈을 통해 주어진 환경에 벗어나 자신의 동감능력을 감지하고, 행동하라고, 즉 이 세계의 기본 원리인 사랑을 실현하라고 주장한다.[44] 그런데 이러한 셀러의 답변은 순환논법처럼 보이며 전제를 결론으로 사용하는 오류를 범한다는 비판에서 자유롭기 힘들어 보인다.

4. 공감 담론의 한계

흄은 타자를 이해할 가능성이 있으며 그 가능성을 최대한 높일 수 있다고 주장한다면, 셀러는 인간은 타자를 이해할 수밖에 없는

---

43) 셀러는 그의 저작 곳곳에서 자연주의를 비판한다. 그에 따르면 자연주의는 고대로부터 발생하여 자연과학이 발달한 근대 세계나 현대 자본주의 사회에서 더욱 만연하게 된 입장이다. 이러한 자연주의는 인간을 기계나 생물처럼 다루면서 생명의 고유성과 법칙을 간과한 것이며, 사랑과 같은 인간의 고유한 정신능력을 실현에 장애가 된다. Max Scheler(1975), SS. 81-87 참조. Max Scheler(2009), SS. 272-274, 370-372 참조.

44) 프링스(2003), pp.65-66 참조.

존재라고 주장하는 것처럼 보인다. 그러나 앞서 살펴본 바와 같이 이성 중심의 보편주의를 거부하면서 '유사성'을 근거로 타인에 대한 공감이 가능하다고 주장한 흄의 입장과 존재론적으로 나와 타인의 동일성을 전제로 하는 셸러의 입장 모두 여러 난제와 논쟁거리를 안고 있다. 셸러는 공감의 다양한 형태를 분리하고 흄이 충분히 고려되지 못한 타자성을 진정한 공감의 조건으로 제시함으로써 공감을 통해 동등한 주체들 사이의 윤리적 관계를 사고할 수 있는 기회를 제공한다. 그러나 그의 입장은 증명되기 어려운 형이상학적 전제를 통해서만 정당화될 수 있다는 점에서 흄의 한계를 실질적으로 극복했다고 보기 어려울 것이다.

이제 다시 공감에 관한 현대적 논의로 돌아가보자. 앞서 2장에서 언급했듯이 현대의 몇몇 경험과학자들은 거울뉴런의 발견이나 나름의 과학적 추론을 통해 공감이 인간의 본성이며 이 본성을 올바르게 실현한다면 현대 사회의 비윤리적 상황이나 병폐들을 극복할 수 있다고 믿는다. 공감을 인간의 본성으로 삼고 여기서 윤리적인 삶의 가능성을 타진한다는 점에서 현대적 공감담론은 흄이나 셸러와 크게 다르지 않다. 현대의 공감 담론은 일상적인 경험과 상식에서 출발한다는 점에서 흄의 입장을 따르는 것처럼 보이며, 다른 한편 공감능력의 객관성 혹은 절대성을 강조할 때는 셸러의 형이상학적 전제와 같은 것들을 암묵적으로 받아들이고 있는 것처럼 보인다. 그러나 현대의 공감 담론은 흄이 제시한 공감능력의 제약이나 막스 셸러가 담보하고자 하는 진정한 공감의 내용에 대해 진지하게 고민하지 못하는 것으로 보인다. 달리 말해 현대의 공감 담론은 흄과 셸러의 입장에서 나타날 수 있는 여러 문제점과 논쟁거리를 해결하지 못한 채, 더 정확히 말하면 그러한 논리에서 나타날 수 있는 문제점들에 대한 큰 고민 없이 공감능력을 강조하고 윤리적인 차원에서 활용할 수 있다고 믿는다. 이러한 측면에서 현대의 공감담론은 흄이나 셸러에서 입장에서 더 발전한 것이 없으며 오히려 공감능력을 경험과학적으로 증명되었다고 선언한 후 무비판적인 방식으로 윤리적인 영역으로 확장하려고 한다는 측면에서 후퇴했다고도 말할 수 있다.

흄과 셸러는 물론이고 현대 공감 담론이 해명해야 할 문제점과 근본적인 한계 지점을 논의할 때가 왔다. 우선 공감 개념의 규정에서 나타나는 문제점을 지적해야 할 것이다. 공감(empathy)에 대한 정의가 연구분야별로 개인별로 서로 조금씩 다르다는 것에 주목할 필요가 있다. 현대 공감담론에서 언급했듯이 공감의 인지적 성격에 대해 한편에서는 타인의 감정을 함께 '느끼는 것'이라고 규정한다면, 다른 한편에서는 타인의 감정을 '지각'하는 혹은 '이해'하는 것이라고 규정한다. 그런데 '느끼다'와 '이해한다'는 상이한 인지 상태로 서로 구별될 수 있다. '느낌'으로 기술하는 입장은 공감을 감각이나 감정과 연관된 것으로 그리고 무의식적인 방식으로 형성되는 것으로 본다면, '이해'로 기술하는 입장은 공감을 추론적 사고의 능력과 연결된 의식적인 활동으로 보는 것이다. 이는 단순히 공감 개념의 정의의 문제를 넘어 공감의 기원과 상태, 그리고 그 대상과 범위에 관한 통일된 관점이 아직 없다는 것을 의미한다. 그런데 아직 공감이 감정이나 소위 이성이라고 불리는 다른 인지 능력과 어떻게 다르며, 서로 어떠한 관계 속에 놓여 있으며 어떻게 서로 상호작용하는가가 명확히 규정되지 못하고 있다. 이러한 상황은 공감능력을 윤리적인 차원으로 확장하려는 시도가 논쟁적이고 소모적인 논쟁에 빠질 수 있음을 보여준다.

둘째는 공감의 대상이 되는 감정에 관한 것이다. 공감의 과정 속에서 내가 느끼는 감정이 타인과 유사한 혹은 동일한 감정이라고 말할 수 있는 근거는 과연 무엇인가? 공감이 타인의 감정을 함께 느끼는 것이라면 내가 타인의 것이라고 느끼거나 이해하는 그 감정은 바로 이것이라고 규정할 수 있는 고유한 속성을 가진 것이어야 한다. 왜냐하면 서로 공감하는 감정이 각각 고유한 성질을 가질 때만 내가 타인과 유사한 혹은 동일한 감정에 놓여 있다고 말할 수 있기 때문이다. 그런데 타인의 그 감정이 타인의 구체적인 믿음이나 바람, 욕망 그리고 가치판단 등을 응축한 것이라고 할 때,[45] 공감의 내용은 타인의 감정을 있는 그대로 안다는 의미에서 객관성을 담보하기 어렵다. 나아가 우리가 감정이라고 분류하는, 예를 들어 기쁨, 슬픔, 분노, 공포와 같은 기본 감정들이 존재하며 각각의 감정의 상태를 명확히 구분될 수 있는 기준이 과연 존재할 수 있는지 물을 수 있다.[46] 이 경우 우리는 타인의 감정을 함께 느끼는 것

---

45) 또한 감정은 '극도로 압축된 문화 의미들과 사회관계'이기도 하다. 에바 일루즈(2012), p.13 참조.

46) 감정은 물리적 대상처럼 단일한 속성으로 분류되기 어렵다. 쉽게 말해 감정의 주체인 나 자신도 나의 감정을 명백히 구분하기 어려우며, 대부분의 감정은 혼합되어 나타난다고 할 때 감정을 단순한 신체적 반응으로 환원하려는 시도는 한계를 가질 수밖에 없다. 예를 들어 공포감과 당혹감 또는 죄의식과 수치심이 엄격하게 구분될 수 있을까? 공포라는 감정이 무엇인지 뇌의 작용을 통해 증명하려는 경험과학적 실험을 그 예를 들어보자. 공포를 뇌의 작용으로 증명하려는 실험자는 공포를 일으킬 것이라고 상성되는 상황을 설계하고 피험자가 그 상황에서 어떤 뇌의 반응을 보이는지 조사할 것이다. 그런데 그 실험은 공포라는 그 무엇이라고 미리 전제한 후 진행되는 것이다. 따라서 이 실험은 공포라는 감정의 본질이나 속성을 밝혀냈다기보다는 실험자 자신이 생각하는 공포라는 감정을 뇌의 반응으로 재구성한 것이다. 달리 말해 실험자는 피실험자가 공포를 느꼈다고 확신할 수 없으며, 실지로 피실험자는 그 실험에서 당혹감을 느꼈을 수도 있다. 또한 실험결과가 조건과 환경에 따라 매번 바뀔 수 있다는 사실은 감정이 과학이라는 이름으로 객관화시키기 어려운 대상임을 재확인시킨다. 감정에 관한 경험과학자들의 연구방법과 실험의 한계와 그에 관한 비판은 제롬 케이건(2009)의 책 참조.

이 아니라 타인의 감정이라 생각되어진 나의 감정을 느끼는 것이 된다. 이 문제는 셸러처럼 보편적인 문법구조를 전제하거나 모든 인간은 지역과 문화를 뛰어넘어 기본감정 혹은 동일한 감정들은 갖는다고 전제할 때만 해결될 수 있다. 그러나 이러한 전제나 주장 은 감정은 사회문화적으로 구성되는 것이며, 변화될 수 있다는 입 장을 고려할 때 쉽게 받아들이기 어렵다.47)

셋째는 공감의 작동방식에 관한 것이다. 공감에 관한 경험과학적 논의들은 공감과 관련된 세포나 유전자가 있음을 증명하였다고 주 장하지만 공감능력은 환경의 영향을 받거나 특정한 경우 작동하지 않을 수 있다.48)

결국 이러한 문제점들은 공감을 윤리적 실천의 기초로 삼으려는 시도가 단순한 당위에 머물거나 근거가 모호한 희망이 될 수 있음 을 보여준다. 바꾸어 말한다면 공감을 통해 타인의 감정을 직접 알 수 있다는 주장은 각 개인이 처한 삶의 조건과 환경, 그리고 개별 적 특성을 사상시킬 때만 가능하다. 이 경우 그 공감능력은 타인을 자의적으로 이해하고 대할 수 있다는 점에서 타인에게 폭력으로 작동할 수도 있다. 타인의 감정이 어떠한 구체적인 환경과 가치판 단 속에서 표현되고 알 수 없다면, 공감은 오인으로 나아가기 쉽고, 타인과의 실질적인 조화로서 윤리적 관계는 요원한 것이 될 수밖

---

47) 사회문화심리학에서는 감정이 사회문화적으로 구성된 것이라고 주장한다. 감정은 특정한 문 화적 관계 속에서 형성되는 것이며, 지역에 기초 감정으로 환원될 수 없는 토착적인 감정이 존재한다고 할 때 타문화 속에는 개인들끼리의 공감의 내용은 타인에 대한 오인이나 오해의 결과물이기 쉽다. 사회심리학에서 감정에 대한 논쟁과 토착감정에 관해서는 Sang-Chin Choi, Gyuseog Han, and Chumg-Woon Kim(2007)의 논문 참조. 유사하게 감정사회학에서도 감정은 사회적 구성물이며 어떤 감정들은 특정한 사회적 관계 속에서 협소해지거나 강화되며 관리될 수 있다는 연구사례를 보여준다. J. M. 바바렛(1998), pp.228-302 참조.

48) 폴 에얼릭·로버트 온스타인(2012), pp.161-163 참조.

에 없다.

넷째 공감은 말 그대로 타인의 감정을 함께 느끼거나 이해하는 능력일 뿐 그 자체로 타인을 배려하는 등의 윤리적으로 선한 결과를 낳는다고 말할 수 없다. 예를 들어, 내가 타인의 고통을 공감한다고 해서 그 공감을 통해 내가 타인을 고통으로부터 구제하거나 배려하는 윤리적 판단이나 그에 상응하는 행위를 한다고 볼 수 없다. 흄은 그러한 행위가 쾌락 혹은 즐거움을 주기에 인간은 기꺼이 행할 것이라고 보지만, 그 공감의 상태는 단지 그러한 행위로 나아갈 수 있는 가능성 혹은 출발점만을 지시할 뿐이다. 또한 공감은 연민과 같은 소위 도덕적 감정을 불러일으킬 수도 있지만 증오나 공포, 적대감에 동조하여 오히려 반윤리적인 행위로 나아갈 수 있다는 사실을 잊어서는 안 된다. 셸러도 인정하였지만 인간은 타인의 고통에서 자신의 안녕에 감사하거나 쾌락을 느낄 수 있는 존재이다. 한 걸음 물러서 흄의 주장처럼 인간의 공감능력은 본래 타인과 조화나 공존에 적절한 윤리적으로 선한 감정에 더 잘 반응한다고 해도 이 문제가 해결된다고 보기는 어렵다.[49] 이에 관한 가장 간단한 비판은 앞서 셸러에 대해 제기했던 질문으로 충분해 보인다. 인간에게 선천적으로 선한 것에 대해 공감하는 능력이 있다면 인간의 역사에서 수많은 반복된 반사회적이고 비윤리적인 행위들은 어떻게 설명할 것인가? 이러한 질문에 대해 공감에서 인류의 희망을 찾으려는 시도들은 위에서 언급했지만 본성으로서의 공감능력을 자각하고, 공감 능력을 방해하거나 왜곡시키는 환경을 변화시

---

49) 인간은 본래 이타적이며 호혜를 추구한다는 심리학자들의 실험 결과도 있다. 이에 관한 간단한 소개로는 제러미 리프킨(2010), pp.160-167 참조.

켜야 한다고 주장할 것이다. 그런데 이러한 답변은 결국 공감능력의 문제가 아니라 인간의 윤리성은 환경이나 교육, 습관에 의해 영향을 받는다는 사실을 재확인시켜 준다. 공감윤리학은 이성의 한계를 넘어 인간의 원초적 본성 속에서 윤리성의 단초를 찾으려고 하지만, 결국 윤리성은 인간이 맺는 다양한 관계에 의해 영향을 받으며 그 관계를 변화시키지 않는 한 실현될 수 없다는 오래된 상식을 재고시킬 뿐이다.

5. 결론을 대신하여: 새로운 공감 담론의 모색

공감을 윤리적으로 기초 지우려는 모든 논의는 경험적이건 형이상학적이건 인간은 서로 완전히 다를 수 없고, 윤리적인 관계를 지향한다는 믿음 혹은 이념을 전제로 한다. 그런데 이러한 믿음은 공감을 소위 '오인의 구조'에서 완전히 구출하기 어려워 보인다. 만약 공감능력이 인간의 본성이라면 진정한 윤리적 공감의 가능성은 무의미한 공감능력의 재확인이 아니라 공감능력이 제대로 작동하지 않는 이유를 밝히는 것에서 시작하는 것이 적절해 보인다. 즉, 윤리적인 공감의 장애가 되거나 윤리적으로 무가치한 공감들을 선별하는 과정이 선행되어야만 한다.

공감을 윤리의 조건으로 삼으려는 시도들은 근본적으로 인간은 그가 속한 환경, 즉 지역, 문화, 사회, 경제 등 수없이 다양한 유무형의 관계망 속에서만 이해될 수 있는 존재라는 사실을 종종 무시한다. 물론 경험적 사실로 확인되는 공감능력은 인간이 간주관적인 존재라는 사실을 확인시키지만, 그것이 특정한 관계망 속에 유기적으로 변화해 가는 존재로서 타인을 실질적으로 이해할 수 있는 능력이라고 단언하기는 어려워 보인다. 공감을 강조하는 논자들의 바람과 달리 역사적으로 반복되었던 집단학살, 인종학살은 물론이고 신자유주의로 대변되는 자본주의의 무제한적 이윤추구와 맞물린 불평등과 소외 등 현 사회에 산적한 수많은 문제들은 공감이 부족하거나 부재해서가 아니라 특정한 공감이 강화되었기 때문에 발생하거나 악화된 문제라고 말할 수 있다. 다른 맥락에서 보자면 현대 사회의 문제는 공감이 부재해서가 아니라 공감의 의미가 희석되거나 화석화되는 현상에서도 그 원인을 찾을 수 있다. 그리고 감정이 그러한 것처럼 공감 또한 인위적으로 조작되거나 재구성될 수 있다는 사실을 인정해야 한다. 결론적으로 공감에 관한 논의는 현대 사회의 제문제를 해결하기 위해서라도 우선 감정에 관한 기존의 패러다임을 벗어나거나 변화시키고, 공감에 어색하게 덧씌워진 윤리적 가치를 벗겨내는 것에서 시작해야 한다.

과연 현대 공감담론이 강조하는 것처럼 현대 사회의 제문제들은 가족관계로 상징되는 공감의 회복으로 해결될 수 있을까? 경제·정치권력과 그 질서는 물론이고 사소하게는 수많은 기업 광고들, 나아가 일상적으로 개인들은 가족으로 대변되는 공감을 강조한다. 그런데 이러한 과정은 긍정적인 의미의 가족관계를 확산시키는 것이 아니라 가족적인 공감의 영역마저도 대상화시키거나 상품화시킬 수 있음을 보여준다. 한 사회가 가족을 강조할 때, 이것은 가족관계가 결여의 대상이 되었음을 의미한다. 여기서 가족은 치열한 경쟁과 불안 속에서 살아가야만 하는 현대인의 삶이 지향하거나 도피할 수 있는 관계를 지시한다고 말할 수 있다. 그러나 특정한 정치·경제 권력구조 속에서 가족을 대변되는 그 공감에 대한 강조는 그 구조에 내재된 대립과 갈등을 개인 혹은 가족 단위의 문제로 환원하거나, 공공연하게 한 사회와 그 속의 권력 구조를 정당화시키는 역할을 할 수도 있다. 여기서 개인은 현대 사회의 폭력적이고 비윤리적인 상황에 서로 고통하고 분노하기도 하지만, 반대로 체념과 자기만족의 정서에 공감을 일으키기도 하고, 다른 한편 자신의 혈육을 중심으로 하는 가족과 집단 이기주의적 정서에 공감할 수 있다. 달리 말해 현대 사회에서 공감의 내용은 의식적이건 무의식적이건 조작될 수 있을 뿐만 아니라 비윤리적인 지배와 폭력을 정당화시키는 매체로 작동할 수도 있다. 여기서 가족으로 상징되는 진정한 혹은 윤리적인 공감은 퇴색되거나 무의미한 것으로 사라지고, 개인들은 기존의 질서를 순응하거나 혹은 무반성적으로 옹호하는 무기력한 존재로 남게 된다. 이 경우 개인은 공감을 원하지만 ㄱ 공감에는 윤리적 지향성, 즉 함께 살아가기 위해 배려하고 조화를 이루어야 할 타인이 없다.

이러한 상황에서 현대의 공감 담론은 공감능력을 인간의 본성으로 재확인하는 수준에 머물러서는 안 된다. 기존의 공감 담론의 한계를 넘어서기 위해서 나아가 공감을 통해 윤리적 관계를 고양시키기 위해서는 공감이 어떻게 특정한 정치·경제·문화구조 속에서 형성되고 변형될 수 있는지 면밀하게 분석하는 작업이 필요하다. 이에 관한 구체적인 논의는 지면상의 한계로 다음에 쓰게 될 논문에서 다루게 될 것이다.

참고문헌

국립국어원 표준국어사전(http://stdweb2.korean.go.kr/main.jsp)

금교영, 「막스 셸러의 윤리학적 공감론」, 『철학논총』 16집, 1999, pp.3-23

김종현, 「현상학적 환원의 인간학적 의미」, 『철학』 56집, 1998, pp.119-124

데이비드 흄(1998), 『도덕에 관하여』, 이준호 옮김, 서광사

양선이, 「공감의 윤리와 도덕규범」, 『철학연구』 95집, 2011, pp.153-179

요하임 바우어, 『공감의 심리학』, 이미옥 옮김, 에코리브르, 2012

에바 일루즈, 『감정자본주의』, 김정아 옮김, 돌베개, 2012

정진우, 「사회적 인지와 도덕성」, 『감정이란 무엇인가』. 충남대학교출판문
화원, 2012

제러미 리프킨, 『공감의 시대』, 이경남 옮김, 민음사, 2010

제롬 케이건, 『정서란 무엇인가』, 노승영 옮김, 서울: 아카넷, 2009

진교훈, 「셸러의 인간 이해 - 그의 정신의 의미를 중심으로 - 」, 『가톨릭철학』
제6호, 2004, pp.143-172

폴 에얼릭 · 로버트 온스타인, 『공감의 진화』, 고기탁 옮김, 에이도스, 2012

J. M. 바바렛, 『감정의 사회거시학』, 박형신 · 정수남 옮김, 일신사, 1998

M. S. 프링스, 『막스 셸러 철학의 이해』, 금교영 옮김, 파주: 한국학술정보, 2003

Altmann, R. W., "Hume on Sympathy", *Southern Journal of Philosophy* 18,
Memphis: Dept. of Philosophy, Memphis State University, 1980

Bohlin, Henrik, "Sympathy, understanding, and Hermeneutics in Hume's Treatise",
Hume Studies 35, Hume Society, 2009

Brown, Charlotte R., "Hume on Moral Rationalism, Sentimentalism, and
Sympathy", *A Companion to Hume*, Elizabath S. Radcliffe(ed.), Blackwell
Publishing Ltd., 2008

Choi, Sang-Chin, Han, Gyuseog, and Kim, Chumg-Woon, "Understanding of
Indigenous Psychology for Universal Implications", In *The Cambridge
Handbook of Sociocultural Psychology*, Jaan Valsiner, Alberto Rosa(eds.),

Cambridge: Cambridge University Press, 2007

Duden Wörterbuch(http://www.duden.de)

Hardin, Russell, *David Hume: Moral and Political Theorist*, Oxford University Press, 2007

Hume, David, *A treatise of Human nature*. L. A. Selby-Bigge(ed.), Clarendon Press, 1978

Kelly, Eugene, *Structure nad diversity*, Dordrecht · Bostion · London: Kluwer Academic Publishers, 1997

Oxford English Dictionary(http://www.oxforddictionaries.com)

Scheler, Max, *Die Stellung des Menschen im Kosmos*, Bern: Francke, 1975; 『우주에서 인간의 지위』, 진교훈 옮김, 서울: 아카넷, 2001

_____, *Vom Ewigen in Menschen*, Bern: Francke, 1980

_____, *Wesen und Formen der Sympathie*, Bouvier: Bonn, 1923; 『동감의 본질과 형태들』, 조정옥 옮김, 서울: 아카넷, 2006

Stueber, Karsten, "Empathy", *The International Encyclopedia of Ethics* vol. III, Hugh Lafollette(ed.), Malden, MA: Wiley, 2013

감정진리와 감정의 적절성 문제에 대한 고찰

양선이

1. 서론

존 데이(John Deigh)에 따르면 감정에 관한 인지주의는 영국경험
론자들의 느낌중심의 감정이론에 대한 반발로 등장했다. 영국 경험
론자 로크는 감정을 쾌락과 고통에 대한 내적 감각으로 보았고, 흄
은 감정을 쾌와 고통에 대한 반성인상으로 보았다. 즉, 이들은 감정
이 신체적 감각과 유사한 속성을 가지며, 신체적 감각처럼 사고를
포함하지 않는다고 보았다.[1] 영국경험론자들의 감정에 대한 이와
같은 생각은 윌리엄 제임스의 비인지주의 감정 이론의 전개에 틀
을 제공했다고 볼 수 있다.[2]

그러나 영국경험론자들의 느낌 중심의 감정이론과 윌리엄 제임
스의 비인지주의 감정이론은 감정의 지향성 문제와 합리성을 설명

---

1) 느낌이론으로서의 흄의 감정론에 대해서는 임일환 교수의 글 「감정과 정시의 이해」, 36~39쪽
을 참고. 사실 흄의 감정이론에 관해 많은 사람들이 느낌중심의 이론 또는 제임스 유의 비인지
주의로 분류하지만 그의 『인성론』 제2권의 「정념론」에서 흄이 자부심이라는 정념을 지향성을
통해 설명하고 있는 것에 대해, 도널드 데이비슨은 흄의 감정이론이 인지주의라고 해석한다.
이러한 해석에 관해서는 D. Davidson(1980), "Hume's Cognitive Theory of Pride", in *Action and
Event*, pp.277-290을 참고.

2) 윌리엄 제임스의 감정이론과 지향성의 문제에 관해서는 양선이, 「윌리엄 제임스의 감정이론과
지향성의 문제」, 『철학연구』 제79집, 철학연구회, 2007, 107~127쪽을 참고.

하는 데 있어 어려움에 봉착하게 된다. 감정을 쾌와 고통에 대한 신체적 감각으로 이해하게 되면, 이 같은 신체적 감각은 아픈 근육의 통증이나 온탕에 있을 때의 편안한 느낌처럼 누군가 혹은 어떤 것을 향해 있지 않기 때문이다. 즉, 지향적 상태라고 볼 수 없다. 우리는 감정이 무언가를 향해 있거나 무엇에 대한 속성이라고 생각한다. 예를 들어 어떤 이가 화가 나거나 두려워하는 것은 누군가 혹은 무언가에 대해 화가 나 있거나 두려워하는 것이다. 여기서 누군가 혹은 무언가가 감정의 지향적 대상이라 할 수 있다. 감정에 관한 느낌중심이론이나 제임스의 비인지주의는 이와 같은 지향성을 설명할 수 없다는 비판을 받아 왔다.

느낌 중심의 감정이론은 감정의 지향성 문제를 설명 못할 뿐만 아니라 감정의 대상성과 관련하여 제기되는 또 하나의 문제인 적합성(fittingness) 문제를 설명하는 데도 실패한다. 왜냐하면 신체적 지각만으로는 그 감정이 그 대상에 적합하게 일어났는지를 판가름할 수 없기 때문이다. 예컨대, 거미를 보고 공포를 느낄 경우 느낌이론가들은 공포와 관련된 신체적 증상과 공포 감정을 동일시 하지만 이 경우 거미에 대한 공포는 일반적으로 적합하지 못하다고 평가된다. 비인지주의자들은 이와 같이 감정에 대한 합리적 평가를 제공할 수 없다. 20세기에 들어서면서 현대 인지주의는 이와 같은 비판에 힘입어 느낌중심 이론을 대체하는 설득력 있는 입장으로 자리 잡았다. 그러나 최근 약 10년간 지향성 및 합리적 평가의 문제를 인지주의가 성공적으로 해결했는지에 관해 의문을 제기하고 대안적 해결책을 제시하고자 하는 연구들이 활발히 진행되어 왔다. 이 논문에서 나는 이와 같은 최근의 연구에도 문제점이 있음을 보인 후 필자의 대안적 해결책을 제시하고자 한다.

2. 인지주의로의 이행

먼저 20세기 초 느낌 중심의 감정이론에서 인지주의로의 이행에 있어 발전으로 보이는 측면은 감정을 사고와 연관시킴으로써 지향성을 설명하고자 했다는 점이다.[3] 그렇게 하는 데 있어 그들은 '사고는 명제적 내용을 갖는다'고 보았으며, 명제적 사고가 어떻게 지향성을 설명할 수 있는지에 초점을 맞추고 있다. 가령 케니는 어떤 것을 감정의 대상으로 만드는 것은 감정을 느끼는 사람의 믿음이라고 주장한다. 예컨대, 어떤 이가 독이 없는 뱀이라도 그것을 위험하다고 믿으면 그 뱀이 공포를 일으킬 수 있다고 주장한다.[4] 따라서 케니에 따르면 믿음이 감정에 본질적이며, 감정이 믿음에 의해 대상을 지향한다. 케니와 유사하게 어떤 인지주의자들은 감정은 평가적 판단이라는 명제적 사고를 포함한다고 주장한다. 평가적 판단이론이라 불리는 이러한 이론에 따르면, 감정의 대상은 주체가 그것이 어떤 속성을 갖는다고 판단하거나 믿을 때 주체의 마음속에서 갖는 평가적 속성이다. 즉, 이 같은 평가적 속성은 주체가 대상에 귀속하는 것이며 이는 믿음이나 판단을 통해 이루어진다. 가령

---

3) 물론 20세기에 들어서기 이전에도 느낌 중심의 이론에서 인지주의로의 이행이라 할 수 있는 연구들(1990년 이전의 연구들)이 있다. 이에 관한 자세한 논의는 임일환 교수의 글을 참고하라. 임일환, 「감정과 정서의 이해」, 『감성의 철학』, 대우학술총서, 1996. 그러나 필자는 존 데이 (1994)를 필두로 하여 그 이후의 논의를 중심으로 다루고자 한다.

4) A. Kenny, *Action, Emotion and Will*, London: Routledge & Kegan Paul, 1963, pp.187-194.

연민의 대상이 불행하게 보이는 어떤 것이어야 한다면 연민은 대상의 상태가 부당하게 불행하다는 판단을 함축한다. 이와 같은 평가적 판단이론의 대표적인 철학자는 누스범과 솔로몬이다.

이들에 따르면, 사고나 인지적인 요소가 본질적으로 또는 부분적으로 감정을 구성한다. 그들은 주장하길, 각각의 감정은 우리의 안녕과 관련된 어떤 일반적 속성에 대한 생각을 통해 구성된다. 예를 들어, 분노는 나에 대해 모욕이 되는 것이 존재한다는 <u>생각</u> 때문에 생길 수 있고, 슬픔은 큰 상실에 대한 <u>생각</u> 때문에 생긴다. 친구가 죽었을 때, 나는 친구가 죽었다고 생각하고 이어서 그 친구의 죽음은 큰 상실이라고 추론할 수 있다. 이때 이러한 추론적 사고가 감정을 구성한다(constitute)고 누스범은 주장한다. 한편 누스범에 따르면, 감정이란 "가치 의존적으로 보이는 것들"에 대해 동의하는 판단이다.[5] 예를 들어 누스범은 그녀의 어머니가 돌아가셔서 그녀가 큰 슬픔을 느낄 때, 그녀의 어머니가 그에게 매우 <u>중요한</u> 사람이라고 여기지 않았다면 그는 어머니의 죽음을 두려워하거나 그녀의 회복을 간절히 소망하거나 그를 상실했다는 것에 대해 슬퍼하지 않았을 것이라고 주장한다. 즉, 그녀의 어머니의 죽음이 그의 삶의 안녕을 힘들게 만들 수 있다고 <u>판단</u>할 때 큰 슬픔을 느끼게 된다고 누스범은 주장한다.[6] 또 다른 대표적인 인지주의자인 로버트 솔로몬(R. Solomon)에 따르면, 감정이란 세계의 구조를 우리에게 제시하는 <u>평가적 판단</u>이다. 그것은 하나의 사건을 중립적인 방식으로

---

5) M. Nussbaum, "Emotion as Judgments of Value and Importance", in R. Solomon(ed.), *Thinking about Feeling*, Oxford University Press, 2007, p.189.

6) Nussbaum., Ibid.

해석하는 것이 아니라 평가적으로 판단하고 그것에 대해 반응하는 것이다. 분노는 어떤 이가 잘못했다는 것에 대한 평가적 판단으로 구성된다. 이와 같은 판단은 솔로몬에 따르면 감정은 세계가 존재하는 방식을 우리에게 제시한다.[7]

감정이 믿음이나 판단으로 구성되고 그 판단은 명제적 내용을 갖는다고 보는 이상과 같은 강한 인지주의자들은 다음과 같은 어려움에 직면하게 된다. 즉, 감정을 명제적 판단과 동일시했을 때 제기되는 문제는 신체적 증후를 동반하는 감정 경험과 대상에 대한 판단이 실제로 일치하지 않는 경우에 대해 설명을 할 수 없다는 것이다. 예컨대, 포비아의 경우 사람들은 대상이 위험하지 않다는 것을 아는데도 불구하고 그 대상을 대했을 때 공포 경험을 할 때 동반되는 것과 동일한 종류의 신체적 증상을 경험하게 되는데, 이는 대상에 대한 명제적 판단과 감정 반응이 일치하지 않는 경우라고 볼 수 있다. 많은 사람들은 이 경우를 인지주의를 유지하면 양립불가능한 비일관적 상태에 있게 되는 것이라고 비판한다. 그러나 최근에 드 수자는 믿음은 두 명제가 양립불가능하면 비일관적이지만, 욕구나 감정은 두 개가 양립불가능하다고 해서 비일관적이지 않다고 주장하면서, 감정 진리(emotional truth) 문제를 통해 강한 인지주의가 부딪히는 문제를 해결하고자 한다.[8]

---

7) R. Solomon(1976;1993). 한편, 인지주의에 이와 같은 강한 인지주의만 있는 것이 아니라 약한 의미의 인지주의자들도 많다. 약한 인지주의자들에 따르면, 감정을 가진다는 것은 일종의 해석 (construal)이다. 어떤 것을 두려워한다는 것은 그것이 위험하다고 해석하는 것이다(c.f. Robert Roberts, 1989).

8) R. De Sousa, "Emotional Truth", *Proceedings of the Aristotelian Society*, Supplementary Volume 76, 2002, pp.247-64; "Emotions: What I Know, What I'd Like to Think I Know, and What I'd Like to Think", in *Thinking about Feeling*, ed. R. Solomon. Oxford University Press, 2004, pp.61-75.

유사한 맥락에서 감정 모순 문제를 해결하기 위해 최근에 사비나 되링은 감정을 판단과 유비하기보다 지각과 유비하자고 제안한다.9) 뮐러 레이어 선과 같은 지각적 환영을 고려해 보자. 주체의 더 나은 판단에도 불구하고, 그 주체는 자신이 위험 속에 있다고 느끼지 않을 수 없는 것처럼, 뮐러 레이어 선을 지각하는 자는 두 선을 길이를 다르게 보지 않을 수 없다. 이론적으로 학습하게 되면 그 두 선이 사실은 같은 선이라는 것을 믿을 수밖에 없으면서도 말이다. 이러한 맥락에서 되링은 이와 같은 갈등은 모순 없는 갈등이라고 주장한다.10) 왜냐하면 지각-판단의 모순의 경우 그 상황을 잘못되게 만드는 것이 지각일 필요는 없기 때문이다. 즉, 말하자면 '그 두 선은 동일한 길이이라고 안다. 하지만 나는 그것을 다르게 본다. 나는 한 선을 다른 선 보다 더 길게 본다.'11) 그렇다면 감정-판단의 모순의 경우는 어떠한가? 예를 들어 고소공포증의 경우, 만일 모순이 가능하려면 당신은 안전하다고 판단하면서 (P) 동시에(&) 위험하다고 판단하는(-P) 경우가 될 것이다. 그러나 이와 반대로, 당신이 안전하다고 판단하면서 동시에 공포를 느끼는 것, 즉 그 상황을 위험하다고 경험하는 것은 모순이 아니다. 이 경우, 그 주체는 '이곳은 안전하다고 생각한다. 하지만 나는 무섭게 느낀다.' 이때 주체의 그 느낌은 통제를 넘어선 것이며, 그러한 한에서 그 느낌을 많은 사람들은 '저항적 감정(recalcitrant emotion)'이라 부른다. 이러한 맥락에서 되링은 지각에 유비되는 이와 같은 느

---

9) S. Döring, "Why be Emotional", in P. Goldie (ed.), *the Oxford Handbook of Philosophy of Emotion*, Oxford University Press, 2009, p.293.

10) Döring, Ibid., p.294.

11) Ibid., p.297.

낌은 비명제적이고 비추론적인 것이라고 본다.

나는 여기서 되링의 주장이 설득력을 얻기 위해서는 그가 말하는 지각이 정확히 어떤 것인지 더 자세히 말할 필요가 있다고 생각한다. 이에 대해 되링은 감정은 추론적 관계에 연루되지 않는다는 점에서 판단과 달리 지각과 유사하다고 말한다. 이러한 점에서 되링은 감정적 상태의 내용은 추론적 판단의 내용과 다르다고 주장한다.12) 즉, 감정은 팀 크레인이 주장한 것처럼, 비개념적 내용(non-conceptual content)이다.13) 되링은 크레인이 "개념들은 지향적 상태와 추론적으로 관련 있는 내용들이라고 가정하면서 비추론적 지각을 비개념적"이라고 정의한 것을 받아들여, 감정과 지각은 둘 다 비개념적 내용을 갖는 것이라고 본다. 여기서 모순 없는 갈등이 가능한 이유는 크레인이 주장했듯이 지각 경험의 내용이 개념적이 아니라 비개념적이기 때문이다. 크레인의 예를 소개하면 다음과 같다. 폭포의 한 곳을 한 참 쳐다보다가 옆에 있는 바위를 보게 되면 바위가 올라가는 시각경험을 하게 된다. 그런데 동시에 우리는 지각을 통해 바위가 움직이지 않는다는 것을 안다. 즉, 동일한 시각경험을 통해서 '저 바위는 움직이고 있다'는 판단과 '저 바위는 정지해 있다'는 판단을 하도록 요구받게 된다. 이때 경험의 내용이 개념적이라면 하나의 대상에 모순되는 속성을 귀속시킬 수 없다는 점에서 지각 경험은 비개념적이다.14) 내가 보기에 비개념적 내용을

---

12) Döring, Ibid., p.298.

13) Tim Crane, 'The Non-Conceptual Content of Experience', in T. Crane(ed.), Contents of Experience: Essays on Perception, Cambridge University Press, 1992, p.147

14) 영미 철학에서 비개념적 내용에 관한 철학적 논의는 에반스의 *Varieties of Reference*에서 논의된 이후로 철학적으로 활발히 논의되기 시작했다. 김한승 교수는 「비개념적 내용의 비개념성과 그 철학적 근거」라는 글에서 이러한 논의를 소개하고 있다. 김 교수는 특히 다양한 지향성 개

개념적으로 설명한다는 것은 어려운 문제이며, 따라서 나는 그 개념을 통해 어떤 철학적 문제를 해결하는 데 도움이 되는가를 보여줌으로써 간접적으로 해명하고자 한다.[15) 먼저 지각의 경우, 내가 창문 너머 있는 나무의 나뭇잎들을 바라볼 때, 한 나무에 매달려 있는 나뭇잎들의 색깔이 여러 가지 면에서 약간씩 다르게 보인다는 것을 깨닫는다. 이러한 미세한 차이는 지각이 우리에게 비개념적 내용을 주기 때문이다. 감정의 경우도 이와 유사한데, 비행공포증의 경우 어떤 사람은 안전하다고 판단하면서도 공포를 느낄 수 있고, 어떤 사람은 공포를 느끼지 않는 것은 감정적 내용이 지각적 내용과 유사하게 비개념적이기 때문이다. 존 데이는 어린이나 동물이 갖는 원초적 감정을 설명하면서 이에 대해 다음과 같이 말한다. "동물이 특정한 상황에서 위험을 느끼는 것은 그것이 위험이라는 개념을 가졌다는 것을 함축하지 않는다." 즉, 어린아이나 동물은 명제적 내용을 가진 인식체계는 발달하지 않았지만 그와 별도로 작동하는 감정인식 체계를 가지고 있기 때문에 우리 어른 인간과 그들이 감정 영역을 공유할 수 있다. 감정이 비개념적이라는 것은 감정 경험이 1인칭 영역에 속하는 현상학적 경험과 관련된다는 것

넘에 대응하여 비개념적 내용 역시 다양하게 규정된다는 것을 보이고 있다. 이를 통해 그는 비개념적 내용에 대한 여러 입장들을 구별하고, 대표적인 비개념적인 내용을 지각적 내용(perceptual content), 지표적 내용(indexical content), 재인적 내용(recognitional content), 감정적 내용(emotional content)의 네 가지로 분석하면서 왜 이러한 것이 '내용'으로 받아들여져야 하며, 또한 비개념적인지에 대해 분석하고 있다. 김한승, 「비개념적 내용의 비개념성과 그 철학적 근거」, 『범한철학』 제46집, 범한철학회, 2007, 327~333쪽 참조.

15) 비개념적 내용의 철학적 설명력에 대한 평가에 대해서는 김한승 교수가 지적했듯이, 이중적인 방식을 통해서 가능하다. 그 하나는 비개념적 내용이 왜 비개념적인가를 밝히는 것이고, 다른 하나는 비개념적 내용을 받아들임으로써 어떤 철학적 문제가 해결될 수 있는가 하는 점이다[김한승(2007), 338쪽 참고]. 나는 이 논문에서 비개념적 내용을 받아들임으로써 감정 모순의 해결이라는 철학적 문제를 해결하는 데 적용하고자 한다.

이다. "그와 같은 공포를 부적절한 것으로 만드는 것은 잘못된 믿음 때문이 아니라 그와 같은 공포에 대한 느낌으로부터 주체를 해방시켜야만 하는 건전한 믿음에도 불구하고 느껴지는 것"[16]으로 데이에 따르면, 질적 느낌의 특성은 기술불가하며, 선술어적 비표상적이다. 만일 강한 인지주의자들처럼 감정이 명제적 내용을 갖는 것으로 보게 되면 이러한 점을 설명할 수 없다.

이렇게 감정과 지각이 그 내용에 있어 비개념적이라는 점에서 유사하지만 되링은 그 둘의 차이점이 행위에 있어 중요하다고 강조한다. 그 차이점은 감정은 그들의 지향적 대상에 대한 평가를 포함하고 그들의 대상을 주체의 관심의 견지에서 표상하기에 그것은 행위에 대한 동기력을 갖는다. 뮐러 레이어 선의 착각과 같은 지각에서는 <u>다르게 본다</u>는 것에서 끝나지만, 행위의 경우 소위 '아크라시아(Akrasia)'라 불리는 문제와 같이 주체는 그의 감정이 적절하건 적절하지 않건 간에 감정 때문에 행동을 취할 준비가 되어 있다. 또 하나의 차이점은 포비아에 시달리는 사람의 경우 치료가 필요하지만 뮐러 레이어 선의 경우처럼 지각적 환상의 경우는 지각자의 더 나은 판단에도 불구하고 그와 같은 착각은 교정이 불가능하다. 그러나 감정은 평가를 포함하기 때문에 행위에 관한 규범적 이유들에 영향을 미친다.

드 수자도 감정을 인지적 상태라고 보지만 비명제적인 것으로 보기를 제안하면서 강한 인지주의자들이 설명하기 곤란한 비명제적 내용의 감정을 감각적 특질(quale)에 수반한 유인가 (valence)이

---

16) John Deigh(1994), p.851.

론17)을 통해 해결을 시도한다. 이에 관해 살펴보기로 하자. 드 수자는 이를 설명하기 위해 감정을 가치에 대한 지각(perception of value)으로 보기를 제안하면서 맹자의 사고실험을 예로 든다. 그의 사고실험은, 어떤 사람이 어린아이가 우물에 빠지려는 것을 보았을 때, 그 사람이 그 상황을 이해하였다면 그는 곧바로 움직여서 아이를 구하고자 할 것이라는 것이다. 이 사례에서 그 사람이 이해(apprehend)한 것은 **개입할 필요성**(need to intervene)이다. 더 좋게는 그 사람은 총체적 상황을 이해한 것이라 볼 수 있는데, 여기서 드수자는 **개입할 필요성을** 감각적 특질에 수반한 유인가(supervenient valence)로 거칠게 요약하면서 이를 통해 한 유인가가 다른 유인가보다 적절할 수 있음을 시사하고 있다.18) 이 경우 만일 우물에 빠지는 광경을 목격한 사람이 어린아이를 구하려고 움직이지 않는 것이 불가능한 것은 아닌데, 그 경우 그 사람의 경험은 적절한 유인가를 결여하고 있는 것이며, 그렇다면 그는 객관적으로 잘못된 감정을 갖고 있다고 말할 수 있다.19)

그렇다면 적절한 유인가를 결여하고 있는 경우는 왜 그런가? 그리고 적절성을 어떻게 아는가? 여기서 드 수자는 그와 같은 적절성은 반성적 평형(reflective equilibrium)을 통해 평가할 수 있다고 주장한다. 이에 관해서는 다음 장에서 구체적으로 다루고자 한다. 이하 이 논문에서 나는 강한 인지주의자들에게 제기되는 이러한 문제에 대해 드 수자의 해결방식을 소개하고 드 수자의 한계점에 대

---

17) 드 수자는 감각적 특질과 유인가의 수반관계는 결정론적이 아니라 우연적이라고 주장한다. De Sousa(2002), p.255

18) de Sousa, Ibid., p.255.

19) Ibid.

한 필자의 대안을 제시하겠다. 먼저 감정을 명제적 판단 또는 믿음으로 보는 강한 인지주의의 문제점에 대한 드 수자의 해결책에 대해 살펴보기로 하자.

3. 강한 인지주의의 어려움과 감정진리 문제를 통한 드 수자의 해결방안

드 수자는 문자 그대로 감정 진리가 가능할 수 있다고 주장한다. 그는 감정을 평가적 판단과 동일시하는 강한 인지주의는 앞서 제기했던 것처럼 건전한 믿음에도 불구하고 공포에 시달리는 공포증의 경우처럼 두 양립 불가능한 믿음을 갖는 경우와 같다는 이유로 거부한다. 그러나 그는 감정을 믿음 또는 판단과 달리 지각으로 보게 되면 이와 같은 이유 없는 감정을 설명할 수 있다고 주장한다. 이를 위해 그는 믿음과 욕망 그리고 감정의 진리치를 비교한다.

전통적으로 진리치를 가진다고 여겨지던 상태들인 믿음, 명제, 주장(assertion)은 모두 다음과 같은 특징을 가진다. 임의의 두 명제(믿음, 주장)에 대해, 이 두 명제가 양립 가능한 경우, 그리고 오직 그 경우에만 이 두 명제는 일관적이다. 그런데 감정의 경우에는 양립 가능성과 일관성이 일치하지 않는 것처럼 보인다. 드 수자에 따르면 그 이유는 다음과 같다. 먼저, 믿음과 욕구를 비교해보자. 믿음에서는 양립 가능성과 일관성이 일치한다는 것이 분명하다. 두 명제 p와 q가 비일관적인 경우, 즉 q가 −p를 함축하는 경우, p에 대한 믿음과 q에 대한 믿음은 동시에 옳을 수 없다. 즉, 두 믿음이 양립 불가능한 경우, 그리고 오직 그 경우에 두 믿음은 비일관적이다. 그러나 욕구는 그렇지 않다. p와 q가 비일관적이라고 해도, p에 대한 욕구와 q에 대한 욕구를 모두 가지는 것이 가능하다. 예컨대 살을 빼고 싶은(p) 욕구와 초콜릿 아이스크림을 먹고 싶은(q) 욕구의 경우에, p는 ~q를 함축하지만 그렇다고 해서 내가 두 욕구를 모두 가질 수 없는 것은 아니다. 왜 이런 현상이 발생하는가? 드 수자에 따르면 그것은 욕구의 의미론적 만족 조건과 욕구의 성공 조건이 구분되기 때문이다. 욕구의 양립가능성은 의미론적 만족 조건과 연결된다. 즉, 욕구의 명제적 대상이 비일관적이면 두 욕구는 양립 불가능하다. 하지만 욕구의 일관성은 욕구의 성공 조건과 연결된다. 두 욕구는, 그 명제적 대상이 공동으로 욕구될 수 있으면(desirable) 일관적이다. 따라서 욕구에 있어서 일관성과 양립 가능성은 일치하지 않는다. 양립 가능한 욕구들이 비일관적일 수도 있고, 일관적 욕구들이 양립 불가능할 수도 있는 것이다.20)

드 수자는 나아가 감정은 욕구와 비슷하지만 더 복잡하다고 주장한다. 왜냐하면 모든 감정에 대응하는 단일한 대상이 있는 것이 아니라, 감정마다 그에 상응하는 고유한 대상을 규정하기 때문이다. 즉, 각 감정은, 그 자신의 적합성에 맞춰서 규범을 규정하는데, 이것이 바로 각 감정의 "형식적 대상"이다.21) 여기서 드 수자는 형

---

20) De Sousa, Ibid., p.250.

21) 형식적 대상은 중세 스콜라 철학의 용어로 안토니 케니(1963)가 감정에 적용한 말이다. 케니에 따르면, 어떤 감정의 형식적 대상에 대한 기술은 믿음(belief)과 관련된다. 즉 공포를 느끼기 위해서는 어떤 것이 위험하다고 우리는 믿어야만 한다.(A. Kenny: 1963, p.189) 그러나 최근 많은 사람들은 감정의 형식적 대상은 믿음이라기보다 속성이라고 본다. 예컨대 드 수자에 따르면, "공포의 형식적 대상은 감정의 적절성을 규정할 수 있는 규범으로서 '위험성'이라 할 수 있다."(R. De Sousa: 2002, p.251)

식적 대상이 감정의 가능한 목표가 되기 위해서는 감정을 느끼는 주체는 감정의 대상이 어떤 속성을 가지고 있다고 봐야 한다고 주장한다. 그렇지 않으면 우리가 감정을 이해할 수 없다고 드 수자는 주장한다. 예를 들어, 당신이 뱀을 두려워함은 두려움에 관한 어떤 특징이, 예컨대 두렵게 보이는 것이 있을 때만 알려질 수 있다. 왜냐하면 그래야만 왜 당신이 그 뱀을 두려워하는지를 설명할 수 있기 때문이다. 따라서 이 경우에 당신의 공포가 납득할 만한 것이 되기 위해서는 감정의 목표(공포)에 귀속되어야만 하는 속성(위험성)이 있어야 하고 그 속성이 그 감정의 형식적 대상이다. 감정이 형식적 대상을 갖는다고 보는 입장은 최근에 감정에 관한 지각이론을 옹호하는 철학자들에 의해 지지되고 있다(De Sousa, 2002, 2004; Prinz, 2004; Döring, 2003; Tappolet 2003).[22] 이러한 입장에 따르면, 공포와 같은 감정은 지각적 상태의 정확성의 조건과 유사한 정확성의 조건을 갖는다. 공포는 위험성이 공포를 정확하고 적절하게 만든다는 점에서, 그 대상이 실제로 위험할 때 정확하거나 적절하다.

드 수자는 감정 진리는 감정적 평가의 정확성과 관련된다고 주장하면서도 감정 진리는 의미론적 만족을 의미하지는 않고 성공(success)을 의미한다고 주장한다.[23] 그는 이를 증명하기 위해 감정 진리를 의미론적 만족으로 보는 Robert Gordon의 오류를 지적한다.

---

22) 국내에서도 최근에 감정에 관한 지각이론을 소개하는 글이 있다. 권수현(2012)은 「감정의 지향적 합리성」에서 감정을 지각으로 보는 인지주의 노선의 Sabina Döring과 R. De Sousa 그리고 비인지주의 노선에 있는 William James와 Jesse Prinz의 지각이론을 비교 분석하고 있다. 권수현(2012), 「감정의 지향적 합리성」, 『철학연구』 제45집, 고려대학교 철학연구소 참고.

23) De Sousa(2002), p.251.

고든에 따르면 감정은 사실적이거나(factive), 인식적(epistemic)이다[24]. 주체 S가 명제 p에 대하여 감정 E를 느낀다고 하자. 이 감정이 사실적(factive)이라면 우리는 S가 p에 대해 안다고 가정한다. 예컨대, "나는 회의에 늦어서 당황스럽다"고 느끼면서, 당황스러움을 느끼는 그 시점에 - 회의가 10시에 시작하고, 내가 도착한 시간은 10시 반이므로- 내가 회의에 늦었다는 것을 모른다고 할 수는 없다. 한편 이 감정이 인식적(epistemic)이라면, 우리는 S가 p인지 아닌지를 모른다고 가정한다. 즉, 고든에 따르면, 인식적 감정은 불확실한 믿음과 동일시된다. 예컨대, "나는 뱀이 나를 물까봐 두렵다"고 느끼는 그 시점에 나는 뱀이 나를 실제로 물지 혹은 물지 않을지 모르는 것이다. 여기서 고든은 인식적 감정도 그 감정이 실제로 실현되는 그 시점에 사실적 감정으로 바뀐다는 점에서 모든 감정은 사실적 감정이라고 주장한다. 예컨대, "나는 뱀이 물까 봐 두렵다"고 공포의 감정을 가졌다가 실제로 뱀에게 물리게 되면 고통 때문에 공포는 슬픔이라는 사실적 감정으로 바뀐다는 것이다.[25] 고든의 이러한 주장에 대해 드 수자는 사실적 감정이든, 인식적 감정이든 이 두 경우에 모두 명제적 대상의 의미론적 만족으로는 그 감정이 정당하다(vindicate)는 것을 보여주기에 충분하지 못하다고 비판하면서, 만약 의미론적 만족이 감정의 목적을 결정하지 않는다면, 다시 말해 의미론적 만족으로는 감정이 성공했는지의 여부가 결정

---

24) R. Gordon, *The Structures of Emotions: Investigations in Cognitive Philosophy*. Cambridge: Cmbridge University Press, 1987, pp.94-109.

25) R. Gordon은 희망과 공포는 인식적 감정이라고 보는데, 그 이유 정의상 그것들은 불확실한 믿음 p와 관련되기 때문이라고 주장한다. 반면 슬픔, 기쁨, 당황 등은 사실적 감정(factual emotion)이라고 보는데, 그 이유는 그 감정을 느끼기 위해서는 주체가 명제 p를 믿거나 알아야만 하기 때문이다. R. Gordon(1987), Ibid., pp.32-43.

되지 않는다면 무엇이 감정의 성공을 규정하는가는 질문을 던진 후, 감정의 성공은 그것의 형식적 대상과의 적합성(fittingness) 여부라고 주장한다.[26]

의미론적 만족으로서의 진리와 성공으로서의 진리를 구분하는 것이 어떻게 작동하는지를 보기 위해 드 수자는 공포의 예를 제시한다. 공포의 형식적 대상(공포에 의해 정의되는 적합성의 규범)은 '위험'이다. p에 대한 공포는 p가 참일 때 & 오직 그때에만 만족된다. 그러나 그 공포는 p가 실제로 위험할 때 & 오직 그때에만 성공적이다. 명제적 대상을 동일시할 수 있는 감정의 경우 다음과 같이 일반화할 수 있다.

E(p)는 만족된다 iff p가 참이다.

E(p)는 성공적이다 iff p는 실제로 E의 형식적 대상에 맞는다/적합하다(fit).[27]

감정이 대상(target)을 갖지만 명제적 대상이 아닌 경우, 의미론적 만족은 지시의 성공이며, 그 성공은 그 대상이 형식적 대상에 맞는지 여부에 달려 있다.

E(t)는 만족된다 iff t가 존재한다.

E(t)는 성공적이다 iff t가 실제로 E의 형식적 대상에 맞는다.[28]

---

26) De Sousa, Ibid., p.249.

26) De Sousa, Ibid., p.249.

27) De Sousa, Ibid., p.251.

28) Ibid., p.251.

이 모든 경우에, 감정의 성공은 의미론적 만족과 독립적이다. 예컨대, 도깨비에 대한 공포는 도깨비가 실제로 존재하지 않기 때문에 지시적으로 성공적이지 않고, 따라서 의미론적으로 만족되지 않지만 도깨비는 두려움을 느낄 만한 존재이기에 성공적일 수 있다. 거미에 대한 공포는 거미가 존재하므로 의미론적으로 만족되기는 하지만 거미는 위험하지 않기에 성공적이지 않을 수 있다. 따라서 감정적 참(emotional truth)은 의미론적 만족이 아니라 성공을 가리킨다.

이렇게 함으로써 이제 드 수자는 앞서 제기되었던 강한 인지주의의 첫 번째 어려움인 믿음과 감정반응의 불일치 문제를 해결할 수 있다. 즉, 양립 불가능한 믿음은 비일관적이다. 즉, 양립 불가능한 두 믿음 중 반드시 한 믿음만 성공할 수 있다. 하지만 욕구나 감정은 두 상태가 서로 양립 불가능하다고 해서 하나만 성공적일 필요는 없다. 믿음과 다른 태도 사이의 가장 결정적인 차이는 바로 여기에 있다. 즉, 포비아의 경우 거미가 안전하다고 <u>믿으면서</u> 거미를 <u>무서워한다면</u>, 비일관적인 상태에 있는 것이 아니다. 왜냐하면 감정진리는 성공을 의미하고, 성공은 형식적 대상에 적합한지 아닌지 이기 때문에, 이 경우 <u>거미에 대한 공포는 거미가 위험하지 않기 때문에 성공적이지 못하다</u>고 말하는 것으로 충분하다. 그러나 <u>의미론적으로는 만족되었다</u>고 할 수 있다. 왜냐하면 <u>거미는 실제로 존재하기 때문이다.</u>

여기서 우리는 한 가지 더 나간 질문을 해야만 한다. 즉, <u>구체적 대상(예, 거미)이 그와 관련된 형식적 대상(위험성)과 맞는지(fit)를 판가름할 규범이 무엇인가?</u> 이에 대해 드 수자는 "가치론적 전체론

(Axiological Holism)"을 제시하는데, 그 이유는 "가치론적 전체론"은 우리가 가치를 분리된 단위로 이해하지 않고 오직 개인적 경험을 넘어서는 복잡한 요인들의 견지에서만 이해할 수 있기 때문이다.[29] 이와 같은 요인들 가운데는 생물학적 사실들과 사회적 규범, 그리고 개인의 생애와 관련된 패러다임 시나리오 등이 있다. 그러나 그들 중 어떤 것 홀로는 결코 감정적 진리를 위한 규범이 될 수 없다. "대신 이와 같은 요인들의 총제 즉 생물학적 사실들, 사회적·개인적 생애와 관련된 패러다임 시나리오 등등의 반성적 평형"을 통해 감정 진리를 말할 수 있다.[30]

4. 드 수자의 감정진리와 지각이론의 어려움 – 합성문제 와 도덕적 오류

반성적 평형을 고려하는 과정에서 우리는 일부 감정이 오류를 범하고 있음을 알게 되기도 한다고 드 수자는 주장한다. 우리는 시각을 통해 먼 곳의 환경에 대한 정보를 알게 되기도 하지만 시각은 때로는 착각을 일으키기도 한다. 마찬가지로 우리는 감정을 통해 일반적으로 가치론적 실재에 대해 이해를 하게 되지만, 모든 감정

---

29) De Sousa(2002), p.255.

30) De Sousa(2004), p.74. 반성적 평형의 방법은 우리의 숙고 판단을 도덕 원칙에 비추어 걸러내고, 하나의 사례를 일반적 규칙에 포섭시키며, 특수한 경우를 어떤 종(kind)의 한 예로 보며, 일반적 원칙들 사이의 연결을 이끌어내고, 이러한 것들을 배경 이론에 비추어 다시 조정함으로써 우리의 전반적 관점의 정합성을 높이는 방법이다. 드 수자가 감정의 적절성의 기준을 궁극적으로 반성적 평형에서 찾았다면 그는 이와 같은 구체적인 방법을 제시해야 했는데, 그는 이 개념만 제시했더 이상의 설명을 제공하지 않고 있다.

이 동일하게 믿을 수 있는 것은 아니다. 우리는 지각 정보의 진실성을 검사하는 과정을 통하여 무엇이 옳고 그른지를 말할 수 있다. 여기서 드 수자는 이와 같은 반성적 평형의 방법은 과학이나 윤리학에서는 벌써 흔히 사용하고 있는데, 이러한 방법을 감정의 적절성 평가를 위한 기준으로 사용할 것을 권한다.[31]

나는 여기서 드 수자의 감정에 관한 지각 이론에 대해 반론을 제기하고자 한다. 즉, 우리가 어떻게 감정적 평가의 정확성을 평가할 수 있는지에 관해 대답하기 위해 그는 생물학적 사실들, 사회적 규범, 그리고 개인적 '패러다임 시나리오'라는 넓은 의미의 반성적 평형 개념[32]에 의존하고 있지만, 그가 말하는 반성적 평형의 의미가 구체적이지 않고 너무 모호한 채 남겨져 있다. 나아가 그가 말하는 반성적 평형이라는 개념은 생물학적, 사회적, 그리고 개인적

---

31) De Sousa, Ibid., p.256.

32) 반성적 평형론은 넬슨 굿만(Nelson Goodman)이 귀납의 정당화 문제를 다루면서 소개했는데 (Nelson Goodman, *Fact, Fiction and Forecast*, (Cambridge: Harvard University Press, 1955), 존 롤스는 이 개념을 자연과학의 영역이 아닌 도덕 판단을 정당화하는 문제에 적용했다. 롤스는 그의 사회 정의 이론을 근거 짓는 정당화의 방법을 설명하는데 이러한 방법론을 적용하고자 했다. 그에 따르면 정의(justice)의 두 원칙에 관한 주장들은 일련의 관련 배경 이론들, 특히 심리학적, 사회학적, 경제학적 이론 및 사회에서의 도덕 역할론으로부터 이끌어져 나온 추론들과 함께 취해질 때, 그들의 함축 속에서 부분적으로 정당화될 수 있다(John Rawls, *A Theory of Justice*, Cambridge: Harvard University Press, 1971). 이와 같은 롤스의 이론은 이후 노만 다니엘(Norman Daniels)을 통해 보다 정교히 개진되었는데, 다니엘은 롤스의 반성적 평형론을 도덕적 숙고 판단들, 도덕 원칙들, 그리고 관련 배경 지식들까지 인정하는 "넓은 반성적 평형론 (wide reflective equilibrium)"으로 보고 이러한 것은 윤리학에 있어서 객관성을 확립할 수 있다고 보았다(Norman Daniels, "Wide Reflective Equilibrium and Theory Acceptance in Ethics", *The Journal of Philosophy*(1979), pp.256-282). 다니엘에 따르면 넓은 반성적 평형론은 도덕 원칙과 숙고 판단이 정합적이지 못할 때에도 도덕 원칙의 정당성을 제공해 줄 수 있는 배경 이론을 인정하는 까닭에 그리고 이와 같은 배경 이론을 도덕적 숙고 판단이나 도덕 원칙보다도 중요시하는 까닭에 좁은 평형론이 안고 있는 문제점들을 해소할 수 있다고 한다. 다니엘은 "넓은 반성론"은 인격의 동일성과 합리적 선택뿐만 아니라 관련된 대안적 이론들 같은 것으로 간주되는 배경 지식에 대한 고려를 통해서만 도달할 수 있다고 주장한다. 넓은 평형론에서 말하는 배경 이론들은 도덕적 숙고 판단과 도덕 원칙의 반성적 평형에 의해서 도달되는 것들이 아니라 그 자체 독립적인 것들로서 도덕 원칙의 객관적인 검증자로서의 구실을 할 수 있다는 것이다(Daniels, Ibid., p.260).

요인들 간의 갈등을 조정해 줄 어떤 토대도 말해주지 않고 있다. 따라서 드 수자의 감정에 관한 지각 이론은 감정적 평가의 정확성을 평가할 규범에 관한 설명에 있어 불완전하다고 볼 수 있다.

더 심각한 문제는 감정진리를 논하는 데 있어 그는 성공 개념과 적절성 개념을 섞어서 사용함으로써 혼란을 초래하고 있다는 것이다. 이러한 측면에서 담스와 제이콥슨은 감정의 적절성(appropriateness)과 적합성(fittingness)은 구별되어야 한다고 주장한다.[33] 어떤 상황 C에 대해 감정 F를 느끼는 것이 도덕적으로 옳은지 또는 합리적인지를 물을 수 있다. 그럼에도 불구하고 이러한 고려가 그 감정 F가 그것의 대상에 적합한지에 관한 것은 아니다. 왜냐하면 다음과 같은 상황을 생각해 볼 수 있기 때문이다. 즉, 장례식이나 아주 공식적인 예식에서 어떤 일이 아주 웃긴다고 해서 그 일에 대해 웃는다는 것은 무례하거나 적절하지 못하다. 그러나 그렇다고 해서 그 상황이 웃기지 않은 것은 아니다. 따라서 우리는 감정적 적절성을 그것의 적합성과 구별해야 한다. 앞서 살펴본 바와 같이, 사실 처음에 드 수자는 감정진리를 성공을 통해 설명하면서 그 성공은 감정의 형식적 대상과의 적합성 여부로 보았다. 그런데 이후 그가 그와 같은 적합성이 생물학적 사실들, 사회적 규범들, 그리고 개인의 패러다임 시나리오라는 넓은 반성적 평형에 의존한다고 주장함으로써 도덕적 고려와 관련되는 감정의 적절성과 인식적 보증과 관련되는 적합성의 구분을 흐리게 된 것이다. 이는 담스와 제이콥슨이 지적하는 '합성의 문제(conflation problem)'[34]이다. 담스와 제이콥슨은

---

33) D'arms and Jacobson(2000b), "The Moralistic Fallacy", *Ethics*, p.73.
34) D'arms and Jacobson(2000a), pp.729-732

감정의 '적합성과 적절성의 합성'을 관해 다음과 같은 예시를 통해 보여주고 있다.

사회적 약자를 대상으로 하는 지독한 농담의 경우, 그러한 농담에 공감하는 누군가는 그 농담이 잔인하고 공격적이기 때문에 그것에 즐거워하는 것이 "적절"하지 못하다고 생각할 수도 있다. 그러나 이것이 이 농담이 재미있지 않다는 것을 의미하지는 않는다.[35] 또 하나의 예로, 부자에다가 돈도 잘 쓰지만, 상당히 까칠한 친구가 있다고 해 보자. 그는 그의 재산에 대한 그의 친구들의 태도에 대해 극도로 민감하다. 만약 그가 당신이 그의 재산을 시샘한다고(envy) 의심한다면, 그는 당신에게 선물을 주는 것을 그만두게 될 것이다. 이것은 당신이 그를 시샘하지 말아야 할 좋은 이유이다. 즉, 당신은 당신의 친구를 시샘하지 않을 만한 적절한 이유를 가지고 있지만, 그렇다고 그의 재산이 시샘할만(enviable)하지 않은 것은 결코 아니다.[36]

다시 말해, 어떤 객체 X가 n 속성을 가졌다는 사실에도 불구하고 때때로 한 감정 F가 어떤 의미에서 부적절할 수 있기 때문에, 감정 진리를 성공의 문제로 보고 성공은 구체적 대상이 감정의 형식적 대상과의 적합성에 있다고 보는 드 수자는 적합성의 문제와 적절성의 문제를 구분하는 데 실패한다. 담스와 제이콥슨의 방식대로 말하자면 '합성문제'에 빠질 수 있는 것이다. 드 수자가 이러한 혐의를 벗어나기 위해서는 속성 귀속과 관련된 적절성 개념이 제공되어야 한다. 그러나 드 수자는 이러한 도전에 대해 응수하지 못하고 있다.

---

35) D'arms and Jacobson, Ibid., p.731.

36) Ibid., p.731.

5. 결론: 합성문제에 대한 필자의 해결

 나는 드 수자가 처하게 된 '합성문제'를 우선 프린츠가 구분한
두 가지 표상을 통해 해결해 보고자 한다. 그런 다음 필자의 대안
적 해결책을 제시하겠다. 프린츠는 표상을 두 층으로 나누어 설명
한다. 즉, 도덕적 판단 속에서 표현되는 것은 감정이 아니라 "성향
의 발현으로서의 감정인" 감성(sentiment)이다.[37] 감정(emotion)과
감성(sentiment) 둘 다 표상을 갖지만 둘은 서로 다른 대상을 갖는
다. 감성은 감정적 반응들을 일으키는 상황적 속성이 야기한 이차
성질(secondary quality)을 표상한다. 그러나 감정 그 자체는 이차성
질을 표상하지 않고 그것은 우리의 "관심을 표상한다".[38] 예컨대,
감정(emotion)인 공포(fear)는 우리가 그 감정을 통해 세계에 대처하
는데 있어 갖게 되는 관심인 '위험(danger)'을 표상하는 반면, 이차
성질을 표상하는 감성(sentiment)인 공포증은 공포반응을 일으키는
속성을 표상한다. 그래서 프린츠는 말하길, "당신이 어떤 것에 대
해 공포 반응을 가질 때, 당신은 그 사물에 대해 두려움(fearful)이라
는 속성과 공포의 표상적 내용인 위험(danger)이라는 속성을 동시
에 부여한다".[39] 예를 들어, 다가오는 사자를 보고 공포라는 감정
을 느끼게 되는 것은 그 대상이 '위험하다'고 표상하기 때문이다.
그렇다면 이와 같은 이론이 어떻게 앞 서 제기되었던 문제, 즉 감
정저항의 문제, 예컨대, 거미-공포증과 같은 경우를 설명할 수 있

---

37) J. Prinz(2007), *The Emotional Construction of Morals*, Oxford University Press, p.84.

38) Prinz, Ibid., p.85., p.101.

39) Ibid., p.101.

는가? 프린츠를 대신하여 답하자면 다음과 같다. 즉, 거미에 대한 지각이 공포에 전형적인 신체적 증상을 유발하면 우리는 이와 같은 신체적 변화를 등록해서 거미는 위험하다고 표상한다. 이 경우 위험이라는 표상은 "적절하지" 못한데, 그 이유는 거미는 실제로 위험을 현시하지 않기 때문이다. 만일 거미에 대한 지각이 공포에 관련된 신체적 변화를 유발했다면 그 이유는 거미가 위험했을지도 모르고 그래서 그렇게 반응하는 것이 생존에 유리했던 먼 옛날의 자연선택에 그 기원이 있을지도 모른다. 그와 같은 반응이 고정화되어 거미는 더 이상 위험하지 않다는 우리의 현재의 판단에도 불구하고 단지 공포반응을 하게 되는 것이다. 그렇다면 거미에 관한 공포반응과 같은 경우를 우리는 오표상(misrepresentation)때문이라고 말할 수 있을 것이다.

그런데 '위험'이라고 표상은 하지만 어떤 사람은 두려워서 떠는 공포반응을 하지 않을 수도 있다. 예컨대 동물원의 조련사의 경우를 생각해 보자. 이 경우 이 사람이 두려운 반응을 하지 않는다고 해서 사자가 무섭지 않은 것은 아니다. 그 사람의 1차 표상인 위험 표상은 공포라는 감정에 적합하다. 하지만 그에 대한 반응으로서 두려워하지 않음은 적절하지는 않다고 말할 수 있을 것이다. 따라서 감성(sentiment)은 1차 표상인 감정에 대한 승인이라고 볼 수 있다.

도덕적인 경우에 이를 적용해 보면 다음과 같이 말할 수 있을 것이다. 즉, 예를 들어 내가 골목 모퉁이를 돌아설 때, 아이들이 강아지를 때리고 있는 것을 목격했다고 하자. 이 광경을 본 나는 순간 불쾌감(혐오)을 느끼며 "옳지 못해"라는 불승인의 반응을 표시할 것이다. 이때 내가 느끼는 혐오감은 감정이라 할 수 있고 이 혐오감(감정)에 대한 나의 승인은 감성이라고 말할 수 있다. 그런데 이러한 승인은 개인차를 허용하기 때문에 주관적이라 할 수 있다. 따라서 이중 표상 이론의 흥미로운 결과는 승인/불승인과 같은 적절성·부적절성 개념은 어떤 규제적인 "얇은 개념(thin concepts)"이 아니라 "두꺼운 개념(thick concept)"라는 것이다.

프린츠는 이상과 같은 자신의 이론을 "구성적 감성주의(constructive sentimentalism)"라고 이름을 붙이는데, 그의 구성적 감성주의는 상대주의를 옹호하고 있다. 그에 따르면 만일 어떤 사람이 승인하고 다른 사람들은 불승인한다면, 무수하게 양립 불가능한 진리가 있을 수 있다. 이러한 상대주의를 옹호하기 위해 프린츠는 도덕을 과학에 비교하기를 제안한다. 즉, 과학에서처럼 도덕에서도 우리는 표류 중에 계속 수리를 해가는 '노이라이트의 배'를 타고 있다.[40] 여기에는 어떤 초월적 관점도 없다. 어떤 토대적 확실성도 없으며, 대신 믿음의 그물 속에 있는 확실성의 정도만 있다. 개별적 진리는 시간과 상황에 따라 상대적 입장으로 바뀔 수 있다. 유사한 생각을 도덕적 문제에 적용할 수 있는데, 프린츠는 강조하길, 상대주의로부터 도덕적 담론이 무익하거나 허사라는 것은 결코 도출되지 않는다. 왜냐하면 프린츠에 따르면, 도덕이란 것은 상호 양립 불가능한 특수한 형태의 무수한 다양성을 형성할 수 있는 보편적 능력으로부터 구성되는데, 그와 같은 보편적 능력으로서 기본감정이 존재하기 때문이다. 그렇다고 해서 도덕이 본유적으로 존재하는 노녁 감정에서 비롯되는 것은 아니고 도덕과 무관한 기본감정의 복합인

---

40) Prinz, Ibid., p.289.

복합감정에서 비롯된다고 프린츠는 주장한다. 만일 프린츠의 이와 같은 주장이 옳다면 우리는 다음과 같이 질문할 수 있다. 즉, 만일 어떤 감정도 내적으로 도덕과 연결되어 있지 않다면, 무엇이 어떤 감정을 도덕적으로 만드는가? 프린츠는 이에 대해 분명한 답을 제시하지 못하고 있다. 프린츠가 제시한 기본적 감정은 수많은 문화에서 공유하고 있다. 그러나 우리는 그와 같은 보편적인 기본감정들이 문화마다 다른 도덕 규칙들 속에서 어떻게 작동하는지를 알지 못한다. 프린츠는 이러한 기제를 제시하지 못하고 있으며, 그렇게 되면 구성적 감성주의의 구성적 부분은 성공할 수 없게 된다.

  끝으로 나는 가치에 관한 반응의존이론을 통해 합성문제의 해결을 시도해 보고자 한다. 앞서 살펴본 바와 같이 드 수자는 감정진리를 논하는 데 있어 성공 개념과 적절성 개념을 섞어서 사용함으로써 도덕적 고려와 관련되는 감정의 적절성과 인식적 보증과 관련되는 적합성의 구분을 흐리게 만들었다. 드 수자가 이러한 혐의를 벗어나기 위해서는 속성 귀속과 관련된 적절성 개념을 제시해야 한다. 그러나 드 수자는 이러한 도전에 대해 응수하지 못하고 있다. 내가 보기에, 가치에 관한 반응 의존 이론은 속성 귀속과 관련된 적절성 개념을 합당하게 제시하는 것 같다. 이에 따르면, 속성 φ는 그 속성 Φ가 Φ임에 민감한 사람들 속에서 반응A를 야기하거나 그 반응을 적절하게 만들 때 오직 그 때 진짜로 존재한다. 예컨대 웃김(funniess)이라는 속성은 개개인들을 실제로 웃김으로써 실현될 수 있다. 이러한 제안이 옳다면, '공포'라는 감정에 귀속되는 적절성은 드 수자나 프린츠가 제안한 것처럼 '위험성(dangerous)'이라는 형식적 대상과의 적합성 여부라기보다는 반응의존적 속성인

'무서워하거나(frightening)', '두려워(fearful)'할 때이다.[41]

반응 의존이론에 따르면, 우리는 속성의 징표에 관한 완전한 일치에 이를 필요는 없으며 그와 같은 속성에 대해 동일한 태도를 취할 필요도 없다. 관련된 속성과 그에 대한 반응은 역사의 진행 속에서 일치가 찾아진다. 달리 말하면 어떤 감정의 적합성과 적절성은 그와 같은 감정을 가진 인간이 평가를 해가는 실천적 삶의 역사에 달려 있다. 서로 다른 문화 속에서 우리는 서로 다른 웃김, 역겨움, 창피함 등등을 발견한다. 공동체가 공유하는 감정과 판단에 의해 부과된 사회적 강제를 통해 우리는 반성과 숙고를 하게 되고 서로 다른 공동체가 공유한 서로 다른 역사가 수치심에 대한 서로 다른 기준을 확립한다.[42] 필자가 보기에 만일 감정의 적합성과 적절성을 평가하는 데 있어 반응의존이론을 받아들이게 되면 드 수자처럼 도덕적 고려와 관련되는 감정의 적절성과 인식적 보증과 관련되는 적합성의 구분을 흐리게 만드는 합성문제에 빠지지 않을 수 있다.

---

41) 감정이라는 것이 반응 의존적 속성을 갖는다고 주장하는 입장에 관해서는 다음을 참조하라. Peter, Goldie "Emotion, Feeling and Knowledge of the World", in Solomon (ed.), *Thinking about Feeling*, Oxford & New York: Oxford University Press, 2004.

42) 가치의 반응 의존적 속성에 관해 필자는 David Wiggins(1987)의 입장을 지지하고 있다. Wiggins, "A sensible Subjectivism", in *Needs, Values, Truth*, Basil Blackwell.

참고문헌

김한승, 「비개념적 내용의 비개념성과 그 철학적 근거」, 『범한철학』 제46집, 범한철학회, 2007, pp.317-340

권수현, 「감정의 지향적 합리성」, 『철학연구』 45집, 고려대학교 철학연구소, 2012

양선이, 「윌리엄 제임스의 감정이론과 지향성의 문제」, 『철학연구』 제79집, 철학연구회, 2007, pp.107-127

_____, 「공감의 윤리와 도덕규범: 흄의 감성주의와 관습적 규약」, 『철학연구』 95집, 철학연구회, 2011, pp.153-179

양선이, 「감정에 관한 지각이론은 양가감정의 문제를 해결할 수 있는가?: 프린츠의 유인가 표지 이론을 지지하여」, 『인간. 환경. 미래』 11호, 인간환경미래연구원, 2013, pp.109-132

오성, 「감정에 관한 인주주의 이론의 경계 짓기」, 『철학사상』 제27호, 서울대학교 철학사상연구소, 2008

인일한, 「감정과 정서의 이해」, 『김싱의 철학』, 대우학술총서, 1996

Annas, J., *Hellenistic Philosophy of Mind, University of California Press*, 1992

Crane, Tim, "The Non-Conceptual Content of Experience", in T. Crane(ed.), *Contents of Experience: Essays on Perception,* Cambridge University Press, 1992

D'arms and Jacobson, "Sentiment and Value", *Ethics* 110, 2000a, pp.722-748

D'arms and Jacobson, "The Moralistic Fallacy: on the Appropriateness of Emotions", *Philosophy and Phenomenological Research* 61, 2000b, pp.65-90

Davidson, D., *Essay on Action and Events*, Oxford: Oxford University Press, 1980

Deigh, J., "Cognitivism in the Theory of Emotions", *Ethics* 104, 1994, pp.850-51

De Sousa, R., *The Rationality of Emotion,* Cambridge, Mass., London: IT Press, 1987, pp.543-51

De Sousa, R., "Emotional Truth", *Proceedings of the Aristotelian Society,* Supplementary Volume 76, 2002, pp.247-64

De Sousa, R., "Emotions: What I Know, What I'd Like to Think I Know, and What I'd Like to Think", in *Thinking about Feeling,* R. Solomon(ed.), Oxford University Press, 2004, pp.61-75.

De Sousa, R., *Emotional Truth,* Oxford University Press, 2011

Daniels, N., "Wide Reflective Equilibrium and Theory Acceptance in Ethics", *The Journal of Philosophy,* 1979, pp.256-282

Döring, S., "Why be Emotional", in P. Goldie(ed.), *the Oxford Handbook of Philosophy of Emotion,* Oxford University Press, 2009

Goodman, N., *Fact, Fiction and Forecast,* Cambridge: Harvard University Press, 1955

Gordon, R., *The Structure of Emotions,* Cambridge University Press, 1987

Greenspan, P., "A Case of Mixed Feelings", in A. Rorty(ed.), *Explaining Emotions,* 1980, pp.139-161

Kenny, A., *Action, Emotion and the Will,* London, 1963

McDowell, J., "Value and Secondary Qualities", in T. Honderich(ed.), *Morality and Objectivity: A Tribute to J. L. Mackie,* London: Routeldge, 1985

Morton, A., "Emotional Accuracy", *Proceedings of the Aristotelian Society,* Suppl. Vol. 76, 2002, pp.265-75

Nussbaum, M. C., *Upheavals of Thought,* Cambridge University Press, 2001

Nussbaum, M. C., "Emotions as Judgments of Value and Importance", in R. Solomon(ed.), *Thinking about Feeling: Contemporary Philosophers on Emotion,* New York: Oxford University Press, 2004

Prinz, J., *Gut Reactions: A Perceptual Theory of Emotion,* Oxford University Press, 2004

Prinz, J., *The Emotional Construction of Morals,* Oxford University Press, 2007

Robert, R., "What an Emotion Is: A Sketch", *The Philosophical Review,* 1988, pp.183-209

Rawls, J., *A Theory of Justice,* Cambridge: Harvard University Press, 1971

Solomon, R. C., *The Passions,* New York: Doubleday, 1976

중절(中節)의 문제로 고찰한 고봉 기대승의 도덕 감정론

홍성민

1. 서론

이 연구는 사단칠정 논쟁에 나타난 高峰(奇大升, 1572-1572)의 철학적 입장을 도덕 감정이론의 관점에서 새롭게 조명해보려는 시도이다. 四端七情이라는 말의 의미가 기본적으로 '도덕 감정'과 '일반 감정'을 지칭함에도 불구하고, 이 논쟁은 주로 理氣論의 영역에서 다루어져 왔을 뿐 도덕심리학이나 감정론의 차원에서는 거의 접근되지 않았다. 그도 그럴 것이, 논쟁의 실제 내용은 사단칠정의 형이상학적 내원과 존재론적 구조에 관한 토론이 주를 이루고 있기 때문이다. 하지만 시각을 바꾸어 이 논쟁을 감정의 문제로 접근한다면, 사단칠정 논쟁에 대한 보다 풍부한 해석을 창출해낼 수 있을 것이라 생각된다. 뿐만 아니라 四七 論辯이 현대 감정이론의 맥락에서 가지는 의의를 재조명할 수도 있을 것이라 기대된다.[1]

---

[1] 이와 관련하여 이승환 교수의 연구는 선구적 역할을 한다고 판단된다. 그는 퇴계의 理氣互發 說을 '도덕 성향 대 욕구 성향의 길항'으로 읽어야 하고, 理發說을 도덕 성향의 발현에 관한 형이상학적 메타포로 읽어야 한다고 제안한다. 한편 고봉은 퇴계와 달리 理氣를 존재론적 乘 伴 구조로 이해했다고 그는 주장한다(이승환, 『횡설과 수설』, 휴머니스트, 2012). 이에 대비하여 우리의 연구는 고봉의 철학을 감정이론의 측면에서 해석해보고자 한다.

우리가 고봉의 철학을 감정 이론으로 조명하고자 하는 또 하나의 이유는, 감정의 문제로 고봉의 철학을 고찰할 때 그의 사상에 대한 보다 정합적이고 충실한 이해가 가능할 것이라고 판단하기 때문이다. 특히 고봉의 사칠론을 '도덕 감정의 적절성'[2](appropriateness of moral emotion), 즉 '中節'의 문제에 집중하여 살펴볼 때 그의 사상에 대한 일관되고 정합적인 설명이 이루어질 수 있을 것이라고 사료된다는 것이다.

우리가 이러한 문제 제기를 하는 까닭은, 고봉에 대한 기존의 평가가 정확하지 않다고 판단한 데에서 기인한다. 조금 더 자세히 밝히면 이렇다. 고봉에 대한 기존 견해 중 한 부류는, 고봉은 퇴계(李滉, 1501-1570)의 互發說을 처음엔 비판하다가 결국 수용하고 타협 절충하였다고 보는 입장인데,[3] 이러한 입장에 따르면, 고봉은 퇴계의 학설에 자기 설을 포함시키면서 논리적 일관성과 사상적 정합성을 유지하지 못했던 인물로 평가된다. 이러한 평가는 당시나 현재에 있어 고봉 철학과 그 의의를 지나치게 저평가하는 요인이

---

2) 현대 감정이론에서는 상황에 부합하는 감정 상태를 두 가지로 구분한다. 하나는 '적합성 (fitness)'이고 다른 하나는 '적절성(appropriateness)'이다. 도덕적 판단과는 무관하게 상황에 부합하는 감정일 경우는 적합성이라고 한다. 예를 들어, 나의 라이벌이 나보다 더 뛰어난 점을 가졌을 때 느끼게 되는 자연스러운 질투심과 같은 것이 그것이다. 반면 도덕적 판단과 결부되어 상황에 부합하는 감정은 적절성이라고 한다. 위의 상황에서 라이벌을 질투하지 않고 오히려 그의 장점을 진심으로 칭찬하고 본받고자 하는 감정적 태도는 적절성이다. 혹자는 감정의 도덕적 적절성과 상황적 적합성을 구분하지 않는 것은 도덕주의적 오류(moralistic fallacy)라고 주장한다(Justin D'arms, Daniel Jacobson, "The Moralistic Fallacy: On the 'Appropriateness' of Emotions", *Philosophy and Phenomenological Research*, Vol LXI. NO.1 2000 참조). 그러나 주자철학의 전통에서는 감정의 상황적 적합성 문제는 논의의 대상이었고, 오직 도덕적 적절성만을 문제 삼았다. 이 연구에서 사용하는 '적절하다(appropriate)'라는 말은 모두 도덕적 상황에서의 적절한 감정을 가리킨다.

3) 이러한 견해는 다카하시 도루, 현상윤, 이상은, 성태용 등이 주장한다(다카하시 도루, 이형성 편역, 『조선유학사』, 예문서원, 2001; 현상윤, 『조선유학사』, 기당 현상윤 전집, 나남출판, 2008; 이상은, 「四七論辯과 對說 因說의 의의」, 『아세아 연구』, 고려대 아세아문제연구소, 1973; 성태용, 「고봉기대승의 사단칠정론」, 『사단칠정론』, 민족과 사상연구회, 서광사, 1992 등을 참조).

되었다고 판단된다.

그래서 이런 평가에 대해 지속적인 반성과 비판이 제기되어 왔다. 그래서 한편에서는 고봉이 철저하고 일관되게 理를 강조했다고 주장한다. 이러한 견해에서 고봉은 퇴계와는 다른 主理的 특색을 갖추고 있었고,[4] 퇴계의 四端理發에서 더 나아가 七情理發說을 강조했던 인물로 평가된다.[5] 이러한 평가를 좀 더 강화하여, 고봉이 四端 理發은 물론이거니와 中節한 칠정도 理發로 간주했다고 주장하고, 나아가 퇴계는 만년에 고봉의 견해를 수용하였으며 이후 퇴계 후학들에게도 고봉이 지대한 영향을 주었다고 표명하기도 한다.[6] 이상과 같은 입장에서 본다면, 고봉은 논리적 일관성을 세우지 못했던 인물로 결코 평가될 수 없을 것이다.

우리는 고봉이 理를 강조한 철학자였다고 보는 입장에 기본적으로 동의한다. 그러나 고봉의 理 철학을 효과적으로 해명하기 위해서는 리와 기라는 용어에 천착하기 보다는 다른 방향으로 접근이 필요하다고 생각한다. 왜냐하면 理와 氣라는 말은 다양한 의미 층차를 가진 多義語이기 때문에, 논쟁자들 사이에 복잡한 소통 혼선을 야기했던 용어였을 뿐 아니라 지금 우리에게도 정확히 이해되기 어려운 개념어이기 때문이다.[7] 이러한 추상적 개념어들을 계속

---

4) 이러한 입장의 선구자는 윤사순 교수이다. 그는 반증적 사례를 중심으로 고봉의 주리적 특색을 논증하였다. 또한 김낙진은 고봉이 因說과 理氣共發說을 통해 퇴계의 對說 구조를 논박하고 자기만의 주리론을 주창했다고 평가한다(김낙진, 「주리론으로 읽어본 기대승의 사단칠성론」, 『퇴계학보』 제124집, 퇴계학연구원, 2008 참조).

5) 남지만, 「퇴계 호발설의 '칠정기발'에 대한 고봉의 비판과 수용」, 『동양철학』 제33집, 한국동양철학회, 2010 참조.

6) 안영상, 「퇴계 만년정론을 중심으로 본 퇴계와 고봉의 사단칠정논쟁」, 『국학연구』 제15집, 한국국학진흥원, 2009 참조.

7) 이승환, 앞의 책, 서론 참조.

사용하기보다는 그 개념어들이 표명하고자 하는 현실적이고 구체적인 의미가 무엇인지 파악하고 그것에 접근하는 것이 더 효율적일 것이라 사료된다.

우리는 고봉의 理 개념이 표현하고 있는 구체적인 의미가 바로 中節, 즉 도덕 감정의 적절성이었다고 판단한다. 사칠논변에서 고봉은 사단과 칠정을 막론하고 감정의 중절이 가장 중요한 도덕의 기준이라고 주장하였고, 일관되게 중절의 의미와 그 실천 방안을 강구하고자 하였다고 사료된다. 퇴계와의 충돌 지점도 바로 여기에 있었다고 판단한다. 그래서 우리는 中節이라는 키워드를 중심으로 사칠논변에서 고봉이 취한 입장을 해명하고 그 의의를 평가해보고자 한다. 그리고 이를 통해 고봉의 철학을 일관되고 정합적으로 설명하고 퇴계 철학과의 확연한 대비점을 밝혀보고자 한다. 아울러 이 과정에서 현대 감정이론의 차원에서 고봉 철학의 현대적 의의도 밝혀볼 수 있을 것이라고 기대한다.

이를 위해 우리는 사단칠정 논쟁을 다음 세 가지의 테마로 나누어 살펴볼 것이다. 첫째, 四端이면서 不中節한 경우에 대한 퇴계와 고봉의 논쟁을 고찰할 것이다. 이것은 생래적 도덕 감정(innate moral emotion)이 현실에서 도덕적으로 부적절한 상황이 발생하는 경우로, 고봉은 이 문제를 중심으로 도덕 감정의 생래성과 현실성의 문제를 깊이 논구하고 있다. 이러한 점에서 도덕 감정의 선험적 근거에 대한 고봉의 견해를 살펴보는 중요한 지점이 될 것이다. 둘째, 七情이 中節한 경우에 대한 퇴계와 고봉의 논쟁을 살펴볼 것이다. 이것은 고봉이 퇴계의 사칠론에 대한 중요한 비판 지점인 동시에 도덕 감정에 대한 고봉 나름의 정의와 범위를 설정하는 핵심적 논의지점이 된다고 할 수 있다. 셋째, 中節에 이르는 수양으로서 正心에 대해 퇴계와 고봉이 각각 어떠한 입장을 표명하였는지 고찰할 것이다. 이를 통해 퇴계와는 다른 고봉의 도덕 감정론을 총괄적으로 이해해보고 그 공부실천론의 함의를 밝힐 수 있을 것이다.

2. 四端의 不中節 문제

「천명도설」에서 퇴계는 사단과 칠정의 근원(所從來)을 명확하게 구분하였다. 그는 사단을 하늘의 사덕(四德)과 상응시키고 칠정을 땅의 오행(五行)과 연관 지음으로써, 양자 사이의 간격을 천양지차(天壤之差)로 벌려 놓았다.[8] 이것은 고봉과의 논쟁을 촉발하는 중대한 시발점이 된다.

퇴계는 고봉에게 보내는 첫 편지에서, "사단의 발현은 순리(純理)이기 때문에 선하지 않음이 없고 칠정의 발현은 겸기(兼氣)이기 때문에 선악이 있다"[9]라고 언명하면서 사단과 칠정을 소종래(所從來)로 엄격하게 구분하였다. 그러나 고봉은 칠정을 사단과 확실히 차별화하는 퇴계의 태도에 반대하면서, 칠정 중 중절(中節)한 것의 묘맥(苗脈)이 바로 사단이라는 입장을 표명하였다.[10] 또한 그는 칠

---

8) 『退溪先生續集』 권8, 「天命圖說」, 人之五性四端. 固與天之四德相應. 而各有攸屬矣. 唯七情之分. 似爲參差. 然以類推之. 亦各有合焉. 若喜愛之於木. 樂之於火. 怒惡之於金. 哀之於水. 欲之配于土而無不在焉. 是也. 此天人之所以爲一體也(이하 간접인용의 경우에는 출전만 표기하고 원문은 표기하지 않는다).

9) 『退溪集』 권16, 「與奇明彦」(사칠1서), 이 연구에서는 사단칠정 논쟁의 원전 텍스트로 황준연 외 역주, 『역주 사단칠정 논쟁』 제1권, 학고방, 2009를 저본으로 삼을 것이다. 원전의 번역문은 이 책의 번역을 수정 윤문하여 활용하고, 원문 역시 이 책을 기준으로 삼는다.

10) 『高峰集』 「兩先生四七理氣往復書」(사칠2서 「別紙 四端七情說」) 참조.

정이 비록 기(氣)에 관계되어 있기는 하지만 리가 또한 그 가운데 있는 것이기 때문에, 칠정이 발현되어 중절하면 그것이 바로 천명의 성이고 본연의 체이며, 그래서 사단(四端)과 동실이명(同實異名)인 것이라고 주장하였다.[11] 고봉의 생각대로라면 칠정은 사단과 대립적인 것이 아니라 오히려 사단을 포괄하는 것이었다. 사단칠정은 다만 소취이언(所就而言)의 차이에 불과하다는 것이 고봉의 설명이었다.

여기에서 고봉은 퇴계의 기본 주장, 즉 사단은 리의 발현이어서 순선하다는 주장에 특별히 이의를 제기하지 않은 듯 보인다. 문제의 초점은 칠정의 성격에 맞춰져 있었지 사단의 순선한 도덕성에 대해서는 고봉도 퇴계의 입장을 수용한 것처럼 보인다. 그러나 잘 살펴보면 사정이 꼭 그렇지만은 않다. 고봉은 사단의 본질적 의미에서는 퇴계에게 동의하였지만, 사단의 현실적 발현과 관련해서는 퇴계와 매우 다른 입장을 취하고 있다. 그는 사단이 항상 순선한 것만은 아니라고 주장한다는 점에서 그렇다.

> 무릇 사단의 감정이 理에서 발현하여 선하지 않음이 없다는 것은 본래 맹자께서 가리키신 바에 따라 말씀하신 것입니다. 그러나 만일 넓게 모든 감정에 대해 자세히 논한다면, 사단의 발현에도 不中節한 경우가 있어서 결코 모든 사단이 선하다고 말할 수 없습니다. 보통 사람들의 경우에는 羞惡하지 말아야 할 것을 수오하고 是非하지 말아야 할 것을 시비하는 경우가 있습니다. 리가 기 속에 있다가 기를 타고서 발현함에 리는 약하고 기는 강한 터라, 리가 기를 제어하지 못하면 그 유행하는 사이에 정말 이러한 일이 있을 수 있는 것이니, 어찌 감정에 不善함이 없다고 할 수 있겠고

---

11) 『高峰集』「兩先生四七理氣往復書」(사칠4서 「別冊 論四端七情書」) 참조.

또 어찌 사단에 불선함이 없다고 할 수 있겠습니까? 이것이 바로 배우는 이들이 정밀하게 살펴야 할 부분입니다. 만일 眞妄을 분간하지 못하고 다만 不善함이 없다고만 한다면 人欲을 오인하여 천리로 간주하는 일이 이루 셀 수 없이 많을 것입니다. 어떻게 생각하시는지요?[12]

고봉은 사단이 부중절할 수 있다는 점을 존재론적 차원에서 설명한다. 고봉에 따르면, 사단도 리와 기가 결합된 감정 현상인데, 이때 리(理)는 약하고 기(氣)는 강하다는 존재론적 특성 때문에 일탈되는 기를 리가 제어하지 못하는 상황이 발생할 수 있다. 그럴 경우 사단은 순선한 도덕성으로부터 발출된 것임에도 불구하고 당면한 상황에 부적절한 경우가 발생할 수 있는 것이라고 고봉은 설명한다.

이러한 생각에는 퇴계의 이자발설(理自發說)에 대한 비판이 함축되어 있다. 만일 理가 氣의 뒤섞임 없이 자발(自發)할 수 있고 그 현상이 사단이라고 주장한다면, 이는 氣를 理로 인욕(人欲)을 천리(天理)로 오인할 수 있는 것이라고 고봉은 경계한다. 고봉에 따르자면, 개인의 양심이나 순수한 동기로부터 발현된 감정이라고 할지라도 그것이 반드시 도덕적인 것이라 확정할 수는 없다. 왜냐하면 순선한 동기에서 발현된 감정이라 할지라도 현실에서는 그것이 주관적 억견이나 무의식적 욕망과 뒤섞여 나타남으로써 객관적

---

12) 『高峰集』「兩先生四七理氣往復書」(사칠4서 「四端七情後論」), 夫以四端之情爲發於理, 而無不善者, 本因孟子所指而言之也. 若泛就情上細論之, 則四端之發, 亦有不中節者, 固不可皆謂之善也. 有如尋常人, 或有羞惡其所不當羞惡者, 亦有是非其所不當是非者. 蓋理在氣中, 乘氣而發見, 理弱氣强, 管攝他不得, 其流行之際, 固宜有如此者, 烏可以爲情無有不善, 又烏可以爲四端無不善耶? 此正學者精察之地. 若不分眞妄, 而但以爲無不善, 則其認人欲而作天理者, 必有不可勝言者矣. 如何如何?

이고 합리적인 도덕규범에서 어긋나는 일이 발생할 수 있기 때문이다.

고봉의 주장에 대한 퇴계의 응답은 어떠한가? 그는 '사단이 부중절할 수 있다는 논의는 매우 새로운 것 같지만 결코 맹자의 본의가 아니며, 맹자의 뜻은 성(性)이 본래 선하므로 정(情)도 선하다는 것을 나타내려는 것뿐이었다'고 반박한다. 그리고는 범인들에게 있어 사단이 부중절한 현상이 나타나는 까닭은 기질이 어두워 그렇게 되는 것일 뿐 수연(粹然)한 천리에서 발현하는 사단의 실제가 아니라고 비판한다.13) 퇴계에 따르면 사단은 인간의 순정한 도덕적 본질의 상징이므로, 그 상징성을 퇴색시켜서는 안 된다. 그래서 그는 시종 사단을 천리의 온전한 발현으로 간주하여야 하며 그것을 기질과 뒤섞어서 말하는 것은 온당치 못한 생각이라고 지적한다. 이는 사단과 칠정이 소종래에서 엄연히 차이가 난다는 그의 본래 입장에서 비롯된 견해이다. 하지만 이것은 퇴계 자신의 논리일 뿐 증거자료가 부족한 논증이었다. 그는 주사가 사단도 부중절할 수 있다고 했던 말을 미처 확인하지 못했던 것 같다.

이점에 대하여 고봉은 「四端不中節之說」이라는 개별적인 글로서 자기주장을 다시 한 번 강조한다. 이 글의 핵심 내용은 사단의 부중절 상황14)에 대한 주자의 언급(『朱子語類』「孟子」부분)을 분명하게 제시하고, 그 언급이 맹자의 발언 중 미흡한 점을 보완하여 사단의 본질과 실상을 온전하게 설명한 것이었다고 주창하는 것이

---

13) 『退溪集』권16 「答奇明彦」(사칠5서「後論」) 참조.

14) 『朱子語類』53:36 惻隱羞惡, 也有中節・不中節. 若不當惻隱而惻隱, 不當羞惡而羞惡, 便是不中節.

다. 고봉은 이 글에서, 단지 이상적이고 상징적인 차원에서라면 사단이 순선하다는 퇴계의 주장을 인정할 수 있지만, 현실적인 차원에서라면 그 부중절의 현상이 발생한다는 점을 인정하지 않을 수 없다고 주장한다. 나아가 사단을 확충하려고 생각만 할 것이 아니라 구체적인 일상의 장에서 중절을 구하는 공부에 힘써야 한다고 역설한다.15) 고봉이 주자의 텍스트를 증거 자료로 제시한 것은 퇴계에게 재반박의 여지를 열어주지 않는 것이었다. 그래서인지 퇴계는 이 점에 대해 다시 언급하지 않았다.

이어서 고봉은 다음과 같은 비유를 들어 사단이 부중절할 수 있음을 재차 제기한다.

> 만일 性이라는 관점에서 논하자면, 하늘의 달과 물속의 달이 하나의 달이지만 그것이 있는 곳에 따라 분별하여 말하는 것일 뿐 하나의 달이 따로 있는 것은 아닙니다. 그런데 지금 선생님께서 하늘의 달은 달이라고 하시고 물속의 달은 물이라 하신다면 어찌 그 말에 편벽됨이 있지 않단 말입니까? 하물며 이른바 사단칠정이라고 하는 것은 바로 理가 기질에 떨어진 뒤에 일어나는 일로서, 마치 물속에 있는 달빛과 흡사한 것인데, 칠정은 그 빛이 밝고 어두움이 있으나 사단은 단지 밝은 것일 뿐입니다. 칠정에 밝고 어두움이 있는 것은 진정 물의 淸濁 때문이지만 부중절한 사단이 있는 것은 그 빛이 비록 밝지만 물결의 동요가 있을 수밖에 없기 때문입니다.16)

---

15) 『高峰集』「兩先生四七理氣往復書」(사칠6서 「別冊 再論四端七情書」「四端不中節之說」) 참조.
16) 『高峰集』「兩先生四七理氣往復書」(사칠6서 「別冊 再論四端七情書」), 若就性上論, 則如天上之月與水中之月, 乃以一月, 隨其所在而分別言之爾, 非更別有一月也. 今於天上之月, 則屬之月, 水中之月, 則 屬之水, 亦無乃其言之有偏乎? 而況所謂四端七情者, 乃理墮氣質以後事, 恰似水中之月光, 而其光也, 七情則有明有暗, 四端則特其明者, 而七情之有明暗者, 固因水之淸濁, 而四端之不中節者, 則光雖明而未免有波浪之動者也.

고봉의 비유에 따르면, 하늘의 달은 본연지성을, 물속의 달은 기질지성을 상징하고, 물의 표면에 드러나는 달빛은 사단과 칠정의 제반 감정을 가리킨다. 고봉은 하늘의 달과 물속의 달이 '같으면서도 다른 점'을 설명한다. 본연지성과 기질지성은 둘 다 본성이라는 점에서는 같지만, 기질지성은 기질의 영향으로부터 자유로울 수 없다고 그는 주장한다. 이것은 퇴계가 사단과 칠정의 소종래를 본연지성과 기질지성으로 구분함[17]으로써 사단과 칠정을 근본적으로 갈라놓은 것에 대한 비판이다. 고봉이 보기에 본연지성은 개체 안에서 필연적으로 기질지성이 되는 것이어서, 현실에서는 기질지성을 논할 수밖에 없으며, 사단과 칠정도 기질지성에 입각하여 고찰해야 하는 것이었다. 따라서 사단과 칠정 모두, 앞의 비유대로라면, 물의 표면에 드러난 달빛으로 설명해야 적절한 것이다.

그런데 고봉은 사단과 칠정에 대해 유의할 만한 구분을 하고 있다. 즉, 칠정은 물의 청탁으로 인해 달빛에 밝고 어두운 차이가 있는 것이라면, 사단이 부중절은 물결의 동요로 인해 달빛이 흔들리는 것이라고 말한다. 여기에서 고봉이 사단의 중절/부중절을 물의 청탁이 아니라 물결의 고요/동요에 연결 짓고 있는 까닭은, 사단의 발현에 있어 기질의 영향이 칠정과는 다르다는 점을 표명하기 위한 것이다. 즉, 사단은 맑은 물을 전제로 하고 있다는 점에서 칠정과는 구분되는 것이지만, 동시에 물결의 동요가 있다는 점에서는 사단 역시 기질의 영향으로 중절을 잃을 수 있다는 점을 나타내려는 것이다. 이런 비유가 얼마나 적절한 것인지는 좀 더 따져봐야

---

17) 『退溪集』 권16 「答奇明彦」 참조.

하겠지만, 적어도 고봉이 퇴계의 四端 理發을 인정하면서 사단에 있어 기질의 영향을 제한적으로 말하려 했다는 점은 분명한 듯하다.

그러나 퇴계는 고봉의 비유에 동의하지 않았다. 그래서 그는 고봉이 "선생님께서 하늘의 달은 달이라고 하시고 물속의 달은 물이라 말씀하시는 것은 편벽되다"라고 비판한 것에 대해, "물속의 달에 밝고 어두운 차이가 있는 것이 모두 달의 작용이며 물과는 상관없는 것이라고 말하면 온당치 않다"라고 재반박한다. 두 사람은 각자 비유를 다르게 활용하고 있어서 이해하기가 복잡하게 느껴진다. 고봉은 물속의 달의 비유로 기질지성을 인정해야 한다고 주장했던 것인 반면, 퇴계의 발언은 고봉이 기질로부터 유래한 칠정을 본성에서 유래한 사단으로 간주하고 있다고 비판한 것이다. 이것은 사실 고봉의 의도와는 거리가 있는 것이다. 이어서 퇴계는 "만약 물이 바람에 출렁이고 돌에 부딪쳐 달을 가라앉게 하거나 없어지게 하는 경우에는 마땅히 물을 가리켜 그 일렁임을 말해야 하니, 달이 있고 없음과 밝고 어두움은 물의 일렁거림의 크고 작음에 달린 것"이라고 주장한다.[18] 이 말은 감정 현상에서 일어나는 악과 부중절의 사태는 모두 기질의 탓이지 달빛이라는 사단과는 무관하다는 뜻을 함축한다. 즉, 퇴계는 기질의 영향을 받지 않은 천리의 수연한 발현이 사단이라고 주장하면서, 감정의 부적절한 사태들을 사단으로부터 완전히 배제시켜야 한다고 주장하고 있는 것이다. 그러나 비유가 복잡하고 적실하지 않은 탓인지 퇴계는 이 편지를 고봉에게 부치지 않았고, 사단의 부중절에 대한 논쟁은 여기에서 끝난다.

---

18) 『退溪集』 권17 「答奇明彦」 「論四端七情第三書」 참조.

이상의 논의를 종합해 볼 때 고봉은 사단이 천리의 발현이라는 퇴계의 주장을 부인하지는 않았다. 그 역시 퇴계처럼 맹자의 본의를 전적으로 인정하고, 사단은 본질상 理發이라는 점을 긍정하였던 것이다. 하지만 그는 사단이 현실적으로 드러나는 감정의 하나라는 점에서 사단에도 기질의 영향이 작동한다는 점을 추가로 주장하였다. 요컨대 사단이 현실에서 부중절하게 드러날 수 있는 가능성을 간과할 수 없다는 것이 그의 주장의 초점이었다.

감정론의 측면에서 보자면 고봉의 주장은 도덕 감정의 현실적 타당성을 모색하는 데 집중되어 있었다고 할 수 있다. 퇴계의 입장은 도덕 감정의 형이상학적 본질을 밝히는 데 초점이 맞추어져 있는 것인데, 이는 사실 도덕 감정을 이상적이고 상징적인 차원에서 파악하는 것이다. 그러나 이런 의문을 던질 수 있다. 인간의 선한 본질과 순수한 양심이 현실에서 얼마나 객관적인 도덕적 타당성을 가질 수 있을까? 도리어 그것은 주관성에 함몰되어 객관적 가치 규범에서 일탈하는 결과를 만들지는 않을까? 고봉의 문제의식은 여기에 있었다고 추측된다. 그래서 그는 사단의 구체적 실현을 탐구하고자 한다면, 사단의 본질과 근거를 밝히는 것보다 그것의 현실적 실현 기준, 즉 중절에 대해 고려하는 것이 타당하다고 주장하였던 것이다. 도덕 감정의 본원성과 선험적 근거를 해명하는 이론적 연구보다 그것의 현실적 기준을 찾고 구체적 방안을 모색하는 것이 고봉에게는 더 중요한 문제였던 것이다.

3. 中節한 七情과 理의 실현

  그렇다면 칠정의 경우는 어떠한가? 고봉은 칠정의 도덕적 가능성을 충분히 인정한다. 앞서 언급한 바와 같이, 고봉은 사단과 칠정이 동실이명이라고 규정할 정도로 칠정에 대해 긍정적이었다. 하지만 그가 氣의 도덕성을 주장하려는 것은 아니다. 그는 퇴계가 사단칠정을 소종래의 차이로 양분하고 칠정을 기의 발현으로 간주하는 시각에 동의하지 않았다. 고봉은 칠정을 주자학 심성론의 기본원칙, 즉, 성발위정(性發爲情)에 입각하여 평가해야 한다고 주장하였다. 퇴계는 칠정을 氣의 발현이라고 간주한 반면, 고봉은 性의 발현이라고 여겼다는 것이 논쟁의 두 사람의 결정적인 차이였다.[19]

  퇴계는 사단을 리 혹은 본연지성이 발현한 것인 반면, 칠정은 신체[形氣]가 외물에 접촉함으로써 발현되는 것이라고 구분하였다. 달리 말해 퇴계는 사단이 순수한 내면으로부터 발출되는 것이라면 칠정은 외재적 대상에 따라서 발출되는 것[緣境而出]이라는 점에서 사단칠정이 차별화된다고 주장했던 것이다. 나아가 퇴계는 이러한 구분을 전제로 칠정에 성발위정의 원리를 적용할 수 없다고 주장한다. 만일 성발위정의 원리로 칠정을 해석한다면, 내원은 理(性)인데 발출된 현상은 氣(情)가 되는 모순이 발생하기 때문이다. 리에서 발현된 것이 갑자기 기로 변한다는 것은 있을 수 없는 일이기 때문이다. 이러한 그의 생각에는 본성과 칠정이 각각 리와 기에 배

---

19) 이승환 교수는 퇴계와 고봉의 대립을 橫說(理氣의 가치론적 대립 구조)과 竪說(리기의 존재론적 乘伴 구조)이라는 인식론적 프레임(frames)의 차이를 설명한다(이승환, 앞의 책, 제3장「퇴계의 '횡설'과 고봉의 '수설'」 참조). 그의 생각을 칠정의 문제에 적용해보자면, 퇴계는 횡설이고, 고봉은 發說(잠재태와 현실태의 구조)에 더 가깝다고 생각된다.

속된다는 뚜렷한 이분법이 작동하고 있다. 그의 이분법 상 칠정은 내재적 본성과는 관련이 없는, 외물과 신체 사이에서 벌어지는 현상으로 그 의미가 확정될 수밖에 없었다.[20] 퇴계는 자기주장의 근거를 정이천(程伊川)의 「顔子所好何學論」에서 마련하고 있다.[21]

그러나 고봉은 퇴계의 이러한 구분을 불편하게 여겼다. 고봉이 보기에 사단이 외재적 대상에 의해 촉발되지 않는 것도 아니고 칠정이 마음에서 비롯되지 않는 것도 아니다. 특히 칠정이 외물로 인해 발현되는 것이어서 理가 아니라 氣일 뿐이라는 퇴계의 주장은, 고봉이 보기에 『중용』 수장(首章)에서 말하는 '喜怒哀樂의 和'라는 중화(中和)의 가치이념을 정면으로 거스르는 것이었다. 만일 희로애락을 '신체와 외물의 접촉으로 생긴 것이어서 理의 본체가 아니다'라고 규정한다면, 이는 희로애락이 중절된 和와 달도(達道) 역시 氣의 상태에 불과하지 理는 아닌 것이 된다. 퇴계 자신도 받아들일 수 없는 결과가 초래되는 것이다.[22] 뿐만 아니라 「顔子所好何學論」에 대한 퇴계의 독해 역시 편중된 취의(取義)를 면할 수 없는 것이어서 해당 본문에 대한 정확한 독해가 아니라고 고봉은 생각하였다.[23] 고봉은 성발위정의 원칙에 입각하여 소종래의 양분 논리를 해체하려는 데 비판의 초점을 맞춘다. 즉 情을 기질 작용의 결과로 보는 퇴계의 견해는 性과 情의 직결성을 강조하는 주자학의 기본 원칙에 위배된다는 것이다. 고봉은 여러 전거를 들어 퇴계의

---

20) 『退溪集』 권16 「答奇明彦」(사칠3서 「四端七情分理氣辯」) 참조.

21) 『二程集』 권8 「顔子所好何學論」, 形既生矣. 外物觸其形而動於中矣. 其中動而七情出焉,
曰: 喜怒哀樂愛惡欲, 情既熾而益蕩, 其性鑿矣.

22) 『高峰集』 「兩先生四七理氣往復書」(사칠4서 「別册 論四端七情書」) 참조.

23) 위의 글 참조.

주장을 일일이 반박하고서, 다음과 같은 결정적인 반례를 제기한다.

> 맹자께서 (제자 樂正子가 魯나라의 정치를 맡게 되자) 기뻐서 잠을 이루지 못하신 것은 喜이고, 舜께서 四凶을 몰아내서 죽이신 것은 怒이며, 공자께서 (顔淵의 죽음에 대해) 애통하게 곡을 하신 것은 哀이고, 閔子·子路·冉有·子貢이 곁에서 모시자 공자께서 즐거워하신 것은 樂이었으니, 이것이 어찌 리의 본체가 아니겠습니까? 또 보통 사람들도 저절로 천리가 발현되는 때가 있습니다. 부모를 만나 흐뭇하게 기뻐하고 남의 死喪이나 疾痛을 보면 진심으로 슬퍼하는 것은 어찌 리의 본체가 아니겠습니까? 만일 이 몇 가지가 모두 신체에서 발하는 것(이라서 리와는 아무 관계도 없는 것)이라면 신체와 性情은 아무 상관도 없다는 것이 되니, 어떻게 옳은 말이겠습니까?[24]

고봉은 성인의 희로애락을 예로 들어, 칠정이 도덕적으로 타당할 수 있다는 점을 명쾌하게 증명한다. 고봉의 논리에 따르면 성인의 칠정은 처한 사태에 적절하게 본연지성이 발현된 상태, 즉 중절의 상태이므로 도덕적으로 완전무결한 것이라 할 수 있다. 또한 이 상태는 도덕적으로 완전한 상태라는 점에서 理가 발현된 상태[理發]라고 해야지 신체와 외물의 접촉으로 발생하는 기의 활동 상태라고 할 수 없다. 고봉이 성인의 희로애락을 예로 제시한 것은 성발위정의 원칙에 입각하여 칠정의 도덕성을 증명하기에 매우 적절한 것이었다. 나아가 고봉은 이점에 근거하여 성인과 같은 칠정은 범인들에게도 그대로 발견될 수 있다고 주장한다. 상황에 적절하게

---

24) 위의 글, 孟子之喜理不寐, 喜也, 舜之誅四凶, 怒也, 孔子之哭之慟, 哀也, 閔子, 子路, 冉有, 子貢侍側而子樂, 樂也. 兹豈非理之本體也?且如尋常人, 亦自有天理發現時節, 如見其父母親戚, 則欣然而喜, 見人死喪疾痛, 則惻然而哀, 又豈非理之本體也? 是數者若皆形氣所爲, 則是形氣性情不相干也, 其可乎?

발현된 진정한(中節의) 희로애락이라면 범인의 칠정도 도덕적인 것이라 평가하지 않을 수 없다는 것이다.

이 점은 도덕 감정에 관한 고봉의 생각을 잘 보여주고 있다. 고봉은 도덕 감정이 사단일 수만도 없고 칠정이 도덕과 무관하다고 할 수도 없다고 주장한다. 도덕적인 희열, 분노, 슬픔, 즐거움은 얼마든지 가능하며, 이때의 칠정은 신체와 외물 사이에서 벌어지는 무도덕(無道德)의 사태가 아니다. 고봉의 감정 분류법으로는, 감정이 도덕적인 것인가 아닌가를 구분하는 기준은 도덕적 상황에 얼마나 적절하게 맞는 것인가라는 점, 달리 말해 상황에 대한 올바른 도덕 판단을 대신할 수 있는 감정인가 아닌가에 달려 있는 것이라고 할 수 있다. 또한 이와 같이 중절[和]을 이룬 칠정은 미발지중(未發之中)을 고스란히 현상화한 것이라는 점에서 본연지성의 실현이라고 말할 수 있다. 요컨대 고봉의 도덕 감정론에서 중요한 것은 그 감정이 주어진 상황에 얼마나 도덕적으로 적절한가의 문제라고 할 수 있다.

그러나 고봉의 반론은 '도덕'과 '칠정' 사이의 간극을 최대한 벌려 놓으려 했던 퇴계로서는 난감한 것임에 틀림없다. 퇴계는 칠정에서 도덕이 실현되는 상황을 자기의 이론틀 안에서 설명해야 하고, 동시에 칠정이 도덕과 무관하다는 주장을 계속 견지해야 하는 딜레마에 놓이게 되었다. 이 문제를 해결하기 위해 퇴계는 고봉의 주장에서 성인과 범인의 경우를 분리하여 설명한다. 즉, '성인의 희로애락은 氣가 理를 따라 발함에 조금도 장애가 없으므로 리의 본체가 혼연하고 온전한 것'이지만, '범인의 칠정도 氣가 理를 따라 발하기는 하지만 범인은 그 氣가 가지런하지 않기 때문에 범인의 칠정에서는 理의 본체가 순수하고 온전할 수 없다'고 주장하는 것이다. 그는 칠정을 氣發로 규정하는 기존 태도를 바꾸지 않으면서 리가 실현되는 칠정과 그렇지 않은 칠정을 설명하고자 한 것이다.25) 기가 리를 잘 따르면 리가 온전히 실현된 칠정일 수 있고 기가 리를 잘 따르지 않으면 칠정 역시 그렇지 못하다는 것이다.

퇴계의 변론은 성공적인 것이었을까? 이 변론에서 퇴계의 초점은 범인의 상황에 맞춰져 있다. 왜냐하면 퇴계가 자신의 기본 생각, 즉 칠정은 형기와 외물의 접촉에서 일어난 것이어서 도덕적이지 않다는 주장을 고수하기 위해서는 범인의 기질이 적절한 소재가 될 수 있기 때문이다. 그러나 당장 문제가 되는 것은 과연 범인의 희로애락이 상황에 도덕적으로 적절한 경우가 없다고 그렇게 단언할 수 있는가라는 점이다. 해제지동(孩提之童)이 제 부모를 본능적으로 좋아하는 것[愛], 그게 바로 仁이라고 했던 맹자의 말26)을 퇴계는 어떻게 설명할 수 있을까? 좋아한다는 것[愛]이 형기와 외물 사이에서 촉발된 사건이기 때문에 아이가 부모를 보고 좋아하는 것도 리의 온전한 발현이 아니라고 해야 하는가? 도덕은 리의 발현일 뿐 기질과는 무관한 것이라고 말할 수 있는가? 오히려 그 아이의 감정은, 맹자가 강조하려 했던 것처럼, 도덕을 실현할 수 있는 실마리[端]라고 해야 하지 않는가?

그런데 더욱 문제가 되는 것은 성인의 칠정에 담긴 도덕성을 기로 설명하는 부분이 그것이다. 그 문제도 범인의 경우와 같은 맥락

---

25) 『退溪集』 권16, 「答奇明彦」(사칠5서) 참조.

26) 『孟子』 「盡心」喪, 孩提之童, 無不知愛其親者; 及其長也, 無不知敬其兄也. 親親, 仁也; 敬長, 義也.

이다. 성인의 경우에도 칠정에서 도덕성이 발현되는 것은 기질과 무관한 것이라고 볼 수 있는 것일까? 고봉의 재반론을 들어보자.

> 감히 여쭙습니다. 희로애락이 중절한 상황은 리에서 발한 것입니까, 아니면 기에서 발한 것입니까? 그리고 발하여 중절해서 어디에서든 不善함이 없다는 것은 사단의 善과 같은 것입니까, 아니면 다른 것입니까? 만일 발하여 중절한 것이 리에서 발한 것이고 그 선도 다르지 않고 말씀하신다면, 5개 條27)에서 말씀하신 것은 아마 적확한 의론이 될 수 없을 듯합니다. 만일 발하여 중절한 것은 氣에서 발한 것이고 그 선도 리에서 발현한 것과는 다르다고 말씀하신다면, 『중용장구』와 『중용혹문』 및 기타 諸說에서 모두 칠정이 리와 기를 겸하고 있다고 밝힌 말은 또 어디로 귀착되겠습니까? 그리고 선생님께서 누누이 誨諭해주신 '칠정은 리와 기를 겸하고 있다'는 말씀도 虛言이 되고 말 것입니다.28)

여기에서 고봉은 사단칠정을 소종래로 구분하는 퇴계의 관점을 근본부터 흔들어놓는다. 희로애락의 중절은 리에서 발한 것인가, 기에서 발한 것인가? 이 질문은 그 다음 질문인 중절한 칠정의 선과 사단의 선은 같은가 다른가의 문제와 연결된다. 고봉은 다음과 같은 두 가지 길을 보여주면서 퇴계를 진퇴양난의 궁지로 몰아간다. 첫째 만일 희로애락의 중절이 리에서 발현한 것이라고 한다면, 중절한 칠정의 선과 사단의 선이 같은 리의 발현이라고 인정하는

---

27) 5조란 고봉이 퇴계를 분석적으로 비판하기 위해 퇴계의 편지 내용을 조목별로 나누었는데, 그 중 제5, 7, 9, 12, 14조를 일컫는다. 그 내용은 퇴계가 사단칠정을 소종래로 양분해야 한다고 주장한 것이다. 『高峰集』 「兩先生四七理氣往復書」(사칠6서 「別册 再論四端七情書」) 참조.

28) 『高峰集』 「兩先生四七理氣往復書」(사칠6서 「別册 再論四端七情書」), 敢問喜怒哀樂之發而中節者, 爲發於理耶, 爲發於氣耶. 而發而中節. 無往不善之善. 與四端之善. 同歟異歟. 若以爲發而中節者, 是發於理, 而其善無不同, 則凡五條云云者, 恐皆未可爲之確之論也. 若以爲發而中節者, 是發於氣, 而其善有不同, 則 凡中庸章句·或問及諸說, 皆明七情兼理氣者, 又何所着落? 而誨諭縷縷以七情爲兼理氣者, 亦虛語也.

것이다. 그렇게 되면 퇴계는 리기를 소종래로 양분했던 자기 생각을 근본부터 부정하는 꼴이 되고 만다. 왜냐하면 이것은 기의 발현이 리라고 주장하는 것이 되기 때문이다. 둘째, 만일 희로애락의 중절이 리가 아닌 기에서 발현한 것이라고 말한다면, 중절한 칠정과 사단이 다른 것이라고 주장하는 것이 된다. 그렇게 되면 주자가 칠정을 겸리기(兼理氣)로 설명했던 것뿐만 아니라 퇴계 자신이 칠정을 겸리기라고 주장했던 것[29]과 충돌한다. 이 역시 퇴계에게는 자기모순이 되고 마는 것이다.

퇴계는 두 번째 항목을 택할 수밖에 없다. 그에게 있어 칠정은, 비록 성인의 중절한 칠정이라 하더라도, 엄연히 기의 발현이라고 규정되기 때문이다. 그러나 이 경우 理는 칠정의 중절과는 아무런 관련이 없는 것이 되어버리고, 칠정의 중절은 사단의 선함과는 다른 것이 되고 만다. 이렇게 되면 결국 두 개의 선이 존재한다는 것이고, 퇴계는 그 양자의 관계를 설명해야 하는 부담을 지게 된다.[30]

이 문제에 대하여 고봉의 자답(自答)은 이렇다. 고봉은 퇴계가 중절한 칠정을 "氣가 理를 따라 발함에 조금도 장애가 없으므로 리의 본체가 혼연하고 온전한 것"이라고 말한 것에 대하여, "그 상태가 바로 理發의 상태이니, 이것을 벗어나 다시 리발을 찾는다면 그 헤아리고 모색하는 것이 심하면 심할수록 더욱 찾을 수 없을 것

---

29) 퇴계는 「四端七情分理氣辯」(사칠3서)에서 "七情之發. 朱子謂本有當然之則. 則非無理."라고 하였다가 고봉이 "情之感物而動者, 自然之理也. 蓋由其中間實有是理, 故外邊所感便相契合, 非其中間, 本無是理, 而外物之來, 偶相湊着而感動也"라는 지적을 받고 그 「改本」(사칠5서)에서는 "七情之發. 程子謂之動於中. 朱子謂之各有攸當. 則固亦兼理氣"라고 수정하였다.

30) 안영상의 분석에 따르면, 퇴계는 두 종류의 善 개념을 가지고 있었다. 四端理發로서의 절대적 선과 七情中節로서의 상대적 선이 그것이다. 반면 고봉은 四端理發의 선과 七情中節의 선을 같은 것이라고 파악하였다(안영상, 앞의 글 참조).

이다"31)라고 말한다. 이 말의 의미는, 기가 완전히 중절을 이루어서 리의 본체가 온전히 실현되는 데 전혀 방해가 되지 않는 상태라면, 그 상태를 바로 理發의 상태로 규정해도 된다는 것이다. 만일 중절한 칠정을 버리고 따로 理를 찾고자 한다면 끝내 실패하고 말 것이라고 고봉은 말한다.

퇴계는 고봉의 주장을 수용하면서도 자신의 원래 입장을 고수하고자 한다. 그래서 그는 "칠정이 기에서 발현했어도 리가 거기에 올라타 主가 된다면 그 선은 같다고 할 수 있다. 하지만 기가 리를 따라 발현하는 것을 그대로 리발이라고 여긴다면, 이것은 기를 리로 간주하는 병통에 빠져버리는 것이다"32)라고 대답한다. 퇴계는 중절한 칠정과 사단이 같은 선이라고 인정하고 있다. 칠정이 비록 기에서 발현한 것이지만 성인처럼 완전한 중절을 이룬 경우라면 그 절대적 선의 경지를 인정하지 않을 수 없었던 것이다. 결과적으로 퇴계는 고봉의 주장을 수용한 것이다.

그러나 퇴계는 그 다음에서 기와 리를 분리하여야 한다는 자신의 원래 입장을 다시 한 번 확인한다. 하지만 여기에서 퇴계는 자기모순을 범하고 있다. 그 이유는 이렇다. 그는 이미 중절한 칠정이 사단과 같다고 인정했다. 이것을 퇴계의 존재론적 언어로 환치하자면, 중절한 칠정은 기가 리를 따라 발현된 것이라 할 수 있고 사단은 리발이라고 할 수 있다. 그렇다면 중절한 칠정이 사단과 같다는 인정한 것은, 결국 기가 리를 따라 발현된 것과 리발이 같다는 뜻을 함축한다. 즉 기의 중절은 리발이라고 퇴계 스스로 자인한 것이

---

31) 『高峰集』 「兩先生四七理氣往復書」(사칠6서 「別冊 再論四端七情書」).
32) 『退溪集』 권17, 「答奇明彦」 「論四端七情第三書」 참조.

다. 그러나 퇴계는 그 다음에서 "기가 리를 따라 발현된 것을 리발로 간주하는 것은 잘못되었다"라고 말하고 있다. 이것이 자기모순이다. 소종래로 사단과 칠정을 구분하려 했던 퇴계의 생각은 자기모순으로 귀결되고 말았다. 퇴계 역시 자기 말의 모순을 알았던지 이 답신을 고봉에게 부치지 않았다.

이 논쟁에 대하여 고봉은 다음과 같이 최종적으로 정리하여 퇴계에게 아뢴다.

> 칠정이 발현되어 중절한 것은 애당초 사단과 다르지 않습니다. 칠정이 비록 氣에 속한다고 할지라도 리가 본래 그 가운데 있습니다. 그것이 발하여 중절한 것은 天命之性의 本然의 體이니, 그렇다면 어찌 이것을 氣發이라고 하여 사단과 다르다 할 수 있겠습니까? 보내주신 글에서 "맹자의 喜, 舜의 怒, 공자의 哀와 樂은 바로 기가 리를 따라 발한 것이어서 조금도 장애가 없다"고 하셨던 말씀과 "(사단과 칠정이) 각각 소종래가 있다"는 말씀은 모두 타당치 않을 것 같습니다. 무릇 발하여 중절한 것은 和이며 和는 곧 이른바 達道입니다. 만일 보내주신 편지대라면, 달도 역시 氣發이라고 해야 한단 말입니까? 이 점에 대해 살펴보시지 않을 수 없습니다.[33]

고봉은 기가 리를 순순히 따라 발현되는 것이 곧 리발이라고 해야 한다는 의견을 다시 한 번 확고하게 주장한다. 그는 이기불리(理氣不離)의 존재론적 원칙을 전제하고서 중절한 칠정이 바로 완전한 도덕성의 실현 상태임을 강조한다. 그의 주장에는, 도덕 가치

33) 『高峰集』 「兩先生四七理氣往復書」(사칠6서 「別册 再論四端七情書」), 七情之發而中節者, 則與四端初不異也. 蓋七情雖屬於氣, 而理固在其中, 其發而中節者, 乃天命之性本然之體, 則豈可謂是氣之發而異於四端耶. 來書謂孟子之喜・舜之怒・孔子之哀與樂, 是氣之順理而發, 無一毫有碍, 及各有所從來等語, 皆覺未安. 夫發皆中節, 謂之和, 而和卽所謂達道也. 若果如來說, 則達道亦可謂是氣之發乎? 此又不可不察也.

와는 무관할 것 같은 희로애락의 감정도 당면한 상황에 도덕적으로 적절하게 발현된 것이라면 도덕 감정이라고 할 수 있다는 주장이 내포되어 있다. 감정의 도덕성은 그것의 내원이 어디에 있느냐의 문제가 아니라 그것의 발현이 상황에 적절하냐의 문제로 귀결된다는 것이 그의 핵심주장이었다.

퇴계는 자신의 오류를 깨끗이 인정하고 고봉의 마지막 의견을 기꺼이 수용한다. 그는 고봉에 대해 "범인들이 하기 어려운 바를 해냈으니, 참으로 훌륭하오. 그대가 비판한 나의 논의 가운데 '성현의 희로애락'에 대한 설과 '각각 소종래가 있다'는 설에는 과연 오류가 있는 것 같으니, 어찌 감히 그것에 대해 재삼재사 숙고해보지 않을 수 있겠소!"[34]라며 칭찬하고 시인한다. 그리고 퇴계는 고봉의 의견을 자신의 만년까지 그대로 유지하고 바꾸지 않는다.[35]

고봉의 칠정론을 이해할 때 주목해야 할 것이 있다. 그가 사단뿐 아니라 칠정에도 주목하고 감정의 본원적 내원보다는 상황의 적절성을 강조했다고 해서 그를 주기론자(主氣論者)라고 칭하는 것은 온당치 않은 처사라는 점이다. 그가 칠정의 도덕성을 강조한 까닭은 氣의 가치론적 지위에 주목했기 때문이 아니라 성발위정의 원칙에 충실했기 때문이고, 또 그가 감정의 상황 적절성을 주장한 까닭은 氣를 도덕적으로 승인하기 위해서가 아니라 理의 현실적 실현을 강조하기 위한 것이었다. 요컨대 고봉은 性과 理의 현재적 실현에 대해 역설하고자 했던 것이다. 이러한 점에서 그를 주리론으로 읽는 관점들은 일정한 타당성을 갖는다고 판단된다.

---

34) 『退溪集』 권17, 「答奇明彦」(사칠9서) 참조.
35) 안영상, 앞의 글, 392~398쪽 참조.

4. 正心의 해석 문제

고봉의 도덕 감정이론을 공부실천론과 연결하여 살펴보자면 정심(正心) 공부가 가장 중요한 항목으로 대두될 것이다. 그가 강조하는 중절의 감정이란 당면한 사태에 대하여 적절한 감정을 표출하는 것으로, 이는 사태에 대해 정확한 도덕 판단을 내리는 것과 같은 것이라 할 수 있다. 예컨대 정치권의 비리를 목도하고 '부정의하다'는 인지적 판단을 내리는 것은 '분노'라는 감정과 동일시할 수 있으며, 이때 분노는 적절한 감정이라고 평가될 수 있다. 간단히 말해 한 사태에 대해 적절한 감정은 그 사태에 대한 정확한 판단과 동일하다는 것이다. 이와 관련하여 실천공부가 정심이다.[36]

퇴계와 고봉의 논쟁에서 정심의 문제가 거론된 것도 이러한 맥락에 있다. 그러나 정심에 관한 양자의 이해는 현격하게 달랐다. 퇴계는 정심을 칠정의 제어 공부로 파악한다. 퇴계에 따르면, 칠정은 소종래가 氣여서 도덕적으로는 선악미정(善惡未定)이라는 속성을 갖는다. 따라서 마음에서 칠정이 마음에 '하나라도 있는데 그것을 잘 살피지 못하면(一有之而不能察)', 선한 본성은 가려지고 마음은 본래의 바른 상태를 잃게 된다.[37] 이러한 점에서 퇴계의 정심공부는 칠정을 살피고 제어하여 마음 본래의 도덕성을 지키는 공부라고 할 수 있다.

---

36) 정심에 관한 고봉의 견해는 주자의 것을 온전히 계승하고 있다. 주자의 정심은 현대 감정이론의 맥락으로 설명하자면, 강한 인지주의(strong cognitivism)에 속한다고 할 수 있다. 고봉도 그런 면모를 보이고 있다고 판단된다. 주자의 정심론을 인지주의 감정이론에서 조명한 연구로는, 홍성민, 「주자철학에서 감정 주체와 감정 적합성의 의미」, 『중국학연구』제63집, 중국학연구회, 2013 참조.

37) 『退溪集』권16 「答奇明彦」(사칠3서 「四端七情分理氣辯」) 참조.

그러나 성발위정의 원칙에 입각해있는 고봉으로서는 퇴계가 칠정을 선악미정으로 규정한 것을 납득할 수 없었고, 그 논리에 따라 정심을 칠정의 제어로 정의한 것에 대해서도 동의할 수 없었다. 고봉은 다음과 같이 반론을 제기한다.

> '(칠정 중)하나라도 있는데 그것을 잘 살피지 못하면(一有之而不能察)'이라는 말은 『대학장구』 제7장의 설명 중에 있는 말인데, 그 뜻은 "忿懥·恐懼·好樂·憂患 네 가지 감정이 단지 아무것도 없는 텅 빈 마음 상태에서 나와야 하며 그것들을 먼저 마음에 두어서는 안 된다"는 뜻이고 또 『대학혹문』에서 "喜怒憂懼의 감정이 감촉에 따라 응할 때에는 마치 거울이 예쁘고 미운 얼굴을 그대로 비추고 저울대가 사물에 따라 위아래로 움직이는 것이 바로 마음의 작용인데 어떻게 갑자기 바름을 얻지 못하는 일이 있겠는가? 오직 사물이 다가옴에 살피지 못하는 점이 있으면 사물에 응할 때 간혹 잘못이 없을 수 없고 또한 마음이 사물을 따라 갈 수가 있다. 그렇다면 喜怒憂懼가 반드시 마음속에서 발동하였으면서도 비로소 바름을 얻지 못할 수 있게 되는 것이다."라는 것과 같습니다. 이것은 바로 正心의 공부에 관한 것이니, 이를 인용하여 칠정의 특성을 증명하는 것과는 결코 같지 않습니다.[38]

고봉에 따르면, 정심은 마음의 본래 텅 빈 상태로 유지하여 감정의 잔재가 마음에 머물지 않도록 하라는 데 그 핵심이 있다. 이것은 마음을 거울처럼 유지하여 주관의 왜곡 없이 객관적 사태를 있는 그대로 인지하여야 한다는 것을 의미한다. 사태에 대하여 정확

---

38) 『高峯集』 「兩先生四七理氣往復書」(사칠4서 「別册 論四端七情書」), 一有之而不能察云者, 乃大學第七章句中語, 其意蓋謂忿懥·恐懼·好樂·憂患四者, 只要從無處發出, 不可先有在心下也, 或問所謂喜怒憂懼, 隨感而應, 姸蚩俯仰, 因物賦形者, 乃是心之用也, 豈遽有不得其正者哉? 惟其事物之來, 有所不察, 應之旣或不能無失, 此又不能不與俱往, 則其喜怒憂懼, 必有動乎中, 而始有不得其正耳. 此乃正心之事, 引之以證七情, 殊不相似也.

히 인식하기 위해서는 인지 과정 이전에 어떠한 감정도 미리 체류하지 않도록 하는 것이 正心 공부의 실제이다. 고봉의 주장대로라면, 희로애락의 감정 자체는 하등 문제될 것이 없다. 정심론에서는 원래 칠정의 선악 문제를 언급한 적도 없다. 정심론은 다만 칠정의 잔류로 인한 인지 오류의 문제만을 문제 삼고 있는 것이다.

이를 통해 퇴계와 고봉 두 사람이 정심과 관련하여 마음의 바른 상태가 무엇인가에 대해 각기 다르게 파악하고 있음을 알 수 있다. 퇴계는 마음의 바른 상태를 도덕성이 충만한 상태로 간주하고 기질로부터 비롯된 칠정이 그 도덕적 상태를 훼방할 수 있다고 우려했다. 반면 고봉은 마음의 바른 상태를 주관성이 탈각된 객관적 인식의 주체로 파악하고 칠정의 잔재가 그것을 방해할 위험을 경계했다. 퇴계가 마음 본래 상태를 도덕적 차원에서 이해하였다면 고봉은 인식론적 차원에서 이해하였던 것이고, 퇴계가 칠정을 도덕적 마음의 장애물로 생각하였다면 고봉은 칠정의 잔재와 체류를 인지적 마음의 문제 요인으로 여겼다고 할 수 있다.

퇴계는 고봉의 비판에 대해 대략 세 가지 점으로 반박한다. 첫째, '(칠정 중)하나라도 있는데 그것을 잘 살피지 못하면(一有之而不能察)'이라는 말은 正心 공부를 직접 설명한 게 아니라 칠정이 악으로 흐르기 쉽기 때문에 방비해야 한다는 뜻이다(퇴계는 칠정의 부도덕함을 병으로, 살피고 방비하는 것을 약으로 비유한다). 둘째, 四端은 理發이기 때문에 그것이 마음에 있은들 아무런 문제가 되지 않는다. 그래서 주자는 칠정에 관해서만 문제시한 것이다. 셋째, 「定性書」에서 "화가 날 때 서둘러 화난 마음을 잊고 이치의 시비를 살펴보라"라고 한 것을 보면, 程子 역시 칠정을 理와 대립되는 것으로 간주하고 理로써 칠정을 제어하라고 했던 것이다. 이는 칠정이 氣에 속한다는 점을 보여주는 증거이다.[39] 퇴계는 칠정의 소종래를 기로 간주하는 자신의 본래 입장에서 한 걸음도 물러서지 않았다. 그는 주자의 이 말('하나라도 있는데 그것을 잘 살피지 못하면')이 칠정이 악으로 작용할 위험을 경계하라는 뜻이라고 강력히 주장한다. 그리고 주자가 사단의 감정에 대해서는 문제 삼지 않은 것과 「정성서」의 언급에서 미루어보아도, 칠정이 경계해야 할 대상임을 분명히 알 수 있다고 주장하고 있다.

고봉은 퇴계의 반박에 대해 조목별로 재반박한다. 첫째, '(칠정중)하나라도 있는데 그것을 잘 살피지 못하면(一有之而不能察)'이라는 말에서 '있다(有)'라는 말은 우연히 감정이 있게 되는 상황을 말하는 게 아니라 의도적으로 감정을 마음에 매어두는 것을 뜻한다. 예를 들어 도래하지 않은 상황을 미리 기대하여 감정을 소유하거나[期待], 한 감정을 마음에 머물게 하거나[留滯], 한 감정에 치우치는 것[偏繫]과 같은 의도적인 심리 작용을 뜻한다는 것이다. 어떤 사태를 감응하여 발생하는 자연스러운 감정 사태가 문제인 것이 아니라, 감정에 의도적으로 집착하여 거울 같은 마음의 인지 능력을 방해하는 것이 문제인 것이라고 고봉은 재반박한다. 둘째, 거울 같은 마음의 바른 상태에는 사단의 감정도 문제가 된다고 지적한다. 측은해서는 안 될 때에 먼저 측은한 마음을 갖고 있거나 수오해서는 안 될 때에 미리 수오하는 마음을 갖고 있다면 이는 마음의 바른 상태를 얻지 못하는 것이라고 주장한다. 선한 의도여도

---

39) 『退溪集』 권16 「答奇明彦」(사칠5서 「本論」) 참조.

객관 사태에 부합하지 않는 것이면, 마음에 문제를 일으키는 요인이 된다고 본 것이다.[40] 셋째, 「정성서」에서 "화난 마음을 잊고 이치의 시비를 살펴보라"고 말한 것은 분노를 중절시키라는 것이지 분노 그 자체를 없애버리라는 뜻이 아니라고 고봉은 반박한다. 그는 주자가 "기쁜 일이 있는데 화난 마음 때문에 기뻐하지 못하거나 화날 일이 있는데 기쁜 마음 때문에 화내지 못하는 부중절한 상황"을 언급한 것을 예로 들면서, 「정성서」의 말도 이러한 부중절의 상황을 말한 것이고 화난 감정을 중절시키라는 의미라고 반박한다.[41] 고봉의 세 가지 재반박은 주자의 텍스트를 인용하여 꼼꼼히 논증한 것으로, 문헌적 증거가 확실한 반박이었다.

고봉은 칠정이 문제가 아니라 부중절한 칠정이 문제이며 사단만 적절한 것이 아니라 중절한 칠정도 적절한 것임을 분명하게 증명한다. 결국 고봉은 중절이라는 테마로 사단칠정론을 수렴하고, 정심공부를 감정의 중절을 이루기 위한 중요한 실천 방법으로 정립하였다. 사단이건 칠정이건 막론하고 중절의 감정이라면, 즉 사태에 대한 적절한 도덕 판단을 나타내는 감정이라면, 그것은 도덕 감정이며 본연지성이 발현한 것이라고 주장했던 것이다.

---

40) 고봉이 인용하지는 않았지만, 주자는 이점에 대해 언급하였다. 『朱子語類』16:146 참조.
41) 『高峰集』 「兩先生四七理氣往復書」(사칠6서 「別冊 再論四端七情書」) 참조.

5. 결론

사칠논변을 읽다 보면 고봉이 자기 입장을 종종 번복했다는 오해를 가질 수도 있다. 왜냐하면 그는 기를 강조하다가 다시 리를 강조하기도 하는 변화를 보이기 때문이다. 실제로 고봉은 퇴계의 四端 理發說에 대해 사단에도 기질이 있다고 제언하여 반대하다가 또 퇴계의 七情 氣發說에 대해서는 中節의 理를 거론하여 반대하고 있기 때문이다. 또 어떤 면에서 보면 고봉이 사단의 선험적 도덕성에 대해서는 회의적인 태도를 가졌던 반면 칠정에 대해서는 긍정적인 입장을 표명했다는 점에서 그를 주기론자(主氣論者)라고 봐야 할 것 같기도 하다.

하지만 우리는 고봉이 시종일관 하나의 태도를 견지하였다고 보고 그의 일관된 입장을 도덕감정론으로 조명해야 한다고 제안하였다. 이 고찰에 따르면, 고봉은 사단과 칠정을 소종래의 차이로 파악하는 퇴계의 방식에 반대하면서, 감정의 도덕성을 판가름하는 기준으로 中節을 제시하였다. 고봉은 사단과 칠정이라는 구분 자체가 무의미하고 하나의 감정이 상황에 중절한가의 여부가 감정의 도덕성을 판가름하는 기준이 된다고 주장하였다.[42] 고봉은 性發爲情의 원칙에 입각하여 中節한 감정에 대해 근원적인 의의를 부여한다. 도덕감정론의 프리즘으로 고봉을 이해할 때 그의 사상을 정합적이고 일관되게 해석할 수 있을 것이며, 사칠논변에서 고봉이 견지한

---

[42] 고봉은 퇴계에게 "굳이 소종래의 구분을 고수할 것이라면, 리와 기로 구분하지 말고 중절과 부중절로 구분하는 것이 더 타당할 것"이라고 말하기도 하였다[『高峰集』「兩先生四七理氣往復書」(사칠4서「別冊 再論四端七情書」)].

감정론의 특색을 명확히 이해할 수 있을 것이다.

고봉의 中節論은 현대 감정이론의 측면에서 볼 때 어떤 의의가 있을까? 최근 서양의 감정 이론 연구에서는 감정의 적절성 문제가 중요한 이슈로 부각되고 있다. 감정은 대상을 지향하는 것인가, 감정은 그 대상과 일치하는 것인가의 문제를 두고 양대 진영으로 나뉘어 활발한 논의를 벌이고 있다. 비인지주의(non-cognitivism)의 입장에서는 감정의 기원에 대한 진화론적 유전학적 요인에 주목하면서 감정을 기본적으로 '신체적 느낌들(bodily feelings)'이라고 규정한다. 이들에 따르면, 감정은 반드시 대상을 지향하는 것도 아니고 대상과 반드시 일치하는 것도 아닌, 몸의 반응과 느낌이라고 정의된다. 그러나 이 입장은 감정의 신체성에 천착한 나머지 감정이 대상에 적절한가의 여부를 설명하지 못한다는 점에서 맹점을 드러낸다.[43]

한편 이와 반대로 인지주의(cognitivism) 입장에서는, 감정의 인지적 특성을 강조한다. 이들에 따르면, 대상을 지향하지 않는 감정이란 있을 수 없으며, 감정은 기본적으로 대상에 대한 판단(혹은 믿음)과 같은 것이다. 예를 들어 '맹자의 측은함'은 '孺子의 생명이 위험하다'는 사태 판단과 동일하고 '文王의 분노'는 '紂가 학정하고 있다'는 사태 판단과 같다는 것이다. 이러한 입장에 있는 이들, 특히 가장 강력한 인지주의를 주장한 솔로몬(R. Solomon)은 설령 판단이 잘못되어서 대상과 감정이 일치하지 않는 경우가 있을지라도 판단과 감정은 반드시 일치하는 것이라고 주장한다. 그의 입장

---

43) 프린츠(J. J. Prinz)는 체현된 평가(embodied appraisal)라는 개념을 거론하여 비인지주의도 감정의 대상 지향성 문제를 해결할 수 있다고 주장한다(J. J. Prinz, *Gut Reason*, Oxford UP. 2004. p.52).

에 따르면, 감정이 대상에 적절한가의 문제는 결국 그 대상에 대한 판단이 적절했는가의 문제로 귀결된다. 그래서 그는 감정과 대상의 일치, 즉 감정의 대상 적절성을 실현하기 위하여 합리주의적인 방안을 내놓는다. 즉, 감정의 주체가 대상에 대해 최대한 정확하고 합리적으로 판단하는 것이다. 주체는 판단에 앞서 그 대상에 대한 증거자료와 주변상황에 대한 지식을 신중하게 수집하고 자신의 편견을 파악하며 판단하기에 적절한 상황에 자리하고 자신을 대화와 설득에 개방시켜야 한다는 것이다.44) 이러한 견해는 상황에 적절한 도덕 감정을 이끌어내는 데 유효한 실천적이고 규범적인 의의가 있다고 판단된다.

성리학의 감정론은 기본적으로 인지주의적 입장에서 서 있다고 할 수 있다. 특히 도덕 감정을 그것의 기원이 아니라 현실적 규범성의 측면에서 탐구한 고봉의 경우는 더욱 그러하다. 고봉이 사단칠정의 소종래가 무엇이냐를 따지기보다 그것의 현실적 적절성[中節]을 강조했던 점은, 인지주의적 도덕감성론이었다고 표현할 수 있을 것이다. 나아가 正心의 수양을 통해 주관의 왜곡을 탈각하고 객관적 상황에 적절한 중절의 감정을 발현해야 한다는 그의 주장은 도덕 감정의 실천 규범성을 강조한 것이었다고 할 수 있다. 이 점에 대한 상세한 비교 연구는 차후의 과제로 미루고자 한다.

---

44) R. Solomon, "Emotion and Choice", *The Review of Metaphysics* Vol 27, 1973, p.32.

참고문헌

奇大升, 『高峯集』, 한국문집총간 40, 민족문화추진회

李滉, 『退溪集』, 한국문집총간 29-31, 민족문화추진회

황준연 외 역주, 『역주 사단칠정 논쟁』 제1권, 학고방, 2009

朱熹, 『朱子語類』, 北京: 中華書局, 1987

민족과 사상연구회, 『사단칠정론』, 서광사, 1992

이승환, 『횡설과 수설』, 휴머니스트, 2012

현상윤, 『기당 현상윤 전집』, 나남출판, 2008

다카하시 도루, 이형성 편역, 『조선유학사』, 예문서원, 2001

J. J. Prinz, *Gut Reason*, London: Oxford UP, 2004

김낙진, 「주리론으로 읽어본 기대승의 사단칠정론」, 『퇴계학보』 제124집,
    퇴계학연구원, 2008

남지만, 「퇴계 호발설의 '칠정기발'에 대한 고봉의 비판과 수용」, 『동양철학
    』 제33집, 한국동양철학회, 2010

안영상, 「퇴계 만년정론을 중심으로 본 퇴계와 고봉의 사단칠정논쟁」, 『국
    학연구』 제15집, 한국국학진흥원, 2009

이상은, 「四七論辯과 對說 因說의 의의」, 『아세아 연구』, 고려대 아세아문
    제연구소, 1973

홍성민, 「주자철학에서 감정 주체와 감정 적합성의 의미」, 『중국학연구』 제
    63집, 중국학연구회, 2013

Justin D'arms, Daniel Jacobson, "The Moralistic Fallacy: On the
    'Appropriateness' of Emotions", *Philosophy and Phenomenological Research*, Vol
    LXI. NO.1, 2000

R. Solomon, "Emotion and Choice", *The Review of Metaphysics* Vol. 27, 1973

글의 출처

이승환,「주자 '분노'관의 도덕심리학적 고찰」, 한국동양철학회, 『동양철학』, 40집(2013), 197~216쪽.

고현범,「보편주의 윤리학과 감정의 관계」, 대동철학회, 『대동철학』, 64집 (2013), 129~152쪽.

김원철,「스피노자의 도덕심리학」, 고려대학교 철학연구소, 『철학연구』, 49집 (2014), 37~65쪽.

김형중,「위진 현학의 감정 이해」, 한국동양철학회, 『동양철학』, 40집(2013), 371~405쪽.

박길수,「왕양명 철학에서 도덕 감정과 즐거움의 문제」, 한국양명학회, 『양명학』, 38집(2014), 5~50쪽.

소병일,「공감과 공감의 윤리적 확장에 관하여」, 한국철학회, 『철학』, 118집 (2014), 197~225쪽.

양선이,「감정진리와 감정의 적절성 문제에 대한 고찰」, 고려대학교 철학연구소, 『철학연구』, 49집(2014), 133~160쪽.

홍성민,「중절(中節)의 문제로 고찰한 고봉 기대승의 도덕 감정론」, 고려대학교 한국학연구소, 『한국학연구』, 48집(2014), 267~293쪽.

이승환

고려대학교 철학과를 졸업하고 국립대만대학 철학연구소에서 석사학위, 미국 하와 이주립대에서 박사학위를 취득했으며, 현재 고려대학교 철학과 교수이다.
주요 논문으로는「주자 수양론에서 미발(未發)의 의미」,「주자는 왜 미발체인에 실패하였는가?」,「성리학 기호 배치방식으로 보는 조선유학의 분기」등이 있으며, 저서로는『유가사상의 사회철학적 재조명』(1998),『유교 담론의 지형학』(2004), 『횡설과 수설: 4백년을 이어온 조선유학 성리논쟁에 대한 언어분석적 해명』 (2012) 등이 있다. 현재는 조선유학의 성리 논쟁을 분석철학적으로 해명하는 일에 관심을 가지고 연구를 진행하고 있다.

고현범

고려대학교 생물학과를 졸업하고 동 대학원에서 철학 박사학위를 취득했으며, 현 재 고려대학교 철학연구소 연구교수이다.
주요 논문으로는「다문화주의 속 욕망: 이데올로기 비판을 중심으로」,「폭력과 정 체성: 다문화주의를 중심으로」,「헤겔 철학 체계에서 우연성과 주체구성의 관계: 지젝의 헤겔 철학 독해를 중심으로」,「현대 폭력론에 관한 연구: 발터 벤야민의 "폭력비판론"에 대한 데리다의 독해를 중심으로」등이 있으며, 저서로는『휴대전 화, 철학과 통화하다』, 번역서로는『생각』(사이먼 블랙번),『선』(사이먼 블랙번), 『논변의 사용』(스티븐 툴민)이 있다.

김원철

고려대학교 철학과 졸업하고, 벨기에 가톨릭루뱅대학에서 철학 석사학위, 파리고 등사회과학원에서 철학 박사학위를 취득했다.
주요 논문으로는「원형의 정념」,「스피노자의 철학에 있어 신체의 문제」,「현대인 의 소비욕망은 자유의 증대를 가져오는가?-폭력의 문제를 통해 본 신(新)개인주 의 논쟁의 한계」,「아디아포라(αδιαφορα), 스토아윤리학의 새로운 도전」,「도덕이 론의 관점에서 바라본 칸트의 무관심성」등이 있다.

김형중

고려대학교 철학과를 졸업하고 동 대학원에서 철학 박사학위를 받았다. 현재 고려 대학교 철학연구소 연구교수다.
주요 논문으로는「덕(德), 함양과 행위지침」,「『논어』의 '덕' 개념 고찰」,「포괄 적 '덕' 개념의 형성 과정」등이 있다. 현재는 중국 고대의 유학 사상을 현대의 덕 윤리학과 연계해서 해명하는 일에 관심을 가지고 연구하고 있다.

박길수

고려대학교 철학과를 졸업하고 동 대학원에서 석사학위, 북경대학교에서 철학 박사학위를 취득했다. 현재 고려대학교 철학연구소 연구교수이다.

주요 논문으로 「本體與境界之間: 王陽明心性論的本質與特徵」, 「명초 정주학파 (程朱學派)의 심학화 경향과 사상적 의의」, 「도덕심리학과 도덕철학의 이중적 변주: 맹자 심성론 및 수양론의 본질과 특징」, 「왕양명 철학에서 도덕 감정과 즐거움의 문제」 등이 있다. 현재 송명성리학을 심리학과 도덕철학의 관점에서 동서 학제 간 연구와 현대적 재해석에 관심을 가지고 연구를 진행하고 있다.

소병일

고려대학교 철학과를 졸업하고 동 대학원에서 철학 박사학위를 취득했으며, 현재 고려대학교 철학연구소 연구교수이다.

주요 논문으로는 「헤겔의 욕망론」, 「예나 시기 헤겔의 욕망과 인정 개념」, 「정념의 형이상학과 그 윤리학적 함의」, 「인륜성의 실현으로서 욕망의 변증법」, 「이성과 감정의 이원론을 넘어–현대 감정론을 통해서 본 헤겔의 감정론」, 「욕망과 폭력: 국가 폭력을 정당화시키는 욕망의 담론구조에 관하여」, 「공감과 공감의 윤리적 확장: 흄과 막스 셸러를 중심으로」 등이 있다. 서양철학에서 욕망과 감정의 문제를 중심으로 연구 중이다.

양선이

한국외국어대학교 철학과를 졸업하고, 서울대학교 철학과에서 석사학위, 영국 더럼대학교에서 박사학위를 취득했다. 현재 인제대학교 인간환경미래연구원 연구교수이다.

주요 논문으로는 「Emotion, Experiential Memory and Selfhood」, 「A Defence of the Perceptual Account of Emotion against the Alleged Problem of Ambivalent Emotion」, 「The Appropriateness of Moral Emotion and Humean Sentimentalism」, 「Emotion, Intentionality and Appropriateness of Emotion: In Defense of a Response Dependence Theory」, 「흄의 도덕감정론에 나타난 반성개념의 역할과 도덕 감정의 합리성 문제」, 「흄의 인과과학과 자유와 필연의 화해 프로젝트」, 「공감의 윤리와 도덕규범: 흄의 감성주의와 관습적 규약」, 「새로운 흄 논쟁: 인과관계의 필연성을 중심으로」, 「도덕 운과 도덕적 책임」, 「윌리엄 제임스의 감정이론과 지향성의 문제」 등등이 있다. 공저로는 『서양근대철학의 열 가지 쟁점』, 『서양근대윤리학』, 『서양근대 미학』, 『마음과 철학』 등이 있다. 현재는 집단의 감정문제, 감정철학을 정서치료에 적용하거나 의료 활용에 관한 일에 관심을 가지고 연구를 진행하고 있다.

홍성민

한국외국어대학교 철학과 및 중국어과를 졸업하고 고려대학교 대학원 철학과에서
석사학위 및 박사학위를 취득했다. 고려대학교 민족문화연구원 한국사상연구소 연
구원, 중국사회과학원 역사연구소 방문학자, 고려대학교 철학연구소 연구교수를
거쳐 현재 숙명여자대학교 교양교육원 교수이다.
주요 논문으로 「從工夫論看朱子知識論的意義: 以身體與實踐知的關係爲中心」,
「戴震之中和論」, 「수욕달정(邃欲達情), 공감의 윤리와 욕망의 소통」, 「주자 수양
론에서 기질변화설의 의미」, 「주자 미발론의 특징: 일상의 수양을 위한 마음 이론」
등이 있고, 저서와 번역서로는 『從民本走向民主: 黃宗羲思想研究』(공저)와 『성
학십도(聖學十圖): 역주와 해설』(공역)이 있다.

감정의
도덕심리학적
고찰

초판인쇄   2014년 9월 25일
초판발행   2014년 9월 25일

지은이   이승환·고현범·김원철·김형중·박길수·소병일·양선이·홍성민
펴낸이   채종준
펴낸곳   한국학술정보㈜
주소   경기도 파주시 회동길 230(문발동)
전화   031) 908-3181(대표)
팩스   031) 908-3189
홈페이지   http://ebook.kstudy.com
전자우편   출판사업부   publish@kstudy.com
등록   제일산-115호(2000. 6. 19)

ISBN   978-89-268-6691-7 93100

이 책은 한국학술정보㈜와 저작자의 지적 재산으로서 무단 전재와 복제를 금합니다.
책에 대한 더 나은 생각, 끊임없는 고민, 독자를 생각하는 마음으로 보다 좋은 책을 만들어갑니다.